哈耶克 论自由文明与保障

Friedrich August von Hayek

[英] 弗里德里希·奥古斯特·冯·哈耶克

著

石磊

编译

中国商业出版社

图书在版编目（CIP）数据

哈耶克论自由文明与保障／（英）弗里德里奇·哈耶克著；石磊编译．—北京：中国商业出版社，2016.2（2021.6 重印）
ISBN 978－7－5044－9271－5

Ⅰ.①哈… Ⅱ.①哈…②石… Ⅲ.①哈耶克，F.A.（1899—1992）—经济自由论 Ⅳ.①F091.352.1

中国版本图书馆 CIP 数据核字（2016）第 021161 号

责任编辑　姜丽君

中国商业出版社出版发行
010－63180647　www.c-cbook.com
（100053　北京广安门内报国寺 1 号）
新华书店经销
三河市悦鑫印务有限公司
＊　＊　＊　＊
890 毫米×1260 毫米　16 开　16 印张　226 千字
2016 年 4 月第 1 版　2021 年 6 月第 3 次印刷
定价：48.00 元
＊　＊　＊　＊
（如有印装质量问题可更换）

序

此书乃是20世纪最重要的自由主义理论家哈耶克历经17年的思考而分别于1973年、1976年和1979年发表的最后一部系统性的学术巨著。这部重要著作大体上依据"法律、立法与自由"这个总标题所关涉的庞大主题而相应地被分成三卷：第一卷为"规则与秩序"、第二卷是"社会正义的幻象"、第三卷则是"自由社会的政治秩序"。哈耶克的这部著作乃是他经由社会理论到自由理论再到法律理论的阐发而试图达致宏大的自由主义社会哲学体系过程中的重要一环。

目录

一、自由的价值 …………………… 001
  （一）自由辨 ………………… 001
  （二）自由与进步 …………… 013
  （三）自由、理性与传统 …… 028
  （四）自由与责任 …………… 046
  （五）自由平等与品行 ……… 061

二、自由与法律 …………………… 079
  （一）强制与国家 …………… 079
  （二）法律、命令与秩序 …… 094
  （三）法治的渊源 …………… 109
  （四）美国的贡献：宪政 …… 123
  （五）经济政策与法治 ……… 141
  （六）法治的衰微 …………… 154

三、福利国家中的自由 …………… 170
  （一）国家与社会保障 ……… 170
  （二）税制与再分配 ………… 192
  （三）住房与城镇规划 ……… 211
  （四）教育与研究 …………… 230

一、自由的价值

（一）自由辨

> 世界上从不曾有过对"自由"一词的精当定义，而美国人民现下正需要一个精确的自由定义。尽管我们都宣称为自由而奋斗，但是在使用同一词语时，我们却并不意指同一物事。……当下有两种不仅不同而且互不相容的物事，都以一名冠之，即自由。
>
> ——亚布拉罕·林肯（Abraham Lincoln）

本书乃是对一种人的状态的探究，在此状态中，一些人对另一些人所施以的强制，在社会中被减至最小可能之限度。在本书中，我们将把此一状态称为自由（liberty or freedom）的状态。由于"liberty"和"freedom"这两个术语亦一直被用以指称人类生活中的许多其他善美物事，因此，开篇就追问这两个术语的真切意义，显然无益。如果首先陈述我在使用这两个术语时所意指的状态，然后在更为明确地界定我所采用的概念的时候，再来考虑这两个术语的其他意义，似乎更妥。

一个人不受制于另一人或另一些人因专断意志而产生的强制的状态，亦常被称为个人自由或人身自由的状态。然而，我想提醒读者注意，如果我在这一意义上使用"自由"一词时，我将直接采用个人自由或人身自由的表达方式。有时，"公民自由"（civil liberty）这一术语亦被用来表达与此相同的状态，但我还是决定不采用此一表达法，因为它太容易与所谓的政治自由（political liberty）相混淆。这两个术语间的混淆之所以不可避免，乃是因为"公民的"（civil）和"政治的"（political）两词虽一源出于拉丁文，另一源出于希腊文，但两词实具有相同的意义。

透过上文对"自由"的含义所做的粗略界定，业已表明它所意指的乃是一种生活于社会中的人可能希望尽力趋近但却很难期望完全实现的状态。因此，自由政策的使命就必须是将强制或其恶果减至最小限度，纵使不能将其完全消灭。

我所采用的自由的含义，恰似该词的原始意义。人，或至少是欧洲人，一跨入历史便被归为自由的与不自由的两类；而且此一类分有着极为明确的含义。尽管自由人间的自由可能有着很大的不同，但是这只是他们在独立程度方面的不同，而奴隶却根本没有独立可言。自由意味着始终存在着一个人按其自己的决定和计划行事的可能性；此一状态与一人必须屈从于另一人的意志（他凭借专断决定可以强制他人以某种具体方式作为或不作为）的状态形成对照。经常用以描述这种自由状态的古老的说法，因而亦就是"独立于他人的专断意志"（independence of the arbitrary will of another）。

"自由"所具有的这一最原始的意义，有时被说成是它所含有的平常或粗浅的意义；但是，当我们考虑到哲学家因试图精化或改进此一意义而导致的种种混淆时，我们不妨还是采用其原始的意义为佳。更为重要的是，这种意义不仅是自由的原始意义，而且还具有明确无误的品格，它描述的是一种状态，而且亦只描述一种状态；这种状态之为可欲的原因，则与我们欲求其他也被称为"自由"状态的原因不尽相同。读者将在下文看到，从严格意义上讲，这些各不相同的"自由"并非同一类的不同变异形式，而原本就是完全不同的状态，且往往彼此冲突，从而应当将它们明确区别视之。尽管在其他意义上讲，人们也有理由说自由有着不同的种类，例如，"免于（或摆脱）……的自由"（freedom from）和"做……的自由"（freedom to），但在本书的讨论中，"自由"只有一种，其差别不在种类而在程度。

就此一意义言，"自由"仅指涉人与他人间的关系，对自由的侵犯亦仅来自人的强制。这尤其意味着，人于某一特定时间所能选择的各种物理可能性的范围大小，与自由并无直接的相关性。一个陷于困境的攀登者，虽说只看到一种方法能救命，但他此时无疑是自由的，尽管我们很难说他是有选择的。此外，人们如果看到此攀登者跌入深渊而无力脱困，那么我们虽然可以在比喻的意义上称其为"不自由"，但大多数人仍在很大程度上认为其状态中间存有着自由一词的原始含义；说他被"剥夺了自由"或被"因而丧失了自由"，其意义与它们被适用于社会关系时的意义极不相同。

有多少行动途径可供一人选择的问题，固然很重要，但是，它却与下述问题不同：个人在多大程度上能按他自己的计划和意图行事，他的行动模式在多大程度上出于自己的构设，亦即指向他一贯努力追求的目的，而非指向他人为使他做他们想让他做的事而创设的必要境况。个人是否自由，并不取决于他可选择的范围大小，而取决于他能否期望按其现有的意图形成自己的行动途径，或者取决于他人是否有权力操纵各种条件以使他按照他人的意志而非行动者本人的意志行事。因此，自由预设了个人具有某种确获保障的私域，亦预设了他的生活环境中存有一系列情势是他人所不能干涉的。

为了更为精当地界定自由这一概念，我们还须考察与之相关的强制（coercion）概念。我拟先就这种自由为何如此重要的问题做出一番探究，然后再就强制问题做系统而全面的考察。但是，甚至在笔者探究此种自由的重要意义之前，似还有必要先对自由的此一意义与"自由"这一术语所具有的其他意义进行对照研究，因为这种努力也可以使我们更为精准地廓清我们这一概念的特性。自由所具有的那些其他意义与自由的原始意义，只具有唯一一项共通属性，亦即它们所指称的都是被大多数人视为可欲的状态；当然，这些不同的意义之间还存有某些其他的勾连，而这亦说明了人们之所以采用同一术语来描述这些状态的原因。然而，我们于此处的当务之急则是必须尽可能详尽地阐明原始意义的自由与其他意义的自由之间的差异。

首先，须与我们自己所采取的自由意义进行对照的，乃是一种被普遍认为具有特殊意义的自由，亦即人们通常称谓的政治自由。所谓政治自由,乃是指人们对选择自己的政府、对立法过程以及对行政控制的参与。它乃是一些论者经由将自由的原始意义适用于整体意义上的群体而形成的概念,从而它赋予了人们一种集体的自由(collective liberty)。但是,此一意义上的自由民族(a freepeople),却未必就是一个由自由人构成的民族(a people of free men)。此外,要成为一个自由的个人,亦无须以享有这种集体自由为前提条件。我们绝不能认为,在哥伦比亚特区的居民、生活在美国的外侨抑或无权投票的未成年人,由于不享有政治自由,因而亦就当然不享有完全的人身自由(full personal liberty)。

有人论证说,那些刚具有行为能力的年轻人,因他们已同意他们出生于其间的社会秩序,所以是自由的,然而此一说法亦属荒谬,因为这些年轻人很可能不知道可供替代此一社会秩序的选择。或者说他们对于此一社会秩序很可能毫无选择可言,甚至与其父母思维方式不同的整个一代人,亦只能在进入成年后方能变更此一社会秩序。但是需要指出的是,这种情形不会,或者说亦不必使他们变得不自由。人们往往试图在对政治秩序的此种同意与个人自由之间发现某种勾连,然而此一努力恰是当下使自由的意义更趋混淆不清的诸多渊源之一。当然,任何人都能够"视自由……为积极参与公共权力和公法制定的过程"。但需要明确指出的是,如果有人这样界定自由的话,那么他所论及的状态便与笔者于本书中所关注的状态极不相同,而且即使采用同一术语描述上述不同的状态,也并不意味着这些状态无论如何都是等同的或是可以互相替换的。

此一混淆的危险在于,这一用法有可能掩盖这样一个事实,即一个人可以通过投票或缔结契约的方式而使自己处于奴役状态,从而同意放弃原始意义的自由。就此而言,我们亦不敢苟同下述两种观点:一种观点认为,尽管一个人以自愿的但却不可撤销的方式把自己的劳务长期地出卖给类似于外国军团这样的武装组织,但他却仍享有着我们所谓的自由;另一种观点认为,尽管一个耶稣会牧师遵循其生活秩序之创建者的理想并视自己为"行尸走肉",但他仍享有着我们所谓的自由。而在现实生活中,我们也经常发现成千上万的人通过投票而将自身置于一种完全屈从于暴政的状态之中,或许正是这一事实使我们这一代人认识到:选择政府未必就是保障自由。再者,如果人民同意的政权从定义上讲便是一自由的政权,那么讨论自由的价值也就会变得毫无意义可言。

当我们说一个民族欲求"摆脱"外国的枷锁并力图决定其自身命运的时候,这显然是我们将自由概念适用于集体而非适用于个人的一个结果,因为在这一境况中,我们乃是在作为一个整体的民族不受强制的意义上使用"自由"这一术语的。一般而言,个人自由的倡导者都同情上述民族对自由的诉求,而且也正是这种同情,导致19世纪的自由运动与民族运动之间形成了持续的联合,虽说当时的联合有些勉强。然而值得引起我们注意的是,尽管民族自由的概念类似于个人自由的概念,但它们却并不是相同的概念,因为对民族自由的追求并不总是能够增进个人自由的。对民族自由的追求,有时会导致人们倾向于选择一个他们本族的专制君主,而不选择一个由外族多数构成的自由政府,而且它还常常能够为暴虐限制少数民族成员的个人自由提供借口。尽管欲求个人自由与欲求个人所属之群体的自由,所依据的情感和情绪往往是相似的,但我们仍有必要明确界分这两种概念。

与"自由"原始意义不同的另一种意义,乃是内在的自由或形上的自由(有时亦称为主观的自由)。这种意义上的自由可能与个人自由更为相关,从而亦就更容易与之相混淆。内在自由所指涉的乃是这样一种状态,在这种状态中,一个人的行动,受其自己深思熟虑的意志、受其理性或持恒的信念所导引,而非为一时的冲动或情势所驱使。然而,"内在自由"的反面,并非他人所施之强制,而是即时情绪或道德缺失及知识不足的影响。依据这种内在自由,如果一个人不能成功地按其深思熟虑做他所欲做的事情,如果他在紧要关头丧失意志或力量,从而不能做他仍希望做的事情,那么我们可以说他是"不自由的"(unfree),亦即他是"他情绪的奴隶"。当某人因无知或迷信而不去做他在获致较佳信息的情形下会去做的事情的时候,我们有时也会视他为不自由。据此,我们宣称"知识使人自由"(knowledge makes free）。

一个人是否能够理智地在不同的替代方案之间做出选择，或者是否能够理智地坚持贯彻一项他业已拟定的解决问题的方案，与其他人是否将他们自己的意志强加于他，实属两个根本不同的问题。显而易见，这两个问题并非不具有某种勾连，因为某些状况虽说相同，但对一些人而言可能会成为强制，而对另一些人来讲则只是那些必须加以克服的一般性困难而已，因此这个问题须依有关人士的意志力量而定。在上述范围内，"内在自由"与不存在强制意义上的"自由"，将一起决定一个人能在多大程度上使用其知识以对各种机会做出选择。但我们仍需对这两个概念做出界分，这种界分之所以极其重要，其原因在于内在自由的概念与哲学上所谓"意志自由"（freedom of the will）这个含混的概念有着极为密切的关系。对自由理想危害最大者，莫过于这样一种错误信念，即科学决定论（scientific determinism）已经摧毁了个人责任的理论依据。此处我仅想对读者提出警省，以提防这种特别的混淆以及另一与此相关的诡辩，即只有当我们做那些在某种意义上是我们应当做的事情的时候，我们才是自由的。

我们在上文已经讨论了经由运用同一术语表示不同概念而导致的对个人自由概念的两种混淆，但是较之这两种混淆，个人自由与自由所拥有的第三种意义之间的混淆更为危险。所谓第三种意义上的自由，我们业已在上文简略论及，即把"自由"（liberty）用来指称"做我想做的事情的实质能力"、满足我们希望的力量、对我们所面临的各种替代方案做出选择的能力。这种"自由"似乎存在于许多人的梦想之中，具体表现为如下幻想：他们能飞翔、他们能不受地心引力之影响，并且能够"像鸟一样自由"飞到任何他们所向往的地方去，或他们有力量按其喜好变更他们的环境。

此一术语的这种隐喻用法，虽说始终广为人们接受，但直至晚近，才有人真正地将此种免于（或摆脱）障碍的自由（freedom from obstacles），亦即无所不能的自由，与任何社会秩序都能够予以保障的个人自由相混淆。需要指出的是，只是在社会主义者刻意地将这种混淆作为其论点之一部分而予以发展以后，它才具有了现实的危害性。

这种视自由为能力或力量的观点，一经认可，就会变得荒诞至极，使某些人大肆利用"自由"这一术语的号召力，去支持那些摧毁个人自由的措施；另外，这种观点一经认可，各种诡计亦将大行其道，有些人甚至可以借自由之名而规劝人民放弃其自由。正是借助于此一混淆，控制环境的集体力量观（the notion of collective power）取代了个人自由观，而且在全权性国家（totalitarian states）中，人们亦已借自由之名压制了自由。

那种在界定自由时使用"约束"（restraint）这一术语（注意：本书则使用"强制"这一术语）的哲学传统，促成了个人自由概念向自由的力量或能力观的转化。如果人们能够始终牢记"约束"这一术语，在严格意义上讲，乃是以存在着某一具有约束能力的人或机构为前提的，那么从某些方面来讲，"约束"就可能是一个较为妥当的术语。此一意义上的"约束"，能够颇具正面意义地警示我们：一方面，如果有人阻止他人做某事，那么他的这种做法在很大程度上就构成了对自由的侵犯；而从另一方面讲，"强制"所强调的则是人们被强迫去做某些特定的事情。这两个方面可以说同等重要：为了使自由的概念更为精当，我们很可能应当将自由界定为约束与强迫的不存在。然而颇为遗憾的是，"约束"与"强迫"这两个术语亦常常被用来指称那些并非源出于他人对某人的行动的影响，而这一事实确实可以为一些别有意图的人大开方便之门，因为他们可以不费吹灰之力就把约束之不存在的自由概念，转换成把自由定义为"实现我们欲求的障碍的不存在"，甚或更为一般地定义为"外部阻碍之不存在"（absence of external impediment）的概念。这种定义无异于将自由解释为做我们想做的任何事情的有效力量。

在一些国家，人们虽说在很大程度上仍然维护着个人自由，然而一些论者对自由所做的上述错误的重新解释却也深深地渗透进了这些国家的具体做法之中，这实为一种不祥之兆，因为这些观念支配下的做法无疑会渐渐侵损个人的自由。在美国，这类观点已渐渐被人们广为接受，甚至也成了"自由人士"圈子中占支配地位的政治哲学的基础。就连康芒斯（J. R. Commons）和约翰·杜威（John Dewey）那些被公认为"进步党人"的知识界领袖,也一直在传播这样一种意识形态,它一方面认为"自由就是力量,亦即那种做特定事情的有效力量",而且"诉求自由便是诉求力量";在另一方面认为强制的不存在仅仅是"自由的消极面相",而且"也只应当被认为是达致那种作为力量的自由的手段"。

那种把作为力量或能力的自由与原始意义上的自由相混淆的做法,不可避免地会导向把自由视为财富,而且它还可以使人们利用"自由"这一术语所具有的一切号召力以支持那种重新分配财富的要求。然而需要指出的是,尽管自由和财富都是大多数人所欲求的美好事物,而且尽管它们两者也常常是我们获致我们所希望的其他物事的必要条件,但是它们却依旧不同,更不应当混为一谈。我是否是我自己的主人并能够遵循我自己的选择,与我对之必须做出选择的可能性机会是多还是少,纯属两个完全不同的问题。一个享有豪奢生活但需唯其君王之命是从的朝臣,可能会比一贫困之农民或工匠更少自由,更少能力按自己的生活方式生活和选择自己认为有益的机会。同理,一位统率军队的将领或一位指挥大建设工程的负责人,可能在某些方面拥有颇无限制的巨大权力,但较之最贫困的农民或牧民,将军或工程指挥者的自由却可能更少,更易于按其上级的命令去变更自己原有的意图和计划,更少能力改变自己的生活或决定何者对其最为重要者。

如果欲对自由进行明确且严格的讨论,那么对自由的定义就无须取决于是否每个人都视这种自由为一善物。一些人很可能不会珍视我们所关注的自由,也不认为他们从此一自由中获致了巨大的裨益,甚至还会为了获取其他的利益而随时放弃此种自由,有些人可能更极端,甚至认为按自己的计划和决策行事的必要性,与其说是一种利益,毋宁说是一种负担。但是,自由却可能是可欲的,尽管并不是所有的人都会利用它。在这里,我们将不得不考虑这样两个问题:一是大多数人从自由中获致的裨益是否取决于他们使用自由提供给他们的诸种机会;二是对自由的主张是否真的要以大多数人为自己谋求自由为基础。我们从所有的人的自由中得到的裨益,很可能并不是从那些为大多数人公认的自由之效果中获致的,更有甚者,自由不仅是透过它给我们所提供的诸多较为显见的机会来发挥其有益作用的,而且也是透过它对我们所设制的某种戒规来发挥这种作用的。

更为重要的是,我们还必须认识到,我们可能是自由的,但同时也有可能是悲苦的。自由并不意味着一切善物,甚或不意味着一切弊端或恶行之不存在。的确,所谓自由,亦可以意指有饥饿的自由,有犯重大错误的自由,或有冒生命危险的自由。在我所采纳的自由的原始意义上,一个身无分文的流浪汉,虽凑合地过着朝不保夕的生活,但的确要比享有各种保障且过着较舒适生活的应征士兵更自由。然而需要指出的是,如果自由因此而在表面上看来并不一定比其他的善更可取的话,那么我们可以说,正是这种独特的善需要一个独特的称谓。就这个问题而言,尽管"政治自由"和"内在自由"作为"自由"这一术语的久已确立的替代语仍存在不少问题,但是我们如果在使用它们的时候稍加谨慎,就不太可能导致混淆。然而,"能力或力量"意义上的"自由"观,是否应当容许,实属问题之所在。

然而,我们必须驳斥这样一种说法,即由于我们采用了同一术语来指涉各种自由,所以它们乃是同类的不同变种。这实是产生危险谬论的根源,甚至是一种会导出最为荒谬结论的语言陷阱。力量或能力意义上的自由、政治自由和内在自由这三者状态,一如上述,实与个人自由的状态不同,因为我们不可能通过少许牺牲其中的一种状态以求较多地达致另一种状态而最终获致自由的某种共通品格。当然,我们也许可以通过这种交换的方式而实现以一种善物去替代他种善物。但是,有些人却认为各种自由状态中的确存有某种共通的要素,而且基于这种共通要素,人们可以就这种交换对自由的影响展开讨论。这种观点实属愚昧,充其量也只是那种最为拙劣的哲学现实主义(philosophical realism)的论调:它居然认定,由于我们用同一术语来指称这些状态,所以这些状态中也就一定具有一种共通的品格。但是,事实上,我们对各种自由状态的诉求,所依据的理由在很大程度上是不同的,而且这些状态是否存在亦会导致不同的结果。如果我们必须在这些状态之间做出选择,那么这种选择亦不能通过追问自由作为整体是否会得到增进的方式来进行，而只能通过确定这些不同状态中何者能得到我们更高评价的方式来进行。

常常有人批判我们的观点，认为我们的自由概念纯属一否定性概念。其实，和平亦是一否定性概念，而且安全、稳定，或某种特别的阻碍或邪恶之不存在等，亦都是否定性概念，而自由恰恰属于此一类概念，因为它所描述的就是某种特定障碍——他人实施的强制——的不存在。它是否能够具有肯定性，完全取决于我们对它的使用或认识。自由并不能保证我们一定获致某些特定的机会，但却允许我们自己决定如何处理或运用我们所处于其间的各种情势。

但是我们需要强调指出的是，尽管自由的用法多样且不尽相同，然自由只有一种。只有当自由缺失时，自由权项才会凸显，因为自由权项乃是指某些群体及个人在其他人或群体多少不自由的时候仍可获致的具体的特权或豁免。从历史上看，人们正是通过特定自由权项的实现而逐渐迈上自由之路的。但是，一个人应当在得到允许以后方能做特定事情的状态，并不是自由，尽管这可以被称为"一项自由权"（a liberty），更有进者，虽说自由与不允许做特定事情的状况相容，但如果一人所能做的大多事情须先获致许可，那就绝无自由可言。自由与自由权项间的区别在于：前者乃指这样一种状态，除规则所禁止的以外，一切事项都为许可；后者则指另一种状况，除一般性规则明文许可的以外，一切事项都被禁止。

如果我们再对自由与奴役之间的本质差异予以细究，我们便能更加清楚地认识到，自由绝不会因其所具有的这种否定性品格而减损其价值。笔者在上文业已指出，我们乃是在该术语最为原始的意义上使用该词的，因此，如果我们对自由人与奴隶在地位上的实质差异予以关注，便会有助于我们更加明了其含义。就最古老的自由共同体——古希腊诸城邦——的状况而言，我们对自由人与奴隶在地位上的差异已知之甚多。人们已经发见了无数的解放奴隶的法令，而这些法令为我们描绘出了一幅明细的关于自由之基本要件的图景。所谓获致自由，一般指授予四项权利，而这正是解放法令通常赋予被解放的奴隶的权利：第一，"赋予其以共同体中受保护的成员的法律地位"；第二,"赋予其以免遭任意拘捕的豁免权";第三,"赋予其以按照自己的意欲做任何工作的权利";第四,"赋予其以按照自己的选择进行迁徙的权利"。

上述所列之权利,已含括了18世纪和19世纪所认为的自由的基本要件的大部分内容。解放法令之所以并未授予拥有财产的权利,只是因为即使是当时的奴隶亦可享有此项权利。上述四项权利再加上财产权利,已含括了保护个人免受强制的原则所要求的一切要件。但是,它根本不涉及我们在上文中所考察的其他意义上的诸项自由,更未关涉晚近提出的那些用以取代原始意义上的自由的"新自由"(new freedoms)。如果奴隶只拥有投票权,显然不意味着他已然自由了,此外,任何程度的"内在自由"亦不能改变他的奴隶状况,尽管唯心主义哲学家竭尽全力试图说服我们"内在自由"能改变他的奴役状况。再者,任何程度的奢侈或安逸生活,或者他可能对他人或自然资源施加的支配力,亦都无法改变他对其主人的专断意志的依附状态。但是,如果他与所有其他公民一样,只受制于平等适用的法律,如果他能免遭任意拘禁并能自由选择工作,又如果他能够获致并拥有财产,那么任何其他人或群体都不能强制他按他们的意志行事。

我们对自由的定义,取决于强制概念的含义,而且只有在对强制亦做出同样严格的定义以后,我们才能对自由做出精确界定。事实上,我们还须对某些与自由紧密相关的观念——尤其是专断、一般性规则或法律——做出比较精确的定义。从逻辑上讲,我们应当现在就着手对这些概念做出同等详尽的分析,而且我们无论如何都不能忽视这一点。但是,在邀请读者同笔者一起进入探究这些术语精准意义这一看上去颇为枯燥无味的工作之前,我们当努力对我们所界定的自由为何如此重要先行做出解释。因此,我们拟在本书第二部分的开篇章节中进行其他相关术语的界定工作,同时我们还将着重考察一个自由政权的法律诸面相。在这里,我们暂且先指出对强制做比较系统的讨论所能达致的几个结论,因为这已足以使我们对原始意义上的自由的重要意义这个问题展开讨论。当然,对"强制"这样一个极为复杂的概念做如此概要的考察,难免会有些教条的意味,不过,笔者拟在后文中给出更详尽的论证。

所谓"强制",我们意指一人的环境或情境为他人所控制,以至于为了避免所谓的更大的危害,他被迫不能按自己的一贯的计划行事,而只能服务于强制者的目的。除了选择他人强设于他的所谓的较小危害之情境以外,他既不能运用他自己的智识或知识,亦不能遵循他自己的目标及信念。强制之所以是一种恶,完全是因为它据此把人视作一无力思想和不能评估之人,实际上是把人彻底沦为了实现他人目标的工具。所谓"自由行动"(free action),乃指一人依据其自己的知识所确定的手段而追求其自己的目标,因此,这种自由行动所必须赖以为基础的各种基本依据,是不能由他人依其意志所型构的。这种自由行动还预设了一个众所周知的领域的存在,在这一领域中,他人不能对其间的那些情境加以安排,亦不能迫使行动者按他们所规定的选择行事。

然而,强制不能完全避免,因为防止强制的方法只有依凭威胁使用强制之一途。自由社会处理此一问题的方法,是将行使强制之垄断权赋予国家,并全力把国家对这项权力的使用限制在下述场合,即它被要求制止私人采取强制行为的场合。如果要做到这一点,将完全有赖于国家对众所周知的个人私域的保护以免遭他人的干预,亦有赖于国家并非经由具体的授权而是通过创设条件的方式来界定这些私域,在这些条件下,个人能依凭既定规则来确定他自己的行事领域,因为这些规则明确规定了政府在种种不尽相同的情形中将采取的措施。

一个政府为了达致上述目的而必须使用的强制,应减至最小限度,而且应通过众所周知的一般性规则对其加以限制的方法而尽可能地减少这种强制的危害,以至于在大多数情势中,个人永不致遭受强制,除非他已然将自己置于他知道会被强制的境况之中。甚至在必须采取强制的场合,也应当通过把其强制限制于有限的并可预见的职责范围内,或者至少通过使强制独立于他人的专断意志,而使它不致造成它本具有的最具危害的影响。由于政府的强制行动已不受个人意志的支配并且依据于一般的抽象的规则(它们对特定个人的影响在人们制定这些规则之时尚不能预见),所以这种强制行动也构成了个人制作和实施其计划所凭借的各种基本依据。强制即以众所周知的规则为依据（强制，一般而言，乃是一人置自身于强制场合而导致的结果），所以它就成了一种有助于个人追求其自己目标的工具，而非一种被用以实现他人目的的手段。

（二）自由与进步

人绝不可能攀登得比他并不知道要去的地方高。
——O. 克伦威尔（Oliver Cromwell）

当下，在那些有识之士中，大凡珍视个人声誉的论者，只要论及"进步"，都会极谨慎地在该词上加引号。然而，在过去的两个世纪中，先锋思想家的一个特征，却是对进步的助益性笃信不疑，当然，此后的情势发生了很大的变化，这种笃信进步的信念也渐渐被认为是一种思想肤浅的象征。尽管世界大部分国家和地区的芸芸众生仍将他们的希望寄托于持续的进步，但是知识分子却已普遍对是否存在这样一种持续的进步提出了质疑，至少对进步的可欲性提出了疑问。

那种认为进步是不可避免的观点，无疑是虚幻且天真幼稚的，因此，从某种角度讲，对这样一种观点做出回应，无论如何都是必要的。就已发表的关于进步的论述和著述而言，大多数属于站不住脚的言论，所以在使用该词的时候，我们必须慎之又慎。其实在过去，人们从不曾给出理由证明"文明已然、正在、且将会朝着某一可欲的方向演进"，亦不曾给出任何理由可以使人们认定一切变化为必然，或视进步为确然，并会始终有助益于人类。然而，那种宣称人们有能力认识"进步规律"（laws of progress）而且这些规律能够使人们预见我们必然趋向于的境况的观点，甚或那种视人们所为愚蠢之事为必然进而视其为正当之举的观点，则是那些进步观中最无根据的。

但是需要强调指出的是，如果我们对于时下流行的种种打破进步幻想的观点只做轻描淡写的处理，那亦将不无危险。从某种意义上讲，文明便是进步，而进步即是文明。维续那种我们知道的文明，须取决于那些在有利的条件下会导致进步的诸种力量的运作。如果说进化并不一定会导向较佳境况是正确的话,那么同样正确的是,没有那些促成进化的诸种力量,文明以及我们所珍视的一切事态(亦即那些将人区别于动物的绝大多数事态)也将不复存在,或无力长久维续。

  文明的历史乃是一种进步的明证,在尚不足八千年的岁月中,它便成就了几乎一切为我们视作为人类生活之特征的东西。在放弃了狩猎生活以后,我们的大多数直系祖先在新石器时代的初期便步入了农耕生活,而且很快又进入了都市生活,此一进步可能只用了三千年时间。从某些方面来看,人的生物构造并未能相应地跟上文明迅速变化的速度,人对其理性不及的境况的调适仍有不少跟不上时代节奏的地方,而且较之适应文明生活,人的许多本能和情绪可能仍更适应于狩猎生活等,这些现象实不足以使我们感到太过惊诧。如果我们文明中的许多特征,在我们看来是不自然的、人为的或不健康的,那么这一定是人类自进入都市生活始便具有的经验,实际上是自文明初始便已有的经验。所有那些为我们所熟悉的反对工业主义、资本主义及过度精致生活的论点,在很大程度上都是对一种新的生活方式的抗拒,这种新的生活方式乃是人类在经历了五十多万年狩猎生活以后,在不久前才接受的方式,而且这种生活方式还导致了种种人类迄今尚无力解决的问题。

  当我们将进步与我们个人的努力或有组织的努力结合起来讨论时,"进步"(progress)乃是指一种趋向于某一已知目标的发展。社会进化则不能被称作这种意义上的进步,因为它并不是通过采用已知的手段努力趋向于一既定的目标这种人的理性来实现的。然而上述意义上的进步观并不完全正确,更为确当的观点乃是把进步视为一种人对其智力进行组合和修正的进程,亦即一种调适和学习的进程,在此进程中,不仅为人们所知道的种种可能性,而且亦包括各种价值和欲求,都在持续不断地发生着变化。由于进步在于发现尚未知晓之事物,因此它的结果必不可预见。由于进步始终将人们导向未知领域,所以我们至多能够期望的便是对那些导致不断进步的诸种力量加以理解。如果我们想努力创造种种有利于进步的条件,那么对这种累积性发展进程的特性，做出上述那种一般性的理解便是不可或缺的，但是我们必须注意的是，这种理解却绝不是那种能使我们做出具体预测的知识。然而，那种认为我们能够从这种理解中获致我们必须遵循的进化之必然规律的主张，则纯属荒诞。人之理性既不能预见未来，亦不可能经由审慎思考而型构出理性自身的未来。人之理性的发展在于不断发现既有的错误。

即使在那种最刻意探求新知识的领域，亦即科学领域，也无人能预见其工作的各种后果。事实上，人们已日益认识到，甚至那种试图将科学的目标刻意设定为达致实用性知识（即达致那种人们能够预见其在将来的效用的知识）的努力，也可能滞碍进步。进步，依其性质，是不可能被计划的。在我们旨在解决某个具体问题并已经掌握回答这个问题的基本答案的特定领域中，我们或许有理由说"我们在计划进步"。但是，如果我们把自己的努力仅限于实现那些现已可见的目标，如果新的问题也不再持续产生，那么我们很快就不用再做什么努力了。只有探索进而认识我们未知之事物，才会使我们变得更聪明。

然而，探索我们未知之事物的努力，也常常会使我们大为沮丧。尽管进步在一定程度上在于实现我们努力奋斗的事情，但这并不意味着我们将喜欢由此而产生的所有结果，亦不意味着由此而产生的所有结果都是有助益的。而且，由于我们的希望和目标在进步进程中也会发生种种变化，所以有关由进步创造的新的事态乃是一更佳事态的说法是否还具有明确的意义，也就颇令人怀疑了。虽说进步在某种意义上意味着人们对自然的认识和支配力的累积性增长，但是它却并未因此而认定新的事态就一定比旧的事态更能满足我们的需求。我们的乐趣可能只在于实现我们始终为之努力奋斗的事情的过程之中，而对此一结果的确实拥有，则可能不会使我们产生多少满足感。如果我们不得不止于当下的发展阶段，那么我们是否就比我们止于百年前或千年前具有更多实质意义上的幸福呢？坦率而言，此一问题很可能是无从回答的。

然而，无论对这一问题做出什么样的回答，都无关紧要。此处紧要的是人们是否能够成功地达致每一时刻似乎都可能达致的事态。人类智识得以证明自己者，并非昔日之成就，而是当下生活中的努力和为未来所做的奋斗。进步乃是一种为运动而运动的过程，因为人们正是在学习的过程中以及在习得某些新东西所产生的结果中，享受着人类智能的馈赠。

个人的成功，只有在进步相当迅速的社会中，才能为大多数人所分享。在一个静止的社会中，有多少兴起者，就有多少衰败者。为使绝大多数人在其个人生活中参与社会发展之进程，此一发展进程就必须以一相当的速度推进。因此，我们可以肯定地说，亚当·斯密的说法是正确的，"正是在这种进步的状态（即社会并不满足于已然获致的富足，而正在发展以求进一步的获取）中，贫困的劳动者的境况，亦即大多数人民的境况，似乎是最幸福的和最舒适的。然而在静止的状态中，他们的境况会非常艰难；而在衰败的状态中，他们的境况则会极为悲惨。进步的状态实乃是令社会各阶层人士所欢欣、所心往的状态。静止的状态令人乏味，而衰败的状态则令人悲哀"。

一个进步社会最具特色的事实之一，就是个人在其间所努力追求的大多数事情，只有通过更深一层的进步方能达致。这是因为此种进步进程的必然性使然：新知识及其裨益只能逐渐地传播和获得，而且众人愿望的实现也始终取决于少数人先行获致新知识并先行获享由此种新知识产生的助益。有一种观点认为，那些新的可能性，在一开始便是可由社会成员通过刻意安排而为众人分享的社会共有物（a common possession），这种观点无疑是误导的，因为这些新的可能性只有经过使少数人的成就逐渐为多数人所接受和分享这一缓慢和渐进的过程，方能成为共有物。这一进程的渐进特征往往被人们所忽视，因为人们通常都太过关注发展过程中的少数显见且重大的步骤。但是我们需要强调指出的是，重大的发现多半只是展开了新的广阔前景，因此人们还必须通过长时间的进一步努力，才能使其间产生的新知识为一般大众所享用。或者说，必须经过调适、选择、组合及改进的长期进程，新知识方能得到充分使用。这就意味着，始终有人在他人尚未获益于新成就之前便已从中获益了。

我们所期望的经济的迅速发展，在很大程度上讲，似乎都是上述那种不平等现象的结果，而且如果没有这种不平等，似乎也不可能实现经济的迅速发展。以这样一种高速率推进的进步，不可能以一种齐头并进的平均发展的方式加以实现，而必须以一些人先发展，另一些人继而跟进的梯队发展方式来加以实现。这样一个道理之所以常常为人们所忽视，乃是因为我们习惯于将经济进步主要视之为更多商品物资的积累。但是，我们生活水平的提高，至少在相当的程度上也要凭靠我们在知识上的增进，因为这种知识的增进不仅能使我们大家消费更多相同的东西，而且还能使我们享用不同的东西，而且常常是那些我们在早些时候甚至并不知道的东西。虽说收入的提高在某种程度上依赖于资本的积累，但却有可能更依赖于我们不断习得的知识，因为正是知识，才使我们得以用一种更为有效的方式去运用我们的资源，并使我们不断地开拓出资源的新用途。

知识的增长之所以具有如此重要的意义，乃是因为新知识的用途是无限的（只要我们不以垄断的方式人为地造成知识的稀缺），尽管物质资源始终处于稀缺状况并不得不被保留于有限的用途。知识一旦被获致，便会被无偿地用以服务于所有的人。正是通过知识这种无偿的馈赠（尽管这种知识是社会中的一些成员经由种种实验而获致的），普遍的进步才具有了可能，亦即先行者的成就促进了后继者的发展。

在上述发展进程的任何阶段，始终存在着这样一种境况，即尽管我们已经知道许多东西的生产方法，但其生产成本却仍然太昂贵，所以只能提供给少数人享用。在早期阶段，这些东西的制成，须耗用大量资源，其价格也往往会高出个人全部收入之平均分配的份额的许多倍，所以这些产品只能为少数有能力从中获益的人享用。"在一新商品成为一种公众需要并构成一种生活必需品之前，通常只是少数人的玩品。因此，今日的奢侈品乃是明日之必需品。"再者，新东西之所以常常会被越来越多的人使用，完全是因为它一度曾是少数人的奢侈品。

如果我们这些生活在较富有国家的人，能够在今天给大多数人提供不久前在物质上还不可能如此大量生产的商品和便利设施，那么这在很大程度上讲乃是这样一个事实的直接结果，即它们最初只是少数人方能享受的奢侈品。大凡舒适家庭居室中的便利设施、交通及沟通之便利工具以及娱乐和享受之便利设施，最初都只能小批量生产，但是，正是在这种小批量的生产中，我们逐渐学会了用少得多的资源去生产它们或与其类似的产品，进而能够向绝大多数人提供这些物品。富有者购买此类新商品的费用，有一大部分被用来支付试验新商品的费用（尽管富有者的目的并不在于此），而作为这一进程的结果，这些物品便可以在晚些时候为贫穷者所享用。

上文所述的重要之点，不仅在于我们逐渐学会了以廉价之方法大规模地生产那些我们先前只知道以昂贵的方法少量生产的商品，而且还在于唯有从先行者的角度出发，我们方能拓展出后继者的种种欲求和种种可能性，这是因为在大多数人有能力追求一些新目标之前，少数人早已选定这些新目标并已经为之实现而努力了。如果少数先行者在既有的目标业已实现后所欲求的新东西很快就能为其所享用，那么那些将在此后20年或50年中给大众带去这些商品的种种发展，就势必会受到那些已然能够享用它们的少数人的观点的指导。

如果在当下的美国或西欧，相对贫困者能够用其收入的合理部分来购买汽车或冰箱、支付飞机旅行的费用或购买收音机，那么这完全是因为在过去一些收入较多的人能够支付这些在当时尚属奢侈品的费用。进展之路已因前人的踩踏而大为平坦了。正是由于先行者发现了目标，人们方能为那些较不幸运者或能力较弱者建造起通向此一目标的道路。有些物品在今天之所以会被认为是奢侈品或浪费者，只是因为它们是一些只为少数人享用甚或为大众所不敢梦想的东西，但是，我们却必须指出，正是这些奢侈品或浪费者，是人们尝试一种最终会为大众所享用的生活方式的代价。我们可以说，那些将得到尝试并在日后得以发展的物品之范围的扩大，以及那些能使大众受益的经验之积累，在很大程度上乃是对现存财富的不平等分配的结果。如果对新商品的尝试能够早在绝大多数人得以享用这些商品之前便可以展开，那么进展的速率便会大大提高。许多改进之物，如果不能在早期就为一些人所享用，则更不可能为大众所享用了。如果所有的人都不得不等到新物品能够为所有的人都享用的那一天才可以做出进一步的追求，那么我们可以认定，这一天在许多情形下就永远不会到来。我们甚至还需要指出，即使是最贫困者在当下所享有的相对富裕的物质生活，也是昔日不平等的结果。

因此，在一个进步的社会中，一如我们所知，比较富有的人也只是在他们所享有的物质生活条件方面比其他人略有领先而已。在进化的进程中，他们先行生活于其间的阶段只是他人尚未达致的阶段，但是他人亦将在此后步先行者之后尘而达致此一阶段。因此，"贫困"亦就成了一个相对概念，而非绝对概念。当然，这并不能使贫困成为不贫困。尽管在一个发达的社会中，未得到满足的欲求通常已不再是那些物质的需求，而是文明发展所产生的一些精神上的需要，但是依然不争的是，在每一发展阶段，绝大多数人所欲求的一些东西只能为少数人所享用，而只有通过进一步的发展，方能使大众都享用到这些东西。我们为之努力的大多数东西，实际上是我们因他人已经拥有它们而欲求的东西。然而需要强调的是，尽管一个进步的社会依赖于这种习得和模仿的进程，但是它却能把它所引发的欲求视为继续努力的激励。这里需要指出的是，进步的社会并不保证这种努力的结果能为每个人都享有，它甚至也不考虑少数人先行享有一些东西而确立的范例会导致大众因不能实现这些欲求而蒙受痛苦的问题。这似乎很残酷，因为它在增给给少数人以赐予的同时，也激增了大多数人对此的欲求程度，而这些欲求又往往不能马上得到实现。然而无论如何，只要它仍是一进步的社会，那么就定有人领先，而其他人继而追进。

在进步的任一阶段，富有者都是通过尝试贫困者尚无力企及的新的生活方式而为一个社会的进步做出其不可或缺的贡献的，如果没有他们做出的这种贡献，贫困者的进展便会大为延缓。但是，即使是这样一种观点，在一些人看来，亦只不过是一种牵强附会的堂而皇之的辩词而已。然而，如果我们稍加思考，就会发现，此一论点确实有道理，而且就此而言，即使是社会主义社会，亦不得不效法自由社会。在计划经济的社会中，如果它不能完全效仿其他较为发达的社会，那么它就必须在大众可资享用之前指定一些个人负责尝试或试验最新的进展成就。如果不是由一些人先行实践或尝试，那些新的但仍旧昂贵的生活方式就不可能推及大众而为他们所普遍享用。但是，仅让一些个人尝试特定的新商品，也还不够充足，因为这些商品只有作为社会之普遍进展的附属物而被欲求时，它们才会具有恰当的用途和价值。在一个推行计划经济的社会中，为了知道在每个阶段上应当促成哪些新的可能性，以及为了知道应当以什么方式并在什么时候将某些特定的新型商品推及和融入普遍的发展进程之中，它就不得不确定某一阶级（或者诸阶级中的一个阶层）为先导，始终先发展于其他人。计划经济社会的这种境况之所以区别于自由社会的境况，乃是因为这样一个事实，即在计划经济社会中，以指定方式而产生的不平等乃是设计的结果，而且特定个人或群体的先行发展亦是由权力机构决定的，而不是由非人格的市场进程决定的，亦非由家庭出身和机会运气的偶然事件所促成的。此外，我们应当补充指出的是，计划经济社会与自由社会的区别还在于，在推行计划经济的社会中，只有那些由权力机构批准的较好的生活方式，才是被容许的，而且即使是这样的生活方式也只有那些被特别指定的人方能享有。但是，计划经济社会为达致与自由社会同等的进步速率，就不得不存在不平等的现象，而且这种不平等的程度也不会与自由社会中的不平等有太大的差别。

上文所述的不平等现象，在我们看来乃是一可欲的现象，但是需要指出的是，在进步的前提下，这种不平等究竟在何种程度上才能被视作合理，实际上并不存在一个可行的判准尺度，当然，我们不希望见到个人的境况由武断的意志来决定，也不愿意看到权力者根据个人意志将某种特权授予某些特定的人。然而，那种认为某些人太过富有或者认为某些人的进步远远大于其他人的现象会对社会构成威胁的观点，在何种意义上可被视为确当，亦很难有定论。如果先行者与后继者之间在发展速率方面的距离太大，那么提出上述问题或许还有些道理，但是，只要社会分层持续存在而且收入金字塔的每一台阶都以某种合理的方式为人们所占据着，那么我们就很难否认贫困者或弱势者会在物质上受益于其他人先行致富这一事实。

那些反对我们主张的观点乃源出于下述误解,即那些领先者占有了对某些东西的权利,而根据此一权利,他们独享了原本可为大众所享用的东西。如果我们只是从如何重新分配由过去的进步所达致的成就的角度来思考问题,而不是从我们这种不平等的社会所促成的持续发展的角度来考虑问题,那么这种反对观点就是有道理的。但是从长远的角度来看,一些群体先于其他人而发展的现象,显而易见,实有利于后进者,同理,如果我们能够以极快的速度汲取或利用较为先进的知识(这些知识乃是一些在某一先前不为我们所知的大陆上的其他人士在更为良好的境况下获致的知识),那么我们一定会受益无穷。

当平等问题涉及我们自己社会中各阶层的成员的时候,我们很难以一种情感不涉的方式就这个问题做出讨论,当我们从较为宽泛的角度(如从富国与贫国之间的关系的角度)出发来考虑平等问题的时候,这一点表现得尤为明显。认识到这个问题讨论中的复杂性,我们就不会轻易地为下述观点所误导,即每个社会成员都享有某种自然权利或天赋权利(natural right),从其所属群体的收入中分享一确定的份额。虽说当今世界上的大多数人都从彼此的努力中获益,但我们却显然没有理由视世界之一切创造物为集体统一努力的结果。

当下的西方人在财富方面要远远富足于非西方的人,这是一个事实,虽说这个事实在某种意义上讲乃是资本更大积累的结果,但是细究起来,其主要原因却是西方人以一种更为有效的方式运用了知识。毋庸置疑的是,如果西方国家不给出如此之强的领先示范,那么那些正在力图达致西方国家当下生活水准的较贫穷的或"不发达"的国家的前景就不容乐观。再者,如果在现代文明兴起的过程中,有一个世界性的权威机构不许某些地区领先其他地区大多并确使每一发展阶段上的物质利益能平均分配给世界各国,那么世界的发展前景显然会因为如此的安排而比实际发展进程糟得多。在今天,一些国家仅在几十年内就能达致西方国家耗用了千百年时间才得以达致的物质生活水平,难道这还不足以证明它们的进步之路因西方不曾被迫同其他国家平分其物质成就(亦即西方未被拖拉住后腿,能够先于其他国家而发展起来)而变得更为平坦和便捷了吗?

西方国家之所以较富有，可以说是因为其拥有较发达的技术知识，然而，西方国家之所以拥有较发达的技术知识，则是因为其较富有。那些经由先发达国家耗费大量经费、时间、精力等而形成的无偿赐予性知识，则使那些后发达国家能够在耗用远比此少得多的代价的境况下达致与西方国家同等的水平。的确，尽管后发达国家可能不具有自生自发性进步的条件，但只要有一些国家在领先，那么所有的后发达国家就能够随后继起。这里需要我们注意的是，正是那些并不自由的国家或群体也能够从自由产生的诸多成就中获益，构成了自由的重要性未能得到较确切理解的诸原因之一。对世界上大多数国家或地区而言，文明之进展始终是外部影响的结果，而且，由于受助于现代沟通之便利，这些国家也不致落后太多，尽管绝大多数发明或创新都源出于发达的国家或地区。我们决不应当忘记的是，苏联和日本的发展依赖于努力仿效美国的技术已有多时！只要有人提供了大量新的知识并进行了大量的试验，那么人们甚至有可能在认真考量以后，以那种能使其群体的绝大多数成员在大约相同的时间并在相同的程度上受益的方式，运用所有这些新的知识。但是需要指出的是，虽说一个平均主义的社会也能够获致此一意义上的发展，然其进步却基本上是寄生性的，亦即依附于那些业已付出代价的国家或社会所获致的成就的进步。

在这一方面，最值得我们牢记的有两点。一是能够使一个国家在此种具有世界性的发展中起领导作用的因素，乃是其在经济上拥有最为发达的阶层。二是试图经由主观设计而铲平贫富阶层之间差距的国家，定将断送其在这种世界性发展进程中的领导地位，大不列颠所显示之悲剧便是此一方面的一个范例。在此之前，大不列颠的各阶层曾因下述事实而获益，即具有悠久传统的富有阶层所要求的乃是具有高品质和高品位的产品，而这恰恰是他国所不及的，因此英国逐渐能够向世界其他国家提供其产品。然而，英国的领导地位，后来却随着那个在生活方式上为他国模仿的阶层的消失而丧失了。英国的劳动者用不了多久就可能会发现：一是他们之所以在过去能从其社会中获益匪浅，乃是因为在他们的社会中有许多成员都比他们富有；二是英国的劳动者之所以在过去比其他国家的劳动者领先，部分原因乃是英国的富有者同样比其他国家的富有者领先。

如果从国际层面来看，甚至国与国之间在财富方面的巨大不平等，都可能对所有国家的进步产生重大助益，那么我们对于一个国家内部的群体或阶层间的不平等，会有助于所有群体或阶层的进步这一点还能有什么疑问呢？就一国而言，其总体发展速度的增进，乃是凭靠那些突进最快的人士来实现的。即使一开始有许多人都很落后，但是用不了多久，先行者打通发展之路的累积效应就很快会促进他们的发展，并能使他们在发展的进程中维系其地位。在一个拥有许多富有者的社会中，其社会成员事实上享有着很大的优势地位，而这种优势则是那些因生活在贫困国家而无法从富有者所提供的经验和资本中获益的人所不具有的，因此，用这种境况来证明个人有权对其所属群体的收入主张更大份额的正当性，显然是没有什么道理的。在一般情形下，事实似乎的确如此，在迅速进步持续一段时间以后，它所具有的对于落后者的累积性助益，将大到足以使他们的进步速度趋近原来领先者的进步速度，因此领先者与后进者的进步长期速率将趋于拉平。美国的经验似乎至少证明了一点：较低阶层者地位的提高，一旦加快了速度，那么向少数富有者提供物品也就不再成为产生很大收益的主要来源，从而这方面的工作也就让位于那些导向满足大众需要的各种努力。因此，那些一开始促使不平等现象自动升级的各种力量，到后来便趋于削弱这种不平等。

因此，对于采用凭空设计的再分配的方式来减少不平等和消除贫困的可能性这个问题，一定存在着两种不同的认识进路：一是从长远的立场来看；二是从短期的立场来考察。在任何特定的时候，我们都可以通过将我们从富有者那里获得的财富提供给最贫穷者的方式来改善他们的境遇。然而需要指出的是，尽管按这种方式而将贫富者在进步过程中的地位拉平的做法，能够暂时使各阶层之间的差距迅速缩小，但用不了多久，这种做法便会延缓整体的发展速度，甚至还会在长期的进程中阻碍落后者或贫困者的进步。晚近的欧洲经验在很大程度上确证了这一点。第二次世界大战以后，欧洲最为明显的特征就是：一方面，原本进步迅速的富裕社会因采取了平均化的政策而变成了静止的（如果还不是停滞的）社会；另一方面，原本贫困但奉行竞争政策的国家却变成了极具动态且进步的社会。就这一点而言，大不列颠和斯堪的纳维亚等推行高度福利政策的国家与联邦德国、比利时和意大利等国之间的表现，构成了鲜明的对照；英国和斯堪的纳维亚等福利国家现在也开始认识到了这个问题。如果对此需要证明，那么高度福利国家的上述试验就可谓是一例：将某种相同且平均的标准强加给所有的人，无疑是使一个社会处于静止且不发展之状态的最为有效的手段，或者只允许最富成就者享有略高于平均数的标准，无疑亦是延缓进步速度的最为有效的手段。

就未开化国家的状况来看，每一位公允的观察者都可能会承认，只要其全民仍处于同等低下且停滞的生活水准，其地位的改善就不会有什么希望，因此其发展的首要条件乃在于他们当中的少数人应当较其他人先行发展起来。然而，颇为奇怪的是，竟然大多数人都不愿意以同样的方式去看待较发达的国家中与此类似的问题。当然，如果一个社会只允许操握政治特权者发展，或者先行发展者能获致政治权力并运用此一权力去阻碍他人的发展，那么它就不可能比平均主义的社会为优。但是，我们必须强调的是，所有旨在防阻少数人发展的阻碍因素，从长远的角度来看，实际上也是阻碍所有人进步的因素，而且这些阻碍因素也并不会因为它们能满足大众一时的情绪而减少其对大众真正利益的侵损。

就西方发达国家的状况言，人们有时会指责说，它们进步太快且太限于物质层面。速度太快与范围太局限这两个方面的问题很可能是密切勾连的。一般而言，物质迅速进步的时代，很少是艺术的辉煌鼎盛时代，而且艺术及智识努力的珍贵极品和华贵品位，往往都是在物质进步的速度延缓的时候出现的。无论是19世纪的西欧，还是20世纪的美国，都不是其艺术成就的灿烂时期。但是，那些并不具物质价值的作品的盛产，似乎又是以经济条件的先行改善为其前提的。一般来讲，在物质财富增长极为迅速的时期以后，人们可能会自然而然地转向对非物质活动的关注，或者说当经济活动不再能够提供迅速进步的魅力的时候,一些最具天赋的人士亦可能会自然而然地转向追求其他价值的实现。

当然,上文所述只是致使许多人对物质迅速进步的价值持怀疑态度的一个原因,甚至有可能不是最为重要的原因。我们还必须承认,我们尚不能断言大多数人对进步的所有结果甚或大部分结果都持欢迎的态度。在多数人看来,进步乃是一非自愿的事情,它虽说给他们带来了许多他们所欲求的东西,但却也迫使他们接受了许多他们根本不想要的变化。关于参与进步进程的问题,个人毫无选择的余地,唯有参与一途可循。进步虽说给人们提供了新的机会,但同时也剥夺了许多他们所欲求的东西,而这些东西往往是他们最感亲切者和最为重要者。对另一些人来讲,这种进步纯属一悲剧,而那些倾向于依赖昔日进步之成就而生活但却不愿意参与进步之未来进程的人则认为,这种进步与其说是一种福音,不如说是一种灾难。

在所有的国家、在所有的时代,总是有一些群体过着一种或多或少静止的生活,他们的生活方式和习惯经数代人的相传而无所改变。他们的这些生活方式可能会因种种发展而受到突然的威胁,但是,他们却对这些发展的进程方向又毫无作为,因此,不仅这些群体的成员而且常常还有一些外界人士,都希望他们的生活方式能够得到维护。欧洲的许多农民,尤其是那些生活在偏远山区的农民,便是一范例。这些农民非常珍视他们的生活方式,尽管这种生活方式已不可能再获发展,尽管这种生活方式的存在也已因太过依赖那种始终处于变化和发展状态之中的都市文明而无力再依凭自身的能力维续下去。然而,保守的农民,一如其他人,其生活方式都是由此前的另一类人创生的,这些人曾是他们自己时代的创新者,他们通过自己的创新而迫使那些属于更早时期的文化状态的人接受了他们的新生活方式,当年游牧民对那种以圈地的方式侵扰其牧场的做法就可能大加抱怨,这可以说无异于后来的农民对工业的侵扰所给出的指责。

这些人必须屈从于种种变化,而这便是进步的部分代价。这说明了这样一个事实,不仅是大众,而且从严格的意义上讲是每一个人,都被文明之发展而引入了一条并非出自其自身选择的道路。如果大多数人被要求对进步所引发的各种变化发表他们的意见,那么他们很可能会希望消除进步的许多必要条件和许多不可避免的后果,但是需要指出的是,这种做法最终会扼杀进步本身。此外,我还听说有这样一种观点,即多数经由审慎思考而做出的投票决定(与某个统治精英做出的决定不同),可以裁断是否应当做出这类牺牲或做出哪类牺牲,以实现自由市场社会所能达致的更好的未来境况。然而,这绝不意味着人们实际欲求的大多数东西的实现,可以不依赖于这种进步的持续性发展。我们必须认识到,如果这些人有能力做到这一点的话,那么他们很可能会通过阻止那些他们并不即时同意的后果的发生而终止这种进步的持续性发展,而这最终会致使人们的大多数希望无从实现。

最后我们需要指出的是,并不是我们在今天可以提供给少数人的所有舒适条件,或早或晚都能为所有的人享用。诸如个人服务之类的舒适条件,就显然不可能推及大众。它们属于通过进步而可以剥夺的那些优越条件,即使为富有者所拥有也不例外。但是,少数人所拥有的大多数便利,随着时间的推移,确能为其他人所享用。实际上,我们力图减少现下痛苦和贫穷的所有希望,也都是建立在此一期望之上的。如果我们放弃进步,那么我们也就势必要放弃我们现在所希望的一切社会改进措施。从另一个角度来看,人们所欲求的在教育及卫生健康方面的一切进展,以及我们对于至少大部分人应当达致他们为之努力追求的目标的希望,亦都取决于进步的持续性发展。我们必须牢记:阻碍领先者进步,很快就会变成对所有其他后进者的进步的阻碍,而这种结果乃是我们最不愿意见到的事情。

上文主要关注的是我们自己的国家或那些被我们认为是我们自己文明的成员国的问题。但是我们还必须考虑这样一个事实,即昔日进步的结果——例如,知识及种种成就以一种极为迅速且便捷的方式在全世界范围内的传播——在很大程度上已把我们置于了一种毫无选择的境地,只能继续高速的进步。除此之外,在我们的目前状况中,还有一个新的事实也在迫使我们继续向前进步,这个事实就是:西方文明的种种成就已然成了世界上所有其他国家欲求和妒羡的对象。不论从多么高深的观点来判断我们的文明是否真的比其他的文明更优秀,我们都必须承认，西方文明在物质层面的成就，实际上就是所有渐渐了解西方物质进步的人士所需求的。这些人士也许并不希望全盘接受我们的文明，但确信无疑的是，他们却希望能够从中择取所有适合于他们的东西。我们可以为下述事实感到遗憾，但却不能无视它，这个事实就是：即使在那些与西方文明不同的文明支配着大多数人生活的地方，领导权也几乎全部都落入了那些努力采用西方文明的知识和技术的人士的手中。

尽管从表面上看，当下有两种类型的文明似乎正在彼此竞争，以赢得世界各国人民的依归，然而事实却是，这两类文明对大众所做的允诺，以及它们所提供给大众的便利条件基本上是相同的。虽说自由国家与全权性国家都声称其各自的方法在满足人们的欲求的方面将比对方的速度快，但是这个目标本身在他们看来却一定是相同的。这二者的主要差别在于，只有全权性国家会明确认为自己知道应当如何获致那种结果，而自由世界只有通过其往昔的成就来表明这一点，因为就西方世界的性质而言，它们无力为进一步的发展提供任何详尽的"计划"。

但是我们需要指出的是，如果说西方文明的物质成就激发了他者的远大抱负，那么它们同时也给予了这些人以一种新的力量，亦即那种在他们认为没有获得其所应得者时摧毁这种文明的力量。由于有关各种可能性的知识要比物质利益传播得快，所以当今世界上有很大一部分人会在种种可能性未得到实现的时候深感不满，而这种不满却是他们往日所没有的，更有甚者，他们还会据此决定主张要求那些在他们看来是他们的权利。这些人一如任何国家之贫穷者所错误认为的那样，坚信他们的目标可以通过对既有的财富做再分配的方式而得到实现，而且他们还经由某些西方思想的启示而更坚定了此一信念。随着他们力量的增强，他们便会在财富增长不够迅速的时候强行实施再分配措施。然而，这些会降慢领先者发展速率的再分配措施，必定会导致这样一种境况，即次一轮的改善将不得不更依赖于再分配措施，因为经济增长所提供的东西愈来愈少。

在当今世界，绝大多数人的期望，只能通过迅速的物质进步来满足。毋庸置疑的是，就他们目前的状况而言，因他们的期望未能实现而导致的巨大失望，会导致严重的国际冲突或摩擦，甚至还可能导向战争。因此，世界和平以及伴随世界和平而存在的文明本身，就必须依赖于持续的且高速率的进步。因此，在此一紧要关头，我们必须清醒地认识到，我们不仅是进步的创造者，而且进步的囚困物，并且即使我们希望，我们也绝不能放松悠闲下来，毫无紧迫感地坐享我们业已获得的成就。我们的使命就是必须继续领先，亦即在一条更多的人都会努力步我们之后尘的道路上继续领先。当然，到将来的某个时日，亦即当（在全世界范围的物质生活水平得到了长时期的提高以后）进步之通道极其堵塞（因为后继者会赶上来，而领先者亦因此会缓慢下来）从而导致那些落后者在一段时间内仍能按过去的速度继续发展时，我们还会再一次拥有选择权，以决定我们是否愿意按此一速率领先。但是，在眼下，亦即当世界上绝大多数人还只是刚刚意识到人类有可能消灭饥饿、提高卫生条件和根治病害的时候，当他们经历了千百年比较稳定的生活之后刚刚受到现代技术之浪潮冲击的时候，当他们对这种浪潮做出第一轮回应并开始在总体上以一种惊人的速度拼命赶超的时候，我们的进步速率即使稍有减低，亦可能对我们构成致命的一击。

（三）自由、理性与传统

> 最能产生奇迹性硕果的，莫过于自由的艺术；但是，最难习得的，亦仍是自由。……一般来讲，自由只有经历剧烈动荡的种种艰难后方能确立，并通过非暴力的论战和争论才得以完善，而且自由的裨益也只有在它久已确立之后方能为人们理解和享受。
>
> ——A. 托克维尔（A. De Tocqueville）

虽说自由不是一种自然状态，而是一种文明的造物，但它亦非源出于设计。各种自由制度，如同自由所造就的所有其他的事物一般，并不是因为人们在先已预见到这些制度所可能产生的益处以后方进行建构的。但是，一旦自由的益处为人们所认识，他们就会开始完善和拓展自由的领域，而且为了达致这一目的，他们也会开始探究自由社会发挥功能的种种方式。自由理论的这样一种发展路径，主要发生在18世纪，始于英、法两国。然而只是英国认识并懂得了自由，而法国则否。

作为结果，我们于当下在自由理论方面便拥有了两种是不同的传统：一种是经验的且非系统的自由理论传统，另一种是思辨的及唯理主义（rationalistic）的自由理论传统。前者立基于对自生自发发展的但却未被完全理解的各种传统和制度所做的解释，而后者则旨在建构一种乌托邦，虽说人们此后亦曾反复尝试过这一乌托邦，但从未获得成功。然而不无遗憾的是，由于法国传统的论辩相当唯理，像是有理、似合逻辑，又极为夸张地设定了人的理性具有无限的力量，所以渐渐赢得了影响并为人们所欢迎，但是英国的自由传统却未曾阐释得如此清楚，也不那么明确易见，所以日渐式微。

由于我们所谓的"法国自由传统"，在很大程度上源出于对英国各种制度进行解释的努力，又由于其他国家形成的对英国种种制度的认识所依据的也主要是法国论者对这些制度的描述，所以上述英国与法国自由传统间的区别便被遮蔽了。当英法两种自由传统在19世纪的自由运动中合为一体时，甚至当一些极为重要的英国自由主义者开始在同等的程度上利用本国传统和法国传统的思想资源时，这两种传统间的界限就变得更加模混不清了。到了后来，亦即当边沁主义的哲学激进论者在英国战胜辉格党人时，甚至连英法两种传统的根本差异也被掩盖了，只是到了晚近，这两种传统间的根本差异才以自由民主制与社会民主制或全权性民主制之间的冲突方式得以重新显现。

英法两种传统间的差异，在百年以前要比在今日得到了更为透彻的理解。在这两种传统步向统合的欧洲革命的年代，人们仍可以清楚地揭示出"盎格鲁自由"与"高卢自由"之间的区别，当年一位著名的德裔美国籍的政治哲学家弗朗西斯·列柏（Francis Lieber）就曾做过这方面的工作，他在1848年指出，"高卢自由，乃是那种试图在统治或治理（government）中寻求的自由，然根据盎格鲁的观点，这实可谓找错了地方，因为在这里根本寻求不到自由。高卢观点的必然后果，乃是法国人在组织中寻求最高程度的政治文明，亦即在政府组织做出的最高程度的干预中寻求政治文明。而这种干预是暴政抑或是自由的问题，完全决定于谁是干预者，以及这种干预对哪个阶级有利。然而根据益格鲁的观点，这种干预永远只能是极权政制或贵族政制，而当下的极权政制，在我们看来，实际上就是一种不折不扣的贵族政制。"

不无遗憾的是，自1848年列柏撰写此著作之后，法国的传统便逐渐地在各地取代了英国的传统。为了梳理这两个传统的条理，我们有必要对它们在18世纪所呈现出来的相对纯粹的形式进行分析。我们所说的"英国传统"，主要是由一些苏格兰道德哲学家所明确阐明的，他们当中的杰出者首推大卫·休谟、亚当·斯密和亚当·福格森，随后，他们在英格兰的同时代人塔克、埃德蒙·伯克和威廉·帕列（William Paley）也对之做出了详尽的阐释。这些思想家所利用的资源主要是那种植根于普通法法理学中的思想传统。与他们观点相反的乃是法国启蒙运动（the French Enlightment）的传统，其间充满了笛卡尔式的唯理主义：百科全书派的学者和卢梭、重农学派和孔多塞（Condorcet），乃是此一传统阐述者中的最知名的代表人物。当然，我在这里所采取的划分方法，并不完全是以国界为标准的。法国人孟德斯鸠以及晚些时候的贡斯当，尤其是托克维尔等，更接近于我们所说的"英国"传统，而不是"法国"传统。另外，英国人托马斯·霍布斯至少是唯理主义传统的奠基人之一，更不用说为法国大革命而欢呼雀跃的整个一代热情的人了，如和潘恩等（就像在法国旅居生活了一段时间以后的杰斐逊一般），都属于此一传统。

尽管当下人士一般都将上述两个传统的代表人物混为一谈，视作现代自由主义的先驱，但是他们各自关于社会秩序的进化及功用，以及自由在其间所起的作用的观点，实在区别太大，难以想象。这一区别可直接归因于一种本质上的经验主义世界观在英国处于支配地位，而唯理主义思维进路则在法国处于压倒之势。这两种完全不同的进路导致了实际上完全不同的结论，而这些结论之间的主要区别，由台曼

(J. L. Talmon)于晚近出版的一部极为重要的著作中做出了详尽的阐明,他指出,"一方认为自生自发及强制的不存在乃是自由的本质,而另一方则认为自由只有在追求和获致一绝对的集体目的的过程中方能实现";他还指出,"一派主张有机的、缓进的和并不完全意识的发展,而另一派则主张教条式的周全规划;前者主张试错程序,后者则主张一种只有经强制方能有效的模式"。一如他所指出的,上述第二派的观点实际上已然成了"全权性民主制"的渊源。

源于法国传统的政治学说,能够在往昔获得压倒优势的成功,其原因很可能在于它们对人的自尊和抱负的极大诉求。但是我们必须牢记,这两个学派的政治结论乃产生于它们对社会之运作方式的不同认识。就这一点而言,英国哲学家为诞生一个深厚且基本有效的理论奠定了基础,而唯理主义学派则完全错了。

英国哲学家已就文明发展的问题给出了一种解释,而此种解释仍是我们当今主张自由所不可或缺的基础。他们认为,制度的源起并不在于构设或设计,而在于成功且存续下来的实践(或者说"赢者生存"的实践)。他们的观点可以表述为,"各民族于偶然之中获致的种种成就,实乃是人的行动的结果,而非实施人的设计的结果"。他们的观点所强调的是,我们所说的政治秩序,绝不是一般人所想象的条理井然的智识的产物。正如亚当·斯密及其同时代思想家的直接传人所指出的,亚当·斯密等的所论所言"解决了这样一个问题,即被人们认为极有作用的种种实在制度,乃是某些显而易见的原则经由自生自发且不可抗拒的发展而形成的结果——并且表明,即使那些最为复杂、表面上看似出于人为设计的政策规划,亦几乎不是人为设计或政治智慧的结果"。

"亚当·斯密与大卫·休谟、亚当·福格森及其他人所共同持有的上述对历史发展进程的反唯理主义的洞见",使他们得以最早理解各种制度与道德、语言与法律是如何以一种累积性发展的方式而逐渐形成的,而且还使他们认识到只有依据这一累积性发展的框架和在此框架内,人的理性才能得到发展并成功地发挥作用。他们的论点,一是与笛卡尔的观点完全背道而驰,因为笛卡尔认为,是独立而先在的人之理性发明了这些制度；二是与另一种观点相反，这种观点认为市民社会乃是由某个大智大慧的最早的立法者或一种原初的社会契约所建构的。上述第二种观点（即那种认为世界之所以能够创建一新，完全是因为那些明智之人聚集起来经详思精考而达成社会契约所致的观点），可能是那些设计理论的最具特色的产物。这种观点的最为精当的表述，可能是由法国大革命的大理论家西哀士（Abbe Sieyes）做出的，他曾主张革命（或共和）议会"要像那些刚摆脱自然状态并为达致签订一社会契约而聚集起来的人那样去行事"。

甚至连古代先哲对于自由的各种境况的理解，都胜于上述那种唯理主义观点。西赛罗（Cicero）曾指出，罗马的宪政之所以优于其他国家的政制，是因为"它立基于众多人的才智，而不是立基于一人的天才；它是人们经过数个世纪的努力后才得以获致的成就，而不是一代人努力的结果"。他指出，这个道理很简单，一是因为历史上根本不存在那种全知全能的天才；二是因为生活在一个时期的人，就是将他们的全部能力和智慧结合在一起，如果不能获益于实际经验的帮助和时间的检验，也不可能为未来的发展提供必要的基础。因此，无论是共和的罗马还是雅典——古代世界的两个自由的国度——都不能为唯理主义者提供范例。在笛卡尔这位唯理主义传统的鼻祖看来，恰是斯巴达给出了范例：斯巴达之所以伟大，"并不是因为其每一部特定法律的优越……而是因为所有这些法律都趋向于一个单一的目的，即那种由某个个人最早确立的目的"。同样也是斯巴达，成了卢梭、罗伯斯庇尔、圣菇斯特（Louis Antoine de Saint-Just）以及日后主张"社会"民主制或全权式民主制中的大多数论者的自由理想。

与古代先哲的自由观相同，现代英国论者的自由观念也是根据对制度如何发展的方式的理解而逐渐形成的，而这种关于制度的理解则是由法律家首先做出的。高等法院首席法官黑尔（Hale）在其于17世纪所撰写的一部批评霍布斯的论著中指出，"许多事物，尤其是法律及政府方面的制度，从其调适性、恒久性和结果来看，都可以被认为是合理的，尽管当事者并不能即刻、明显或特别地认识到其合理性之所在。……悠久而丰富的经验能使我们发现有关法律所具有的便利之处或不便之处,而这一点恰恰是最富智慧的立法机构在制定此项法律时亦无力预见的。那些经由聪颖博学的人士根据各种各样的经验而对法律做出的修正案和补充案,一定会比人们根据机智所做出的最佳发明能更好地适合于法律的便利运行,只要这种机智未能获益于悠久而丰富的经验的支撑。……当然,这一点也增加了人们在把握当下法律之理性方面的困难,因为这些法律乃是悠久而累积的经验的产物。尽管这种经验通常被指责为愚妇之见,但毋庸置疑的是,这一定是人类最为明智的手段,而且它能告诉我们那些仅凭机智根本无法在一开始便预见或无法即刻做出适当救济的法律的利弊。……法律制度存在和发展的种种理由,并没有必要为我们所明确预见和充分把握;只要它们是逐渐确立起来的法律,能给我们一种确定性,就足够了。只要人们遵从这些法律,那就是合理的,尽管该法律制度的特定理性并不为人们明确所知"。

  从上述种种观念中,渐渐发展出一整套社会理论。这种社会理论表明,在各种人际关系中,一系列具有明确目的的制度的生成,是极其复杂但却条理井然的,然而这既不是设计的结果,也不是发明的结果,而是产生于诸多并未明确意识到其所做所为会有如此结果的人的各自行动。这种理论表明,某种比单个人所思的结果要宏大得多的成就,可以从众人的日常且平凡的努力中生发出来。这个论点,从某些方面来讲,构成了对各种各样的设计理论的挑战,而且这一挑战来得要比后来提出的生物进化论更具威力。这种社会理论第一次明确指出,一种显见明确的秩序并非人的智慧预先设计的产物,因而也没有必要将其归之于一种更高级的、超自然的智能的设计。这种理论进一步指出,这种秩序的出现,实际上还有第三种可能性,即它乃是适应性进化的结果。

  由于我们特别强调选择在这种社会进化过程中所起的作用,所以它在今天很可能给人造成这样一种印象,即我们借用了生物学的观点,但是有必要强调指出的是,事实正好相反:达尔文及其同时代的研究者恰恰是从社会进化的种种论说中获致启发进而展开生物进化研究的,这一点可谓是一不争的事实。更进一步说,最早提出社会进化观念的乃是苏格兰哲学家,他们当中的一位甚至先于达尔文而将这种观念适用于生物领域,此后,法学和语言学方面的各种历史学派也开始运用这些观念,进而将那种认为语言和法律在结构方面的相似性可以通过共同的起源来加以说明的观点变成了社会现象研究中的常识,而这也远远早于"起源观点"在生物领域的运用。不无遗憾的是,在后来的岁月中,社会科学未能在其自身领域中业已确立起来的起点上进行建构和发展,反而重新从生物学中引进了一些这样的观念,其间如自然选择(natural selection,或译"天择")、生存竞争(struggle for existence)和适者生存(survival of the fittest)等观念,但这些观念在社会科学领域中并不适宜;因为在社会进化中,具有决定意义的因素并不是个人生理的且可遗传的特性的选择,而是经由模仿成功有效的制度和习惯所做出的选择。尽管这种选择的运作仍要通过个人和群体的成功来实现,但这种实现的结果却并不是一种可遗传的个人特性,而是观念和技术——一言以蔽之,就是通过学习和模仿而传播延续下来的整个文化遗产。

对英、法两国自由传统进行详尽的比较,显然不是本章的篇幅所能及,它需要用一部书的篇幅加以讨论,因此在这里,我们只能选出与这两个传统相区别的几个关键要点,加以阐释。

唯理主义传统假定,人生来就具有智识的和道德的禀赋,这使人能够根据审慎思考而形构文明;而进化论者则明确指出,文明乃是经由不断试错、日益积累而艰难获致的结果,或者说它是经验的总和,其中的一部分为代代相传下来的明确知识,但更大的一部分则是体现在那些被证明为较优越的制度和工具中的经验。关于这些制度的重要意义,我们也许可以通过分析而发现,但是即使人们没有透彻认识和把握这些制度,亦不会妨碍这些制度有助于人们的目的的实现。苏格兰理论家非常清楚地认识到,这种人为的文明结构极为精致而微妙。在他们看来,这种文明结构所依据的乃是这样一种认识,即人始终具有一些较为原始且凶残的本能,因此人们须通过种种制度对这些本能进行制约和教化,然而这些制度既不是出于人的设计,也不是人所能控制的。他们根本没有诸如"人生而善良""各种利益之天然和谐"

的存在或"天赋自由"的裨益(尽管苏格兰哲学家有时也使用过"天赋自由"的术语)等一系列天真幼稚的观念,但是值得我们注意的是,日后却有人将这些观念不公正地归结于或怪罪于苏格兰自由主义者。实际上,苏格兰自由主义者早已经知道,协调利益间的冲突,需要依靠各种制度和传统的人为设置。他们的问题在于,"人性中最普遍的动力(即爱己,self love),如何能够在此一境况中(一如在所有其他的境况中)接受这种引导,于追求自己利益的种种努力中增进公共利益的实现"。毋庸置疑,能够促使上述种种个人努力对公共利益的实现产生有益作用的,并不是任何字面意义上的"天赋自由",而是经过进化发展得以形成的种种确保"生命、自由和财产"的制度。洛克、休谟、斯密和伯克都不可能似边沁那般认为,"每一部法律都是一种罪恶,因为每一部法律都是对自由的侵犯"。他们的论点,决非那种彻底的"自由放任"的论点,恰如这两个词的语种所示,它实际上也是法国唯理主义传统的一部分,而且就其字面意义来看,它从未得到过任何英国古典经济学家的捍卫。英国古典经济学家要比其后的批评者更为确当地知道,绝不是某种魔术,而是"建构良好的制度"的进化,才成功地将个人的努力引导到了有益于社会目标的实现的方面,因为在这些制度的进化过程中,"主张利益及分享利益的规则和原则"得到了彼此协调。事实上,他们的论点从来不是反国家的或无政府主义的,这类反国家的或无政府主义的论点实是唯理主义"自由放任"原则的逻辑结论。英国经济学家的论点既阐明了国家的恰当功能,也说明了国家行动的限度。

英、法两派在对个人人性的假设方面的差异,也极为显著。唯理主义的设计理论必定立基于下述假设:单个个人都倾向于理性行动而且个人生而具有智识和善。相反,进化的理论则试图表明,某些制度性安排是以什么样的方式引导人们最佳地运用其智识的,以及如何型构制度才能使不良之徒的危害减至最小限度。反唯理主义的传统,就这一点而言,比较接近于基督教的传统,后者认为人极易犯错并有原罪,然唯理主义的至善论则与基督教传统处于不可调和的冲突之中。即使像"经济人"这样著名的观念,也不是英国进化派传统的原生物。可以毫不夸张地说，在那些英国哲学家的眼中，人依其本性就是懒惰、放纵、短视和浪费的，而且只有透过环境的压力，人的行为才会被迫变得经济起来，或者说他才会习得如何小心谨慎地运用其手段去实现他的目的。"经济人"虽然是青年穆勒所明确引用的一个概念，但是它在很大程度上仍属于唯理主义传统，而与进化的传统没有多少干系。

然而，上述两种自由传统之间的最大的差异，在于它们对各种传统的作用的不同认识；还在于它们对在漫长岁月中并非有意识发展起来的所有其他成果的价值的不同判定。唯理主义进路在这一点上几乎与自由的所有独特成果相反对，并几乎与所有赋予自由以价值的观点或制度相背离——我个人以为，这样看待唯理主义传统，可以说是一种公道之论。大凡认为一切有效用的制度都产生于深思熟虑的设计的人，大凡认为任何不是出自有意识设计的东西都无助于人的目的的人，几乎必然是自由之敌。在这些人看来，自由意味着混乱或无序。

相反，经验主义的进化论传统则认为，自由的价值主要在于它为并非出自设计的发展提供了机会，而且一个自由社会能够发挥其有助益的作用，在很大程度上也取决于自由发展起来的种种制度的存在。如果对于业已发展起来的各种制度没有真正的尊重，对于习惯、习俗以及"所有那些产生于悠久传统和习惯做法的保障自由的措施"缺乏真正的尊重，那么就很可能永远不会存在什么真正的对自由的信奉，也肯定不会有建设一自由社会的成功努力存在。这似乎很矛盾，但事实可能确实如此，因为一个成功的自由社会，在很大程度上将永远是一个与传统紧密相连并受传统制约的社会。

对那些我们并不知道其起源及存在理由的传统、习惯、业已发展起来的种种制度和规则予以尊重，当然并不意味着——一如托马斯·杰斐逊所具有的典型的唯理主义的误识那样——我们"认为我们的前人具有一种超人的智慧，而且……假设他们所做出的成就也已达致了无须修正和补充的完美程度"。实际上，进化论者的观点根本不认为那些创造了种种制度的古人要比今人更智慧，他们的论点反而立基于这样一种洞见之上，即历经数代人的实验和尝试而达致的成就，包含着超过了任何个人所能拥有的丰富经验。

我们在上文业已讨论了各种各样的制度和习惯，亦即人们做事的方法和工具，并认为它们是透过长期的试错演化而逐渐形成的，且构成了我们所承袭的文明。然而，我们还需要进一步探讨另一些行为规则，因为它们也是作为文明的一部分而演化发展起来的。我们可以说它们既是自由的条件，又是自由的产物。在这些调整人际交往关系的惯例和习惯中，道德规则是最重要的，但这绝不意味着它们是唯一重要的规则。我们之所以能够彼此理解并相互交往，且能够成功地根据我们的计划行事，是因为在大多数的时间中，我们文明社会中的成员都遵循一些并非有意构建的行为模式，从而在他们的行动中表现出了某种常规性。这里需要强调指出的是，这种行动的常规性并不是命令或强制的结果，甚至常常也不是有意识地遵循众所周知的规则的结果，而是牢固确立的习惯和传统所导致的结果。对这类惯例的普遍遵守，乃是我们生存于其间的世界得以有序的必要条件，也是我们在这个世界上得以生存的必要条件，尽管我们并不知道这些惯例的重要性，甚或对这些惯例的存在亦可能不具有很明确的意识。如果这些惯例或规则常常得不到遵循，那么在某些情形下，为了社会的顺利运行，就有必要通过强制来确保人们遵循它们。因此，强制在有些时候之所以是可以避免的，是因为人们自愿遵守惯例或规则的程度很高，同时这也就意味着自愿遵守惯例或规则，乃是自由发挥有益的作用的一个条件。当时，在唯理主义学派以外，许多伟大的自由倡导者都始终不渝地强调着这样一个真理，即如果没有根深蒂固的道德信念，自由绝不可能发挥任何作用，而且只有当个人通常都能被期望自愿遵奉某些原则时，强制才可能被减至最小限度。

人们能够自愿遵循这类不具强制力的规则，当有其益处，这不仅是因为对此类规则施以强制是不好的，而且是因为以下两种境况事实上常常是可欲的：一是自愿性规则只应当在大多数情形下得到遵守；二是个人应当能够在他认为值得的时候挑战这些规则而不顾此举可能会导致的公愤。除此之外，还有一点也很重要，即确使这些规则得以遵守的社会压力的强度和习惯力量的强度，都是可变的和不确定的。

正是这类自愿性规则在压力方面所具有的弹性，使得逐渐进化和自生自发的发展在道德规则领域中成为可能，而这种可能性的存在又容许此后的经验趋向于对先前的规则进行修正和完善。只有那些既不具有强制性亦不是经由审慎思考而强加的自愿性规则，才有可能发生上文所述的逐渐进化——虽说遵守这样的规则会被视为一种美德，从而它们也会得到绝大多数人的遵守，但是我们需要重申的是，当一些个人认为他们有足够的理由去甘冒公众的非难时，他们就可以向这些规则提出挑战或违反这些规则。然而，任何经审慎思考而强加的强制性规则的变更，却只能以间断的方式进行，而且必须同时对所有的人发生效力。显而易见，自愿性规则与这类强制性规则不同，它们可以通过逐渐而持续的方式发生变更，甚至容许试验性的变更。更有甚者，个人及群体还能够同时遵守一些在内容上略有不同的规则，而这可以说为人们选择更为有效的规则提供了机会。

正是对这类并非出于设计的规则和惯例的遵从（而且我们在很大程度上并不理解它们的重要性和意义），亦即对传统规则和习俗的遵循，被唯理主义观点视为不可理喻，尽管这种对自愿性规则的遵循乃是自由社会得以有效运行所不可或缺的条件。对这类传统规则和惯例的遵循，可以从休谟所强调的观点中找到依据。休谟的这个洞见对于反唯理主义的进化论传统来讲，具有决定性的重要意义。休谟指出，"道德的规则，因此并不是我们的理性所能得出的结论"。与所有其他价值相同，我们的道德规则也不是理性的产物，而是理性据以发展的一个先决条件，是我们发展人的智能所旨在服务的诸目的的一部分。在人类社会进化的任何一个阶段，我们生而便面对的那些价值体系，不断地向我们提供着种种我们的理性必须为之服务的目的。价值框架的这种给定性意味着，尽管我们必须不断努力去改进我们的制度，但是我们却绝不能够从整体上对它们做彻底的重新建构，而且即使在我们努力改进这些制度的过程中，也还是必须把诸多我们并不理解的东西视为当然。这就意味着，我们必须始终在那个并非我们亲手建构的价值框架和制度框架内进行工作。尤其需要指出的是，我们绝不能假设我们有能力建构出一套新的道德规则体系，我们也绝不能假设我们有能力充分认识到遵循众所周知的道德规则于某一特定情形中所具有的各种含义，并试图在这种充分认识的基础上去遵循这些规则。

唯理主义者对这些问题的态度，最充分地见之于他们对所谓迷信的种种看法。18—19世纪，人们同那些被证明为谬误的信念进行了不折不挠和毫不留情的斗争，对他们所做出的此一功绩，笔者不愿做任何低估。但是我们必须牢记，将迷信的观念扩大适用于所有未被证明为真的信念，同样缺乏根据，且往往会带来危害。我们不应当相信任何被证明为谬误的东西，并不意味着我们只应当相信那些被证明为真的东西。我们有充分的理由说明，任何想在社会中生活得好并有所成就的人，都必须接受许多为人们所共有的信念，尽管我们所持有的这些理由的价值可能与它们能够被证明为真并无多少关联。这些为人们所共有的信念可能立基于过去的某种经验，但并不是立基于任何人都可以给出证明的那种经验。当然，当一个科学家被要求接受其研究领域中的某个一般性判断时，他显然有权追问此一判断所赖以成立的证据。的确，有许多过去表达人类积累下来的经验的信念，都在这种追问证据的过程中被证明为不可信。然而，这并不意味着我们业已能够达致这样一个阶段，即我们已经能够不再相信任何不具这类科学证据的信念的阶段。人类获得经验的方式，远远多于职业实验家或追求明确知识的人所能认识者。如果我们仅仅因为不知道那些试错过程演化出来的做事方式的根据，就不屑依凭这些方式行事，那么我们就会摧毁诸多成功做事方式的基础。我们行为的妥适性，未必就取决于我们已认识到了这种行为之所以妥适的原因。当然，这种认识是使我们行为妥适的一种方法，但绝不是唯一的法门。如果将信念世界中所有在价值上未能得到实证的信念予以否弃，那么这个信念世界就只能是一个无创见无活力的世界，其状况之恐怖很可能会不亚于生物世界的境况。

虽说上述讨论可以适用于我们所有的价值，但是以上的讨论对于行为的道德规则而言，具有更为重要的意义。除开语言以外，这些道德规则可能是并非出于设计的发展的一个最为重要的范例，尽管这些道德规则调整着我们的生活，但是我们并不知道它们为什么能够调整我们的生活，也不清楚它们会对我们产生什么影响，因为我们并不知道遵守这些规则会对我们（作为个人和作为群体）产生什么样的后果。然而，唯理主义精神却始终反对遵循这类规则。唯理主义观坚持将笛卡尔的原则适用于道德规则。所谓笛卡尔的原则，就是"只要我们对任何一种观点哪怕还有一点理由去怀疑，我们就应当将它视作完全谬误而加以拒绝和否弃"。唯理主义者始终欲求的乃是经由审慎思考而建构一种综合的道德体系，一如伯克所描述的，在此一体系中，"所有道德义务的践履，以及社会基础的确立，依据的都是他们的理性能向每个个人所展示者和所证明者"。诚然，18世纪的唯理主义者曾明确地论证说，由于他们知道人性，所以他们"能够轻易地发现适合于人性的种种道德规则"。然而，他们并不理解他们所说的"人性"，在很大的程度上，乃是每一个人通过语言和思考而习得的那些道德观念的产物。

这种唯理主义观点的影响日趋增大，而其征兆也颇耐人寻味，即在我所知道的各种语言中，都日益发生了以"社会的"一词来替代"道德的"一词甚或"善的"一词的现象。对于这种发生在术语上的替代现象进行一简略的考察，当对我们具有重要的启发意义。当人们用"社会的良知"以反对仅用"良知"一词时，他们是预设了人们能够意识到自己的行动对其他人所具有的特定影响，因此，人们的行动不仅应当受到传统规则的引导，而且还要受到对该行动的特定后果所具有的明确认识的引导。他们实际上是在说，我们的行动应当受我们对社会进程的作用的充分理解的引导，同时也是在说，我们的目标应当是，通过对相关情境中的具体事实所做的有意识的评估，而产生一种可预见的被他们称为"社会之善"的结果。

颇为奇怪的是，这种对"社会的"一词的诉求竟隐含了下述这样的要求，即应当用个人的智识，而不是用经由社会演化出来的规则，来指导个人的行动——这即是说，人们应当不屑使用那种能被真正称为"社会的"东西（即指非人格的社会演化进程的产物），而应当只依赖于他们对特定境况所做的个人判断。因此，倾向于用"社会的考虑"来替代对道德规则的遵循,从根本上来看,乃是无视真正的社会现象的结果,或者说是坚信个人理性具有优越力的结果。

当然,对于这些唯理主义的要求,我们可以做出这样的回答,即他们所要求的知识超出了个人心智的能力,而且如果遵循他们的观点,那么大多数人,与他们现在可以在法律规则和道德规则确立的范围内追求他们自己目标的状况相比,就会变成无甚作用的社会成员。

唯理主义者的论点,就此而言,忽略了一个重要的问题,即在一般的意义上讲,对抽象规则的遵从,恰恰是我们因我们的理性不足以使我们把握错综复杂之现实的详尽细节而渐渐学会使用的一项工具。无论是我们经审慎思考而建构一抽象规则来指导个人的行动,还是我们遵从经由社会进程而逐渐演化出来的共同的行为规则,其原因都在于我们的理性不足以使我们充分理解现实世界中各种具体细节所具有的全部含义。

众所周知,我们在追求个人目标的时候,只有为我们的行动确立一些我们无须在每一特定情形中对其正当性再进行考察便会加以遵循的一般性规则,我们才有可能获得成功。我们在安排日常活动时,在做并不合自己心意但又必须做的工作时,在受到刺激的情况下控制自己的情绪时,或在压制某些冲动时,之所以常常认为有必要将这些做法变成一种不需思考的习惯,是因为我们知道,如果没有这样的习惯,那些使这类行动成为可欲行动的理性根据,就不足以有效地平衡各种各样的即时性欲望,也不足以有效地促使我们去做那些从长远的观点来看我们当会希望自己去做的事情。为了使我们自己能够理性地行事,我们往往会认为有必要使我们的行为受习惯而非受反思的指导,而为了避免使我们自己做出错误的决策,我们必须经过审慎思考而缩小我们的选择范围。这两种说法尽管看上去都有些矛盾,但是我们却知道,如果我们欲求实现自己的长期目标,以上所述在实践中就是必要的。

值得注意的是,以上所述在下面的情形中具有更为重要的意义:一是我们的行动所直接影响的不是自己而是其他人;二是我们的首要关注点是使我们的行动与其他人的行动及预期相协调,以避免对他人造成不必要的危害。在这类情形中，任何个人试图凭据理性而成功地建构出比经由社会逐渐演化出来的规则更具效力的规则，都是不可能的。退一步讲，即使他成功地建构出了这样的规则，那么也只有当这些规则得到所有人遵守的时候，这些规则方能真正发挥其效力并有助于其目的的实现。因此，我们别无选择，只有遵循那些我们往往不知道其存在之理由的规则，而且不论我们是否能够确知在特定场合对这些规则的遵循所能达致的具体成就，我们都只能遵循这些规则。道德规则，就它们主要有助于人们实现其他人类价值的意义上来讲，乃是一种工具，然而，由于我们很少能够知道在特定场合对这些道德规则的遵循所能达致的具体成就，所以对它们的遵守就又必须被视为一种价值本身，亦即必须被视为一种我们必须追求但却无须追问其在特定情形中的合理根据的居间性目的。

当然，上述考虑并不能证明在一社会中逐渐发展出来的各种道德信念都是有助益的。恰如一个群体的发展可以归功于该群体的成员所遵守的道德规则（其意义在于这些道德规则经由成功而显示出来的价值，最终会被这一获致成功的群体所领导的整个民族所效法），一个群体或民族也可能会因其所遵循的道德信念而遭摧毁。因此，只有最后的结果才能够表明引导一群体的种种道德理想是助益性的，还是摧毁性的。尽管事实上存在着这样的事例，即一个社会渐渐地视某些人的信念为善之体现，但是这绝不能证明他们的信念因得到了社会的普遍遵循就不会导致该社会的解体。完全有可能发生这样的情况：一个民族因遵循被该民族视为最智慧、最杰出的人士的信念而招致摧毁，尽管那些"圣人"本身也有可能是不折不扣地受着最无私的理想的引导。在一个社会中，其成员如果仍有自由选择自己的实际生活方式，那么上述危险就会大大减少，因为在这样一种社会中，各种毁灭性的或衰败的苗头和趋势会得到自行矫正，只有那些受"不切实际"的理想指导的群体会衰败，而其他根据当时的社会标准被认为较少道德的群体则会取而代之。但是，这样的事情只会发生在一个自由的社会里，因为在自由的社会中，人们不会强迫其所有成员都去遵循那种不切实际的理想。如果所有的社会成员都被迫遵循相同的理想，又如果异议者不得遵循与此不同的理想，那么这些规则也只能通过因遵循它们的整个民族的衰败而被证明为不确当。

这样，便产生了一个重要的问题，即多数对一道德规则的共同同意，是否构成了把这种规则强制适用于对它持有异议的少数的充足理由，或者说这一因多数同意而产生的权力是否就不应当受到更为一般的规则的限制——换言之，普通的法规是否应当受到一般性原则的限制，一如有关个人行动的道德规则也会排斥某些行动，而不论这些行动的目的是何等善良。政治行动一如个人行动，也极需要有道德规则的支撑，而且连续性的集体决策的结果以及个人决策的结果，只有在其与那些为人们共同遵守的诸原则极为符合的时候，才会是有助益的。

这类调整集体行动的道德规则，发展极为缓慢并充满了困难。但是，正是这一点应当被视为它们珍贵的表征。由我们人类发展起来的为数本来就不多的这类原则中，最为重要的一项原则就是个人自由的原则。需要指出的是，将这种个人自由的原则视作一种政治行动的道德原则最为恰当。如同所有其他的道德原则那样，个人自由的原则也要求自己被作为一种价值本身来接受，亦即被作为一种必须得到尊重而无须追问其在特定情形中的结果是否将具助益的原则来接受。如果我们不把个人自由原则作为一种极为强硬的以至于任何权宜性的考虑都不能对其加以限制的信念或预设来接受，那么我们就无从获得我们想得到的结果。

对自由的主张，从终极的角度来看，实是对一系列原则的主张，也是对集体行动中权宜性措施的反对。一如我们所见，这就等于说，只有法官而不是行政人员可以命令采取强制性措施。19世纪自由主义的一位知识界领袖贡斯当（Constant），就曾把自由主义描述成"一系列原则的体系"（systeme de principes），我们可以说他把握住了这个问题的实质。自由是一种体系，在此一体系中，所有政府行动都受原则的指导，但除此之外，自由还是一种理想，此一理想如果本身不被作为一种支配所有具体立法法规的最高原则来接受，就不能得到维续。如果不把这一基本规则作为一种不会对物质利益做任何妥协的终极理想而予以严格的遵守——这样一种理想，即使在某种短暂的紧急状态中而不得不遭暂时的侵损，也必须构成所有恒久性制度安排的基础——那么自由就几乎肯定会一点一点地蒙遭摧毁。这是因为在每一特定情形中，人们总是有可能允诺某些具体的和切实的好处。尽管这种给予具体好处的做法只能以限制自由为代价，但是那些因此而被牺牲了本来可由自由提供的益处，就其性质而言，却始终是未知的和不确定的。一个自由的社会所能提供的种种允诺，对于特定个人而言，始终只能是各种机遇而非种种确定性，只能是种种机会而非种种明确的赐物，此为一不争之事实，因此，如果自由不被视作最高原则，那么自由社会所提供的种种允诺，就必定会因其性质的缘故而被证明为致命的弱弊，并使自由渐渐丢失。

根据上文所述，自由的政策不仅要求制止主观刻意的管制，而且还极力主张接受不受指导的自生自发的发展，因此读者很可能会产生这样一个疑问，即在安排社会事务的过程中，理性还具有什么样的作用。我们对此所做的第一个回答是，如果有必要对理性之用途寻求确当的限度，那么发现这些限度本身就是一项极为重要的且极为棘手的运用理性的工作。我们的第二个回答是，如果说我们在这里的侧重点始终在于理性的限度方面，那么我们的意思就一定不是说理性根本不具有任何重要的建设性使命。毋庸置疑，理性乃是人类所拥有的最为珍贵的禀赋。我们的论辩只是旨在表明理性并非万能，而且那种认为理性能够成为其自身的主宰并能控制其自身的发展的信念，却有可能摧毁理性。我们所努力为之的乃是对理性的捍卫，以防理性被那些并不知道理性得以有效发挥作用且得以持续发展的条件的人滥用。这就要求我们真正地做到明智地运用理性，而且为了做到这一点，我们必须维护那个不受控制的、理性不及的领域。这是一个不可或缺的领域，因为正是这个领域才是理性据以发展和据以有效发挥作用的唯一环境。

我们在本书中所持的反唯理主义的立场，绝不能与非理性主义或任何对神秘主义的诉求相混淆。我们所主张的，并不是要废弃理性，而是要对理性得到确当控制的领域进行理性的考察。这个论点的部分含义是指，如此明智地运用理性，并不意味着我们应当在尽可能多的场合中运用主观设计的理性。天真幼稚的唯理主义将我们当下的理性视作一种绝对之物，而这正是我们的观点所要严加反对的。我们所必须继承并推进的乃是休谟所开创的工作，他曾"运用启蒙运动自身造就的武器去反对启蒙运动"并开一代先河，"运用理性分析的方法去削弱种种对理性的诉求"。

在安排社会事务方面，明智运用理性的首要条件是，我们必须通过学习而设法理解理性在一立基于无数独立心智的合作的社会运作中事实上发挥的作用及其能够发挥的作用。这就意味着，在我们能够明智地努力重塑我们的社会之前，我们必须理解理性发挥作用的方式，而且我们必须认识到，即使当我们相信我们已然理解了理性发挥作用的方式的时候，我们的理解仍有可能发生错误。因此，我们所必须学会理解的是，人类文明有其自身的生命，我们所有欲图完善社会的努力都必须在一我们并不可能完全控制的自行运作的整体中展开，而且对于其间各种力量的运作，我们只能希望在理解它们的前提上去促进和协助它们。我们的态度应当与一名医生对待生命有机体的态度一样，因为我们所面对的世界乃是一通过各种力量而持续运行的具有自续力（self-maintaining）的整体，然而这些力量是我们所无法替代的，从而也是我们在试图实现我们的目的时所必须加以使用的。欲改善文明这个整体，我们的所作所为就必须在与这些力量合作的基础上，而不是在与它们的对抗中展开。此外，在我们力图改善文明这个整体的种种努力中，我们还必须始终在这个给定的整体中进行工作，旨在点滴的建设，而不是全盘的建构，并且在发展的每一个阶段都运用既有的历史材料，一步一步地改进细节，而不是力图重新设计这个整体。

上述诸项结论，无一旨在反对运用理性，所反对的只是对理性的滥用，亦即反对各种要求政府拥有强制性的和排他性的权力的主张。上述诸项结论，并不反对试验或尝试，所反对的乃是一切对一特定领域中的尝试或试验施以排他性的和垄断性的控制权——这种权力不仅不容许任何可供选择的方案的存在，而且还宣称自己拥有高于一切的智慧——当然,所反对的还有那种最终会排斥较当权者所信奉的计划为优的种种解决方案的做法。

(四) 自由与责任

> 如果一个社会的组织,所依据的原则是治疗而非判断,是错误而非过失,那么民主制度在这样一个社会中是否还能存续下去,则无疑是大有疑问的。如果人是自由而平等的,那么他们必须接受的就是判断而非送入医院治疗。
>
> ——沃马斯(F. D. Wormuth)

自由不仅意味着个人拥有选择的机会并承受选择的重负,而且还意味着他必须承担其行动的后果,接受对其行动的赞扬或谴责。自由与责任实不可分。如果一个自由社会的成员不将"每个人所处的境况乃源出于其行动"这种现象视为正当,亦不将这种境况作为其行动的后果来接受,那么这个自由的社会就不可能发挥作用或维续自身。尽管自由所能向个人提供的只是种种机会,而且个人努力的结果还将取决于无数偶然因素的作用,但是它仍将强有力地把行动者的关注点集中在他所能够控制的那些境况上,一如这些境况才是唯一重要的因素。由于个人被赋予了利用可能只有他才知道的境况的机会,而且一般而言,任何其他人都不可能知道他是否业已最好地利用了这些境况,所以当然的预设就是,他的行动的结果决定于他的行动,除非有显见的反证。坚信个人自由的时代,始终亦是诚信个人责任的时代。然而不无遗憾的是,这种对个人责任的信念,同对自由的尊重一起,现在已明显地衰落了。"责任"已变成了一个不为人们所欢迎的概念,亦即一个为经验丰富的演说家或资深作者都不愿使用的术语,其原因是那个反对泛道德化的一代人都很讨厌甚或反对接受这个术语。有关责任的信念还常常引起另一些人的极端憎恨,其原因是这些人一直被告知,是他们所处的种种环境,决定了他们的生活境况,甚至还决定了他们的行动,而这些人对于这些所谓的环境却根本无从控制。

然而，对责任的否定，通常来讲却是因恐惧责任所致，而且这样一种恐惧必定还会变成一种对自由的恐惧。毋庸置疑，正是由于创建一个人自己生活的机会还意味着它是一项无止境的艰难使命（人欲实现他的目的，就必须将这种创建生活的机会作为一项戒律而强加于自身），才使许多人对自由感到了惧怕。

对个人自由和个人责任的尊重之所以同时发生了减损，在很大程度上是一种错误的科学解释观所致。早先信奉自由的种种观点，都与那种信奉意志自由的信念有着紧密的勾连，但是后者从不具有一精准的含义，而且在晚些时候，其基础似又被现代科学所摧毁。此后，人们愈来愈相信，所有自然现象都无一例外地决定于先行存在的事件或受制于可为人们所认识的种种规律，而且人本身也应当被视为自然的一部分。这种认识当然也就导出了这样一个结论，即我们必须认为，人的行动及其心智的作用，必然为种种外部环境所决定。那种支配了19世纪科学的宇宙决定论的观念，通过上述观点的中介而被适用到人的行动世界，然而恰恰是这种观点，似乎从根本上否定了人的行动的自生自发性。当然，我们必须承认的是，那种认为人的行动也受制于自然规律以及我们实际上并不知道人的行动是如何为特定环境所决定的（可能也有例外，但却只发生在极罕见的情形中）观点，只不过是一个一般性的假设而已。但是，承认人的心智的功用必须被认定为（至少从原则上讲必须被认定为）要服从一致性规律的观点，实际上则标示着对个人人格的作用的根本否定，然而，这种个人人格的作用对于自由观念和责任观念来讲却是至关重要的。

晚近数代人的智识发展史，已然向我们提供了诸多例证，说明了这种决定论的世界图式是如何侵损了道德的自由信念和政治的自由信念的基础。当下有许多受过科学教育的人士很可能会同意这样一些科学家的观点，这类科学家在为一般大众撰写文章或书籍时承认，自由"对于科学家的讨论而言，乃一颇为麻烦的概念，而其中的部分原因是它无法使科学家相信真实的世界中的确存在着自由这样的东西"。诚然，在更晚近的一些时候，物理学家以某种较为温和的态度放弃了宇宙决定论的命题。然而，关于世界常规性只具统计意义这个较为晚出的观念，究竟以什么样的方式或者说是否消除了意志自由方面所存在的问题，仍是一个疑问。因为，在我看来，人们在把握自愿行动和责任的意义方面所存在的种种困难，根本不是他们所具有的那种认为人的行动为因果律所决定的信念的必然结果，而是一种智识上的糊涂所导致的结果，亦即得出的结论并未建立在其前提之上所导致的那种结果。

我以为，宣称意志是自由的观点，与那种否定意志是自由的观点一样，并无什么意义，因为整个问题本身就是一个虚假的问题，亦即一种语辞之争，而且在这样一种论争中，论辩各方甚至都不知道肯定性的答案抑或是否定性的答案到底有什么意义。我们可以明确无误地指出，那些否定意志自由的人，使"自由"一词完全丧失了它原本具有的通常意义，因为"自由"一词的通常意义认为，人是根据自己的意志而非他人的意志采取行动的，如果那些否定意志自由的人不想做出毫无意义的论述，那么他们就应当给出另外一种定义，然而需要指出的是，他们从未给出过这样一个定义。再者，那种认为具有相关意义的或实质性意义的"自由"完全否定了行动必然为某些因素所决定的观念的说法，也可以经由详尽考察而被证明为毫无根据。

如果我们对争论双方根据各自的立场而可能得出的结论加以考察，此一方面的认识混乱就会更加凸显出来。决定论者一般都认为，由于人的行动完全是由自然原因决定的，所以他们要对其他人对其行动的赞扬或谴责负有责任就是没有合理根据的；唯意志论者则主张，由于人具有某种处于因果链之外的力量，所以这种力量就成了责任的承担者，也是赞扬和谴责的确当对象。现在，已无争议的是，就上述争论双方的具体结论而言，唯意志论者较接近正确的答案，而决定论者的观点就很混乱了。然而，这一论争的显见事实是，上述双方的各自结论都背离了他们所宣称的前提。由于人们经常指出，责任的观念事实上立基于一种决定论的观点，所以决定论者别无他途可循，只有通过建构一形上的"自我"（a metaphysical self）才能证明人免于责任的承担为正当，因为这种形上的"自我"处于整个因果链之外，从而可以被认为是不受赞扬和谴责的影响的。

当然，人们为了阐明那种所谓的决定论立场，可以建构起一个自动的怪物，它会一以贯之地以某种相同的可预见的方式对其所处环境中的种种事件做出回应。然而，这种阐释甚至会与那些最极端地反对"意志自由"观的论者所坚决主张的立场相违背。这些极端论者所主张的立场就是，一个人在任何时候所采取的行动，亦即他对任何外部环境所做的回应或反应，将由他经由遗传而获得的素质和他积累起来的全部经验（含括每一种根据早先的个人经验而加以解释的新经验——这是一种经验积累的过程，这个过程在每一种情形中都会形成一种独一无二的且具独特品质的人格）共同决定。这种人格的作用，就像一种过滤器，外部性事件通过这个过滤器而引发行动，但是在一般的情形中，人们却无法对它将引发什么样的行动做出明确的预测。然而决定论者的立场则主张，那些遗传性素质及过去的经验所累积起来的因素，构成了个人的整个人格，而且除此之外根本不存在所谓性情倾向不受外部影响或物质影响的"自我"或"我"。这意味着，尽管那些否认"意志自由"的人有时也否认诸如推理或论辩、劝说或苛评和对赞扬或谴责的预期等因素的影响力，但是他们并不是一以贯之地采取这种否定态度，因此可以说，这些因素实属决定人格以及因此决定个人特定行动的最为重要的因素。由于不存在处于因果链之外的独立的"自我"，所以也就存在着我们能够通过奖惩的方法而施以合理影响的"自我"。

事实上，我们常常可以通过教育和示范、理性的劝说，以及赞成或反对的方式影响人的行动，这一点很可能从未有人做过持之一贯的否定。因此，鉴于人们知道，他们所采取的一项行动将使其周围的人提高对他们的尊敬或降低对他们的尊敬，而且他们能够对其行动做出奖惩的预期，所以人们可以有充分理由追问的就只能是这样的问题，即处于特定环境中的个人，可能在何种程度上受上述知识（或预期）的影响而趋向于所欲求的方向。

那种认为"他之成为他，并不是他之过"的观点，往往是人们常常持有的观点，但是严格来讲，这种观点却是一种谬论，因为课他以责任的目的正是要使他区别于现在的他或者可能的他。如果我们说一个人对某一行动的后果负有责任,那么这种说法就不是一种对事实的陈述,甚或也不是一种对因果律的主张。当然,如果他可能的作为或不作为都已不能够改变他行动的结果,那么上述那种说法就是无可证明的。但是,当我们在这些情况中使用诸如"可"(might)或"能"(could)这样的字眼的时候,我们并不是认为,在某人进行决策的时候,他的身上有着一种不同于特定场合因果律所具有的必然影响力的东西在起作用。相反,有关一人对其所作所为负有责任的陈述,实是旨在使他的行动与他不相信此一陈述为真的时候所采取的行动有所区别。我们对人课以责任,并不是为了说原本的他便可以采取不同的行动,而是为了使他本人发生变化。如果我因疏忽而对某人造成了伤害,尽管这种疏忽在特定情形中"是我无能为力的",那么这也不能使我免除对此后果承担责任,而且应当使我比此前有更深刻的教训,即必须将发生这种后果的可能性牢记心头。

因此,我们在这里只能够提出这样的问题,即我们因其特定行动或其行动的后果而课之以责任的那个人,是否是那种会产生正常动机的人(即他是否是一个我们所说的有责任能力的人),以及在特定的情形中这种人是否能够被期望受那些我们想使其牢记的因素及信念的影响。就像在大多数这类问题中那样,由于我们对种种特定情形往往处于无知的状态中,所以我们也就只知道那种关于他们将被认为具有责任能力的期望有可能在整体层面上影响他们在某些场合的行动,并使其趋向于一可欲的方向。因此,我们的问题,在一般意义上讲,并不是某些精神因素是否会对某一特定场合的行动具有作用,而是如何使某些理智的考虑尽可能有效地引导行动。这就要求对个人进行赞扬或谴责,而不论对这种奖惩的期望是否在事实上能够影响此人的行动。对于有关责任的预期或知识在特定事例中的具体影响,我们可能无从确知,但是我们坚信,在一般意义上讲,有关某人将被视为具有责任能力的知识,将对他的行动产生影响,并使其趋向于一可欲的方向。就此一意义而言,课以责任并不是对一事实的断定,它毋宁具有了某种惯例的性质,亦即那种旨在使人们遵循某些规则的惯例之性质。此类特定的惯例是否有效,可能是一永具争议的问题。换言之,对于这种惯例是否有效的问题，或在总体上看是否无效的问题，我们所能知道的，充其量也只能是经验所揭示的。

责任概念日渐演化成了一个法律概念，或者说主要是一个法律概念，其原因在于就一个人的行动是否造成了一项法律义务或是否应使他接受惩罚而言，法律要求有明确无误的标准以资判定。但是需要指出的是，责任当然也是一个道德概念，此一概念构成了我们认识人的道德义务的基础。事实上，责任概念，在范围上远远超过了我们通常视为道德的范围。我们对我们社会秩序的运作的整个态度，亦即我们对此一秩序在确定不同个人的相对地位时所采取的方式的赞赏或反对，都与我们对责任的看法有着紧密的勾连。因此，此一概念的重要意义远远超出了强制的范围，而且它所具有的最为重要的意义，很可能在于它在引导人们进行自由决策时所发挥的作用。一个自由的社会很可能会比其他任何形式的社会都更要求做到下述两点：一是人的行动应当为责任感所引导，而这种责任在范围上远远大于法律所强设的义务范围；二是一般性舆论应当赞赏并弘扬责任观念，亦即个人应当被视为对其努力的成败负有责任的观念。当人们被允许按照他们自己视为合适的方式行事的时候，他们也就必须被认为对其努力的结果负有责任。

课以责任的正当理由，因此是以这样的假设为基础的，即这种做法会对人们在将来采取的行动产生影响，它旨在告知人们在未来的类似情形中采取行动时所应当考虑的各种因素。从一般的意义上讲，只有行动者能够最为确当地知道其行动的周遭环境，所以应当让他们自己进行决策，但是尽管如此，我们还需考虑这样的问题，即所创设的各种条件应当能使他们最为有效地运用他们的知识。如果我们因假定人具有理性而赋予其以自由，那么我们也必须通过使他们对其决策的后果承担责任而肯定他们会一如具有理性的人那样去行事。这并不意味着我们认为一个人永远是其自身利益的最佳判断者，这只意味着我们永远不可能确知谁比行动者本人能更好地知道他的利益，还意味着我们希望所有的人（亦即那些能为使我们的环境更好地服务于人类各种目的的共同努力做出各自贡献的人）都能够充分发挥他们的能力。

课以责任，因此也就预设了人具有采取理性行动的能力，而课以责任的目的则在于使他们的行动比他们在不具责任的情况下更具有理性。它还预设了人具有某种最低限度的学习能力或预知（foresight）的能力，亦即他们会受其对自己行动的种种后果的认识的引导。我们也可以这样说，由于课以责任的目的在于使人的极有限度的理性尽可能得到充分的发挥，所以理性在决定人的行动方面实际上只起很小的作用。就这一点而言，合理性（rationality）仅意指两点：一是一个人的行动具有某种程度的一致性和连贯性；二是知识或洞见具有某种持续的影响力，所以一旦某人拥有这种知识或洞见，它们就将在此后及在不同场合下对他所采取的行动产生影响。

　　自由与责任的这种关联性或互补性，意味着对自由的主张只能适用于那些被认为具有责任能力的人。它不能适用于未成年人、精神病患者。它假定一个人能够从经验中习得知识和教训，并能够用这种方式习得的知识和教训去引导他的行动，因此对自由的主张，对于那些从经验中尚未习得足够的知识或无能力习得知识的人，不具有适用力。如果一个人的行动完全由种种不可改变的冲动（即使在他意识到了其行动之后果的情况下亦无从控制的那种冲动）所决定，或者完全由真正的人格分裂即精神病所决定，那么这个人在此意义上就不能被视为具有责任能力，因为关于他将被认为具有责任能力的知识无力改变他的行动。此外，那些受真正不可支配之欲求左右的人，也同样不能被认为具有责任能力，因为经验证明这些人对正常的动机已无从做出反应。但是，只要我们有理由认为一个人关于他将被视为具有责任能力的意识可能会影响他的行动，那么我们就有必要视他为有责任能力，而不论在特定的情形中对他的这种认定是否会产生可欲的影响或效果。因此，课以责任，并不是立基于我们在特定情形中所知为真的事实，而是立基于我们相信它可能会产生的效果或作用，即那种鼓励人们在考虑周到的情况下理性地采取行动的效果或作用。这是人类社会为了应对我们无力洞见他人心智的状况而逐渐发展出来的一种手段，也是人类社会为了在无须诉诸强制的情况下便能把秩序引入我们生活之中而逐渐发展出来的一种手段。

对于那些不能被认为具有责任能力、从而有关自由的主张不适用或不能完全适用于他们的人所提出来的特殊问题，显然不是我们在这里所应当讨论的问题。这里的关键问题在于，作为社会中一个既享有自由又承担责任的成员，乃是一既具有特权又承负责任的特定地位。如果我们欲实现自由的目的，那么这种地位就不能根据某人的自由裁量而随意授予，而是必须自动地属于所有符合某些可以从客观上加以确定的标准（如年龄）的人，只要有关他们拥有必要的最低能力的假定未被明确证明为不成立。在人身关系中，从监护向拥有完全责任能力的转化，可能是渐进的、不明确的，而且那种存在于个人之间的且属国家不应干预的轻微程度的强制形式，也可以根据个人所具有的不同程度的责任来加以调整。然而，从政治上和法律上来讲，如果我们期望自由有效，那么责任的程度和种类就必须明确而确定，而且须根据一般性的和非人格化的规则进行决定。在我们对诸如一个人是应当成为自己的主人，还是应当服从于他人的意志这类问题进行裁定时，我们必须把他视作要么是具有责任能力的人，要么是不具责任能力的人，要么有权按自己的方式行事，尽管这种方式可能不为他人所理解、所预知、所欢迎，要么无此权利。并非所有的人都能够被赋予充分自由这一事实，绝不意味着所有人的自由，都应当受制于那些根据个别情况而调整的限制性规定。未成年人法庭或精神病院所采取的个别化处理方式，所标志的乃是监护，亦即不自由。尽管在人们的私生活的亲密关系中，我们可能会根据对方的情况而调适我们的行动，但是在公共生活中，自由要求我们按照具有责任能力的类型或不具有责任能力的类型来看待人，亦即把人们视为类，而不是视为无数特立独行的个人，并且依据这样一种假定来对待人，即正常的动机和威慑的因素在影响人的行动方面是有效的，而不论这在特定情形中是否为真。

20世纪上半叶，人们就应当容许个人追求其自己的目的的理想发生了极大的争论，也引起了极大的混淆，因为有人认为，如果赋予个人以此一方面的自由，他就会或必然会只追求他的自私的目的。然而我们需要指出的是，追求一个人自己目的的自由，不仅对利己主义者极为重要，而且对最利他的人士也极为重要，这是因为在利他者的价值等级序列中，他人的需求只是占据了一个非常重要的高位而已。人们将他人的幸福视作自己的主要目的，乃是一种人之常情（可能妇女尤重），也是人之幸福的主要条件之一。视他人的幸福为自己的主要目的，是我们所面对的正当选择的一部分，通常也是人们期望我们做出的抉择。就这个方面而言，从一般观点来看，我们应当把我们家庭成员的幸福视作自己的主要目的。但是，我们也常常通过将他人结为自己的朋友，将他们的目的视为我们自己的目的，来表明我们对他们的欣赏和承认。把一些人（即其需求被我们视为我们自己的关注者）择为我们的合作者和好朋友，乃是自由的一个核心部分，亦是自由社会中道德观念的一个核心部分。

然而，泛利他主义，则是一毫无意义的观念，因为任何人都不可能以如此这般空泛的方式而有效地关注他人。我们所能承担的责任，必须始终是具体的，而且我们的责任也只能指向那些我们知道其具体情况的人和那些我们所拥有的选择或特殊条件已与其勾连在一起的人。一个人自行决定什么样的需求或谁的需求在他看来最重要，乃是一个自由人的基本权利和义务之一。

承认每个人都具有我们所应当尊重的他自己的价值等级序列（即使我们并不赞同此种序列），乃是对个人人格之价值予以承认的一部分。因此，我们对他人进行评价，所依据的就必须是他们的价值等级序列。换言之，信奉自由，意味着我们绝不能将自己视为裁定他人价值的终极法官，我们也不能认为我们有权或有资格阻止他人追求我们并不赞同的目的，只要他们的所作所为并没有侵犯我们所具有的得到同样保护的行动领域。

一个社会如果不承认每个个人自己拥有他有资格或有权遵循的价值，就不可能尊重个人的尊严，也不可能真正地懂得自由。但是，下述情形在自由的社会中也确实是一个真实的情况，即人们会依据某个人运用自由的方式来评价他。在没有自由的情况下，道德评价是毫无意义的。"如果一个成年人的行动，不论其善恶，乃出于命令的怂恿及强制的压力，那么所谓美德难道不只是一空名吗？受赞誉者难道不只是在这种怂恿和压力下的循规蹈矩吗?而所谓严肃认真、公正和节制,难道还具有丝毫意义吗?"自由乃是一为善举的机会,但是只有当它也是一为不良或错误行动的机会时,自由作为为善行的机会才具有真实的意义。只有当个人在某种程度上受一些共同的价值所引导时,一个自由的社会才会成功地发挥其作用,这一事实可能就是为什么一些哲学家有时候把自由界定为与道德规则相符合的行动的原因所在。但是需要强调指出的是,自由的这种定义,实际上是对我们所关注的那种自由的否定。作为道德品行之条件的行动自由,也包括了采取错误行动的自由:只有当一个人拥有选择的机会的时候,只有当他对规则的遵循不是出于强迫而只是出于自愿的时候,我们才能对他加以赞扬或谴责。

我们说个人自由的领域也是个人责任的领域,并不意味着我们对任何特定的人士都负有说明我们行动的责任。的确,我们之所以会面对他人对我们的指责,是因为我们的所作所为惹怒了他们。但是,我们应当被视为对我们的决定负有完全的责任,其主要原因就是它将把我们的关注力集中于那些依我们自己的行动方能达成的种种事业。信奉个人责任,其主要的作用就在于它能使我们在实现我们的目的的过程中充分运用我们自己的知识和能力。

自由所设定的选择负担,亦即一个自由社会施予个人的为自己命运负责的责任,在现代世界的境况下,日益变成了一个令人甚感不满的主要根源。一个人的成功,在当下要比在从前更加取决于他对自己所拥有的特定能力的恰当使用,而不取决于他在理论上具有何种特定能力。在专业化较弱、组织的复杂程度较低的年代,亦即当几乎每个人都能够知道所存在的大多数机会的时候,人们能够比较容易地发现充分使用自己的特殊技能和才智的机会。随着社会的发展及其复杂程度的增强,一个人能够希望获取的报酬,越来越依赖于他对其技能的恰当运用,而不再依赖于他所可能拥有的技能。因此,欲发现一人的能力得以最佳运用的机会,困难日增,拥有同样技能或特殊能力的人,在获取报酬方面的差距,也日益拉大。

当下最令人感到悲哀者,可能莫过于对下述问题的困惑:一个人如何才能对自己的同胞有助益，以及一个人的才智如何才能不被浪费。在一个自由的社会中，任何人都没有义务要确使他人的才智得到恰当的运用，任何人也没有特权要求获得使用他自己的特殊才智的机会，而且除非他自己发现了这种机会，否则这些技能或才智就有可能被浪费掉。以上所述可能是自由制度受到最为严厉谴责的一个方面，也是对自由制度极度不满的根源。人们对自己拥有某些潜在能力的意识，自然而然会引发出这样一种要求，即其他人有义务使他们所拥有的能力得到运用。

我们必须去发现一个能发挥我们作用的领域或工作。毋庸置疑，这是一个自由社会加诸我们的最为严格的也是最为残酷的要求。然而，此一要求与自由紧密相连，不可分离，这是因为除非一个人有权力强制他人使用他的才智，否则任何人都不可能向他保证他的才智将得到恰当的使用。只有通过剥夺其他人选择谁应当为他服务的权力，并剥夺其选择他将使用谁的才能或哪些产品的权力，我们才能向每个人保证他的才智将按他所认为合适的方式得到使用。但是，一个自由社会的本质在于，一个人的价值及报酬，并不取决于他所拥有的抽象能力，而取决于他能否成功地将这种抽象的能力转换成对其他有能力做出回报的人有用的具体的服务。自由的主要目的在于，向个人提供机会和动因，以使个人所具有的知识得到最大限度的使用。然而，使个人在这一方面能够发挥其独特作用的，并不是他的一般性知识，而是他所具有的特殊知识，亦即他关于特定情形和条件的知识。

我们必须承认，一个自由社会在这方面所引发的诸多结果，往往会与此前形态的社会所遗存下来的伦理观念相冲突。毫无疑问的是，从社会的角度来看，很好地运用一个人的能力的艺术，亦即发现一个人的才智的最有效的用途的技艺，可能是最具助益的一种手段。但是，一个人如果具有太多这方面的资源，通常就会引起人们的不满，而且，尽管某些人的一般能力相同，但是其间的部分人士因较成功地运用了具体环境而获得了较他人为优的利益，这种情况往往也会被人们视为不公。在许多社会中，由于"贵族式"的传统认为，等待直至才智被他人发现乃是高贵之举，所以只有那些为赢得社会地位而艰苦斗争的宗教群体或少数民族才精思熟虑地养成了充分运用这种资源的本领——也正是出于这一原因，人们通常都对他们表示不满。在一个具有组织等级的社会中，每一等级都被赋予了相应的任务和职责，这就致使行动的条件具有了差别，而这正是贵族制传统产生的根源，这种传统通常都是由那些因享有特权而使他们不必为他人提供服务的人发展起来的。然而，毋庸置疑的是，与"贵族式的"传统不同，一个人能够发现物质资源的较佳用途或他自己的能力的较佳用途，乃是他在我们当今社会中所能够为他的同胞的幸福做出的最伟大的贡献之一。更有进者，一个自由社会之所以能发展得比其他社会更繁荣，是因为它为人们能够做出这种贡献提供了最大限度的机会。这种企业家式的能力（因为在发现我们能力的最佳用途的过程中，我们所有的人实际上都是企业家）的成功运用，在一个自由的社会中乃是回报最高的活动，而且不论是谁，只要他把发现运用他的能力的某种有效手段的任务交由他人去做，他就必须满足于只获取较少的回报。

　　我们必须认清这样一个问题，即如果我们训练的只是那些期望"被使用"的专才，他们凭靠自己并不能发现合适的工作，甚至把确使其能力或技艺得到恰当使用的问题视作他人的责任，那么我们就不是在为自由社会培养和教育人。不论一个人在某一特定领域中有多大的能力，如果他没有能力使那些可以从其能力中获取最大利益的人知道他的能力之所在，那么他所提供的服务的价值在一自由社会中就必定很低。尽管两个人经过同样的努力而获得了同样的专门技艺和知识，但其中一个人有可能获得成功，而另一个人却有可能遭到失败，这种情况的确会使我们感到不公，然而我们必须认识到，在一个自由的社会中，恰是对特定机会的运用决定了我们是否对社会有用。此外，我们还必须对我们的教育和精神取向做相应的调整，以适应自由社会的要求。在一个自由的社会中，我们之所以能够获得报酬，并不是因为我们具有技术，而是因为我们恰当地使用了这一技术，只要我们可以自由地选择我们具体的职业，而不是被要求去干某一职业，那么我们能够恰当地运用我们的技术，它一定是我们获致酬报的基础。诚然，我们或许永远不可能断定在某人获得的一项成就中，哪一部分是出于较出色的知识、能力或努力，哪一部分是出于幸运的偶然因素，但是这绝不会因此而贬损下述做法的重要性，即每个人做出恰当的选择是有价值的。

社会主义者和其他一些论者所宣称的一些主张表明，他们根本没有理解上述基本事实，因为他们认为，"每个儿童，一如成年公民一样，都具有天赋权利，这不仅包括生命、自由和追求幸福的权利，而且还包括他的才智使其能在社会等级中享有一定地位的权利"。在一个自由的社会中，一个人的才智并不"能使"他具有占据任何特定地位的"资格或权利"。如果对此做肯定的主张，就意味着某个机构有权力根据其判断而赋予人们以不同的社会地位。一个自由的社会所必须提供给人们的，只是寻求一恰当地位的机会，但是需要强调的是，在此一过程中，风险和不确定性始终与这种机会相伴随，只要人们为了实现自己的才智而去寻求市场，就必定会面临这种风险和不确定性。无须否认的是，就这一点而言，一个自由社会将大多数个人都置于了一种压力下，而且这种压力往往会引起人们的不满。但是，那种认为一个人在某种其他类型的社会中不会有这种压力的观点，却只是一种幻想而已，因为如果想替代那种对自己的命运负责而导致的压力，那么可供选择的就只有那种人们必须服从的个人命令所产生的会令人更为厌恶的压力。

人们常常争论说，那种认为一个人应对自己的命运负全责的观念，只是那些成功者所持有的观念。但是，这种论争本身的基本设定（即由于他们成功了他们才持有这种信念）则是无法成立的。就个人而言，我更倾向于认为，成功与此一信念之间的关系恰恰被颠倒了，实际上正是由于人们先持有这种观念，他们才往往获得了成功。尽管那种认为一人所获得的成就须完全归功于其自己的努力、技术和才智的观点，可能在很大程度上是不准确的，但这种认识对他努力奋进和谨慎选择却具有最富成效的影响。如果成功者那种自命不凡的自豪常常会令一些人感到不可忍受和讨厌，那么那种认为成功完全取决于成功者本人的观点，从实用主义的角度来看，就很可能是促使他获致成功的最富效力的激励。一个人越是习惯于将他自己的失败归罪于他人或环境,他就会变得越发不满,而工作也会变得更无成效。

在现代社会中,责任感之所以被削弱,一方面是因为个人责任的范围被过分扩大了,另一方面则是因为个人对其行动的实际后果却不需负责。既然我们是为了影响个人的行动而对其课以责任,那么这种责任就应当仅指涉两种情况:一是他预见课以责任对其行动的影响,从人的智能上讲是可能的;二是我们可以合理地希望他在日常生活中会把这些影响纳入其考虑的范围。欲使责任有效,责任就必须是明确且有限度的,而且无论从情感上讲还是从智识上讲,它也必须与人的能力所及者相适应。无论是宣称一人对所有的事情负责,抑或是宣称一人可以被认为不对任何事情负责,都会对责任感产生相当的侵损。自由提出的要求是:第一,个人责任的范围只能以他被认为可以做出判断的情形为限;第二,他在采取行动时必须考虑他的预见力所及的责任对他行动的影响;第三,尤为重要的是,他应当只对他自己的行动负责(或对那些由他监管的人的行动负责)——而不应当对那些同样具有自由的其他人的行动承担责任。

欲使责任有效,责任还必须是个人的责任。在一自由的社会中,不存在任何由一群体的成员共同承担的集体责任,除非他们通过商议而决定他们各自或分别承担责任。人们有时也可以向个人课以连带责任或分割责任,但这必须是他与有关人员进行商议的结果,而其目的则在于对其间的这个个人的权力进行限制。如果因创建共同的事业而课多人以责任,同时却不要求他们承担采取一项共同同意的行动的义务,那么通常就会产生这样的结果,即任何人都不会真正承担这项责任。正如针对一项财产而言,如果所有的人都有所有权,那么实际上无异于没有人有所有权,因此,所有的人都有责任,也就是没有人有责任。

我们无须否认的是,现代社会的一系列发展,尤其是大都市的发展,摧毁了诸多对地方性事务的责任感,而正是这类责任感在过去曾催发了诸多极富助益的自生自发的共同行动。在过去的情形中,责任的基本条件,乃是指个人能够自己判断情势,而且是指个人可以毋庸太多想象便可以提出自己的问题,甚至也完全有理由根据自己的情况而非他人的情况来考虑解决这些问题的方案。然而，此一条件已无法适用于工业化大都市中的境况，因为在大都市中，人与人之间的关系已经变成了陌生人之间的关系，而且一般而言，个人已经不再是某个小社区的成员，然而在小社区中，个人往往会得到亲切的关照且与他人密切熟识。虽然工业化社会使个人的独立性得到了某种程度的增加，但却也使他丧失了安全感，而这种安全感恰恰是前工业化社会的人际关系及邻里好友的亲密关心所能提供的。因此，在现代社会中，人们愈来愈欲求从国家的非人格权力中获得保护和保障。当然毋庸置疑的是，这类要求在很大程度上是下述情况的结果：一是那些利益密切相关的小型社区的消失；二是个人的孤独无助感的增加——个人已不再可能指望从地方群体中的其他成员那里得到各种关心和帮助了。

那些利益相关且关系密切的小型社区业已消失，并为各种有限制的、非人格的和临时的关系构成的网络所取代，对此我们可能会有所遗憾。然而，我们却不可能期望那种熟人间的责任感，亦会被那种关系疏远且在理论上讲知道的人之间的责任感所替代。对于我们所熟识的邻人好友的命运，我们能够拥有真切的关怀，而且在他们需要帮助的时候，我们通常也知道如何给予他们帮助，但是，对于那些我们只知道他们生存在这个世界上而其具体的状况我们却一无所知的千千万万的不幸的人来讲，我们显然不能以相同的方式对待。不论他们的疾苦和不幸多么感动了我们，我们都不能仅仅根据那些关于受疾苦的人数的抽象知识来指导我们的日常行动。如果我们想使我们的行动有助益且有效力，那么我们的目标就必须是有限定的，且是我们的心智能力和同情所能及者。不断提醒我们对我们的社区、我们的国家或者我们的世界中所有需要帮助或不幸的人负有社会责任的做法，无疑会造成这样的结果，即它会不断地弱化我们的责任感，直至我们无从界分那种需要我们采取行动的责任与那种不需要我们采取行动的责任之间的差别。因此，为使责任有效，就必须对责任予以严格的限定，使个人能够在确定各不相同的事项的重要性的时候依凭其自身的具体知识，使他能够把自己的道德原则适用于他所知道的情形，并能够有助于他自愿地做出努力，以消除种种弊害。

（五）自由平等与品行

> 对于那种追求平等的热情，我毫无尊重之感，因为这种热情对我来说，只是一种理想化了的妒忌而已。
>
> ——O. W. 霍姆斯（Oliver Wendell Holmes, Jr.）

争取自由的斗争的伟大目标，始终是法律面前人人平等（equality before the law）。国家强制实施的规则下的这种平等，可由人们在彼此之间的关系中自愿遵从的规则下的一种与其相似的平等予以补充。这种将法律面前人人平等的原则扩大至包括道德的和社会的行为规则，实乃人们通常所说的民主精神的主要表现——这种民主精神在缓和人们对自由必然产生的不平等现象的不满方面，很可能起到了极大的作用。

然而需要指出的是，一般性法律规则和一般性行为规则的平等，乃是有助于自由的唯一一种平等，也是我们能够在不摧毁自由的同时所确保的唯一一种平等。自由不仅与任何其他种类的平等毫无关系，而且还必定会在许多方面产生不平等。这是个人自由的必然结果，也是证明个人自由为正当的部分理由：如果个人自由的结果没有显示某些生活方式比其他生活方式更成功，那么个人自由的主张亦就丧失了大部分根据。

对自由的主张之所以要求政府给予人们以平等的待遇，既不是因为它认为人们实际上是平等的，也不是因为它试图把人们变得平等。主张自由的论辩不仅承认个人是非常不同的，而且在很大程度上还是以此一认识为基础的。然而，它坚持认为，这些个人间的差异并未给政府提供任何理由以差别地对待他们。它还坚持认为，如果要确使那些在事实上存在着差异的人获得生活中的平等地位，那么就必须反对国家对他们施以差别待遇。

当下，一些主张更为宽泛的物质平等的倡导者，通常都否认他们的要求是以所有的人事实上都是平等的假设为基础的。然而，还是有许多论者认为，这就是要求物质平等的主要依据。就平等待遇的要求而言，最具危害的莫过于把它建基于所有的人在事实上都是平等的这一显然违背事实的假设。把主张平等对待少数民族或种族的理由建基于他们与其他人并无不同这样一种论点之上，实际上是默认了事实上的不平等可以证明不平等的待遇为正当。某些差异在事实上的确存在的证据，并不会因时间的推移而减少。然而不应忽视的是，要求法律面前人人平等的实质恰恰是，尽管人们在事实上存在着差异，但他们却应当得到平等的待遇。

人性有着无限的多样性——个人的能力及潜力存在着广泛的差异——乃是人类最具独特性的事实之一。人种的进化，很可能使他成了所有造物中最具多样性的一种。一如有论者曾精彩论述的那样，"以变异性或多样化为基石的生物学，赋予了每个人以一系列独特的属性，正是这些特性使个人拥有了他以其他方式不可能获得的一种独特的品格或尊严。就潜力而言，每一新生婴儿都是一未知量，因为在他的身上存在着无数我们并不知道的具有相互关系的基因和基因组合，而正是这些基因和基因组合促成了他的构造及品行。作为先天及后天的综合结果，每个新生婴儿都有可能成为迄今为止最伟大的人物之一。不论这个婴儿是男是女，他或她都具有成为一个特立独行的个人的素质……如果忽视人与人之间差异的重要性，那么自由的重要性就会丧失，个人价值的理念也就更不重要了"。该论者还进一步指出，那种为人们普遍持有的人性一致论，"表面上似乎与民主相一致……然最终将摧毁极为基本的自由理想和个人价值理想，并将我们所知道的生命变得毫无意义"。

将人与人之间先天性差异的重要性减至最低限度，而将人与人之间所有重要的差异都归于环境的影响，几乎成了当下的一种时尚。然而，不论环境如何重要，我们都不应当忽视这样一个事实，即个人生来就极为不同，或者说，人人生而不同。即使所有的人都在极为相似的环境中长大，个人间差异的重要性亦不会因此而有所减小。作为一种对事实的陈述，"人人生而平等"的说法就显然与事实相悖。不过，我们将继续运用这一神圣的说法来表达这样一种理想，即在法律上和道德上,所有的人都应当享有平等的待遇。但是需要强调指出的是,如果我们想理解此一平等理想能够或应当具有的含义,那么第一个要求便是我们必须否弃那种认为所有的人在事实上都是平等的观念。

从人们存在着很大差异这一事实出发,我们便可以认为,如果我们给予他们以平等的待遇,其结果就一定是他们在实际地位上的不平等,而且,将他们置于平等的地位的唯一方法也只能是给予他们以差别待遇。因此,法律面前人人平等与物质的平等不仅不同,而且还彼此相冲突。我们只能实现其中的一种平等,而不能同时兼得二者。自由所要求的法律面前的人人平等会导向物质的不平等。因此,我们的论点是,国家虽说出于其他理由而必须在某些场合使用强制,而且在实施强制的场合,国家应当平等地对待其人民,但是,自由社会却绝不允许因此而把那种力图使人们的状况更加平等化的欲望视作国家可以行使更大的且歧视性的强制的合理依据。

我们并不反对法律和道德上的平等。但是,我们有时也会遇到这样的情况,即对于平等的要求乃是大多数试图把一预先设计好的分配模式强加给社会的人士所宣称的动机。因此,我们所反对的是一切将那种经由主观思考而选定的分配模式强加给社会的企图,而不论它是一项平等的措施还是一项不平等的措施。事实的确如此,一如我们能看到的那样,有许多要求扩大平等的人,并不真正要求平等,而是要求一种与其评价个人品行的标准更相符合的分配模式。我们还将看到,他们的那些要求,实与那些较为严格意义上的平均主义要求无异,都与自由不相容。

如果有人反对使用强制的措施去促成一种较为平等或较为公平的分配,那么这也并不意味着这些人一定视这些目标为不可欲者。但是,如果我们希望维续自由的社会,那么关键就在于我们要认识到,某一特定目标的可欲性并不构成使用强制的充足理由。人们完全可以赞赏一种不存在贫富悬殊差距的社会,也可以乐观地看待这样的事实,即财富的普遍增长似在逐渐缩小贫富间的差距。我完全赞同这样的态度,而且也完全愿意把美国所达致的社会平等的程度视作一项令人极为敬佩的成就。

此外,我们似乎也没有理由反对人们用这些为人们所普遍赞同的倾向去引导某些方面的政策。再者,在政府有合法必要的理由采取行动的时候以及我们必须在满足此一必要性的不同方法之间做出选择的时候,我们也完全有可能倾向于选择那些能够附带地减少不平等现象的措施。例如,如果在继承法中,一种规定将比另一种规定对平等更具助益,那么这就可能是人们更倾向于采取前者规定的坚强理由。然而,如果为了制造实质性平等而要求我们放弃一个自由社会的基本原则(例如,根据平等适用于所有人的法律来限制一切强制的原则),那就是一个完全不同的问题了。据此,我们认为,经济的不平等虽说是社会恶弊现象之一,但绝不构成我们把歧视性强制措施或特权当作一种克服这种不平等现象的救济方案而加以诉诸的正当理由。

我们的论点所依据的,乃是下述两个基本命题,我以为,我们很可能只需对这两个命题稍加陈述,便能赢得绝大多数人的赞同。

第一个命题表达了所有的人都具有一定相似性的信念,即任何人或任何群体都不具有最终确知其他人的潜力的能力,从而我们应当确定无疑地永远不能信托任何人去行使这样一种能力。不论人与人之间所存在的差异可能有多大,我们都没有理由认为,这些差异将大到使一个人的心智能够在一特定情形中完全理解另一个有责任能力的人的心智所能理解的事情。

第二个基本命题是任何社会成员获得做某些可能有价值的事情的新能力,都必须始终被视为是其所在社会的获益。的确,一些人的境况可能会因其所在领域中某个新的竞争者具有更优越的能力而变得越来越糟糕,但是,就整个社会而言,任何这种新能力的获得,都可能对社会之大多数人产生助益。这意味着增进任何个人的能力和机会的可欲性,并不取决于他人的能力和机会是否也可能得到同等程度的增进,当然,这是以他人并不因此而被剥夺获得同样的能力或其他新的能力的机会为条件的。只要这种机会没有被那个已掌握了此种能力的个人所垄断,其他人就有可能习得和掌握这些能力。

平均主义论者的观点与我们的观点不同。他们一般都认为,个人能力间的差异，一部分为生来之差异，另一部分为受环境影响而产生的差异，或者说一部分是"天生"的结果，另一部分则是"养育或后天"的结果。这里需要即刻强调指出的是，这二者都与道德品行无关。尽管上述两种差异都可能对一个人是否对他人具有价值产生极大的影响，但是生而具有某些可欲的素质，却很难说比在较优越的环境中长大更重要。上述两种差异之所以重要，只是因为前者的优势出于人力明确无从控制的基础因素，而后者的优势则出于那些我们完全有可能变更的因素。这里的重要问题是，我们是否有足够的理由大举变更我们的制度，以尽可能地消除那些出于环境影响的优势？我们又是否应当同意这样的观点，即"所有那些以出身和继承所得的财产为基础的不平等，都应当被铲除，而且除非差异是极高的才智和勤劳的结果，否则一切不平等都应当被消灭"？

某些优势的确是依人为安排而产生的，但是这一事实未必就意味着我们能够为所有的人都提供相同的优势，也未必意味着如果一些人被赋予了某些优势，那么其他人也就因此而被剥夺了这些优势。就此而言，我们所应考虑的最为重要的因素，乃是家庭、继承和教育，而当下的一些批评观点所主要指向的对象也是由这些因素所产生的不平等现象。然而，重要的环境因素还不仅仅是这三者，诸如气候、地形等地理性条件（更不用说地方或阶层在文化传统和道德传统方面的差异这一因素了），就很难说没有上述三者重要。然而，我们在这里还是只考虑前三个因素，因为它们所产生的影响受到了最为普遍的质疑。

就家庭而言，人们的观点存在着很大的混乱和分歧：一方面大多数人都对家庭制度表示敬重，另一方面他们又同时对下述事实表示不满，这个事实就是一个人出生在一个特定的家庭会使他得到特殊的优势。似乎有很多人都认为，一个人所具有的有益的素质，如果是出于他因天赋而在与所有其他人相同的境地中获致的，那么这样的素质就是对社会有益的，但是，如果这些有助益的素质乃是他人所无法获致的环境优势的结果，那么无论如何它们都是不可欲的。然而，我们却实在搞不明白，为什么一些同样有助益的素质，作为一个人的天赋的结果时可以为人们所欢迎,而作为诸如有文化的父母或条件优越的家庭等环境的结果时就应当比前者的价值少。

　　大多数人认为家庭制度有价值,乃是立基于这样一种信念,即一般来讲,父母在培育自己的孩子以使其在成人后享有一满意的生活的方面,会比任何其他人倾注更多的心血。这不仅意味着人们从各自家庭环境中获致的助益是不尽相同的,而且还意味着这些助益经数代相继而将产生累积性的作用。那么,我们又能有什么理由相信,一种作为家庭背景的结果的可欲的素质,较之不是作为这种背景的结果的那些素质而言,对社会的价值就要少呢?的确,我们有充分的理由认为,有些对社会颇有价值的素质,几乎不可能在一代人的时间中就为人们所获得,而一般需要两三代人的持续努力方能成就。这就意味着,在一个社会的文化遗产中,有些部分能够通过家庭而得到更为有效的传播和承继。只要我们承认这一点,我们就没有理由否认,如果素质的提高不只限于一代人,如果我们不应当经由凭空想象而要求不同的个人从同一水平线出发,如果孩子没有被剥夺从其父母可能提供的较好的教育和物质环境中获取利益的机会,那么这个社会就可能生成一个较杰出的精英层。或者说,如果我们承认这一点,那就无异于承认:出生于一个特定的家庭,乃是个人人格的一部分;一如个人是社会的构成因素那般,家庭亦是社会的极为重要的构成要素;文化遗产在家庭内部的传播和承继,作为人类为努力获致较佳境况的工具而言,其重要性一如有助益的生理特性的遗传。

　　许多人尽管承认家庭作为传承道德、品位情趣和知识的工具是可欲的,但是对其传承物质财产的可欲性却大加质疑。然而毋庸置疑的是,为了使道德、品位情趣和知识的传承成为可能,某些标准(亦即生活的外部形式)的延续,乃是至关重要的,然而,欲使这些标准得以延续,不仅有赖于非物质的优点的传承,而且亦有赖于物质条件的传承。当然,一些人出身于富有的家庭,而另一些人则出身于拥有慈爱智慧父母的家庭,就这些个人而言,不存在道德上的优劣、公平不公平的问题。实际的情况是,有一些孩子能够一出生便拥有那些在任何时候都只有富有家庭才能提供的优势,而另一些孩子则承继了较高的智慧或在家庭中获得了较好的道德教育,然而需要强调指出的是,这二者都同样有益于社会。

那些赞成私有财产继承制的主要论辩认为,私有财产继承制在控制资本方面作为防止财产流失或分散的一种手段以及作为财产积累的一种动因,都是极为重要的。当然,我们在这里并不准备对这个问题进行讨论,我们的关注点毋宁是,授予一些人以不当之利的事实,是否构成了反对私有财产继承制度的有效论辩。毫无疑问,授予某些人以"不当之利",显然是产生不平等的诸项制度性原因之一。就本书所论涉的问题而言,我们没有必要追究自由制度是否要求赋予遗产继承以无限的自由。我们在这里的问题只是,人们是否应当有自由将那些会导致实质性不平等的物质财产传赠给其孩子或其他人。

如果我们同意父母所具有的那种"望子成龙"的天赋本能是可欲的,那么将这种努力仅限于非物质利益的传赠,似乎就没有什么切实的根据了。家庭所具有的传承生活标准和传统文化的功能,是与其传赠物质财产的可能性紧密勾连在一起的。而且,我也实在不明白,将物质条件的收益仅限于一代人去享用,究竟会对社会有什么真正的助益。

此外,关于这个问题,我们还可以提出一种观点,尽管它听上去颇有些庸俗,但却很彻底地揭示了一个道理:如果我们希望最充分地利用父母对其孩子的本能性的偏爱,那么我们就不应当禁止财产的传赠。显而易见,那些业已获致权力和影响力的人士在养育子女的方面有着各种各样的手段,然而我们可以确定无疑的是,从社会的角度来看,其中成本最低者当为财产传赠。如果没有这一通道,这些有权力和有影响力的人士就会想方设法寻找其他方式去安排其子女,如将他们的子女安排在高位上,以使他们获得与财产传赠所可能给他们带去的好处相等的收入和名望;而这种做法无疑会导致资源的浪费,并会导致比遗产继承所会造成的更大的不平等。众所周知,所有取消了遗产继承制度的社会(包括共产主义社会),都发生了这样的情况。因此,那些反对因继承制度所导致的不平等现象的人士应当认识到,在人成其为人的种种境况中,即使从他们这些反对遗产继承制度的人的角度来看，遗产继承制度亦属危害最小者。

尽管继承制度在过去因被认为是不平等的根源而遭到了最为广泛的批判，但当下的情况就很可能不是如此了。平均主义论者的批评重点，现已转向集中于那些因教育方面的差异而导致的不平等现象。他们越来越倾向于以这样的方式来表达他们对机会平等的要求：就我们所知道的提供给某些人的最好的教育，应当免费向所有的人提供，而且，即使这一点在今天还不可能完全做到，那么一个人也不能仅仅因为其父母有能力支付此笔学费就可以受到比其他人更好的教育，而只有那些以及所有那些能通过统一考试的人，才应当被允许享用高等教育这一有限资源的利益。

教育政策的问题引发了太多的争论，我们不可能在对平等做一般性讨论的章节中把这个复杂且重要的问题作为一个附带的问题加以处理。因此，我拟在本书第三部分专辟一章对这个问题进行详尽的探究。在这里，我们只想指出，在教育领域试图通过强制手段而达致平等，依旧不能解决问题，因为这种强制性措施也会阻止某些人获得接受教育的机会，而不采取这种手段，他们本来是可以接受教育的。不论我们所可能采取的手段是什么，都无法阻止只是某些人才能拥有（而且由某些人拥有这样的优势是可欲的）的那些优势，被那些既不应获得这些优势又不能像其他人那样极好地运用这些优势的人士所获得。这个问题是不可能通过国家所拥有的排他性的强制性权力而加以圆满解决的。

至此，粗略地考察一下平等的理想在此一领域于现代所经历的变化，当对我们不无启发。百年以前，亦即传统的自由运动发展至高潮的时候，人们一般都是以这样的主张来表达其平等要求的，即"任才能驰骋"（lacarriere ouverte aux talent）。这一要求包括三个含义：一是阻碍某些人发展的任何人为障碍，都应当被清除；二是个人所拥有的任何特权，都应当被取消；三是国家为改进人们之状况而采取的措施，应当同等地适用于所有的人。只要人们之间存在着差异并成长于各不相同的家庭，就不能确保人们起始于平等的起点，这一点在当时已为大多数人所接受。他们认为，政府的职责并不在于确使每个人都具有相同的获致某一特定地位的前途，而只在于使每个人都能平等地利用那些从本质上来讲须由政府提供的便利条件。这些人虽说没有经过严格的论证,但也能想当然地认为,不论采取什么措施,其结果也必定是有差异的,这不仅是因为个人是有差异的,而且是因为政府行动只能影响其间的一小部分相关因素。

然而,上述认为所有的人都应当被允许进行尝试的观念,此后在很大程度上又被一个完全不同的观念所替代,这个观念就是,政府必须确使所有的人都始于一平等的起点并确使他们获致同样的前途。这种观点无异于认为,政府的目的并不在于为所有的人都提供相同的环境,而应当在于对所有与某个人的前途相关的条件加以控制并将之与他的能力相调适,以确使他能够获致与所有其他人相同的前途。这种对机会进行调整以适合于个人的目的和能力的凭空构设,当是对自由的反动;再者,这种做法也无法被证明是一种对所有可资利用的知识的最佳利用的手段。换言之,它只是假定政府知道如何能把个人的能力运用得最好,但却无法做出任何证明。

当对这些要求的根据进行考察时,我们发现,它们所依据的乃是那些不太成功的人士对一些成功人士的不满,更直截了当地说,是忌妒。当下全力安抚此种不满情绪的倾向而且努力给这种情绪披上一件令人尊敬的社会正义外衣的倾向,正日益演化成一种对自由的严重威胁。晚近,更有人力图将这些要求建基于如下论辩,此一论辩认为,铲除一切会产生不满的根源,当是政治的唯一目标。当然,这也就必然意味着,政府的责任乃在于确使任何人不能比其他人更健康、有更高兴的性情、更适宜的配偶甚或更具前途的孩子。如果所有未实现的欲望都真的可以变成向社会提出要求的权力,那么个人责任亦将不复存在。当然,不论人变成什么样子,忌妒都肯定是一产生不满的根源,而且也是自由社会所不可能根除的一种根源。因此,维续自由社会的基本条件之一,很可能就是我们不鼓励妒忌,也不通过将妒忌伪饰为社会正义而支持由它所引发的种种要求,而是将其视为,一如约翰·斯图尔特·穆勒所言,"所有情绪中最反社会、最具危害的情绪之一"。

尽管大多数极端的平均主义要求,都立基于忌妒,但我们也必须承认,那些在表面上要求更大平等的主张,事实上是一种欲图更公正地分配这个世界上美好事物的要求，从而其动机也是颇为可赞的。实际上，大多数人并不是笼而统之地反对不平等，而是反对这样一种事实，即在报酬方面的差异与那些得到这些报酬的人在品行方面的差异不相符合。对于这个问题，人们一般给出的回答是，尽管其他类型的社会在这方面无所作为，但是一个自由的社会，从总体上来讲，可以实现此种正义。然而，如果正义在这里是指报酬与道德品行相符，那么上述回答就是一种站不住脚的论点。但是我们需要强调指出的是，任何欲图将自由之诉求建立在这一论辩上的努力，都将对自由构成极大的危害，因为这一论辩实际上承认，所给予的物质报酬应当与可承认的品行相符合，从而也是根据一不真实的主张而反对大多数人从真实的主张中推演出结论。正确的回答应当是，在一自由制度中，所给予的物质报酬应当与那些被人们所承认为品行的东西相符合的做法或主张，一般来讲，既不是可欲的，也不是可行的，而且一个人的地位未必就应当依赖于其他人对他具有的品行所做的评价，可以说是自由社会的一个基本特征。

  这一论辩初看上去颇为奇异，甚至有些令人震惊，所以我请求读者在我进一步阐释价值与品行间的区别以后再行判断。明确阐明这个问题的困难在于这样一个事实，即"merit"这个术语，乃是可被用来描述我的意思的唯一一个词，但该词却同时也可以在更广泛的、更含混的意义上加以使用。我在这里使用该词，仅仅是意指行为中值得赞誉的属性，亦即行动的道德特性，而不是指成就的价值。

  正如我们从本书的整个讨论中所见，一个人的工作或能力对他人的价值，与可从上述意义上加以确定的品行并没有必然的联系。一个人的天赋或后天获致的才智，显而易见，会对其他人具有价值，然而这种价值并不取决于他因拥有这些天赋或才智而获得的赞誉。如果一个人试图改变他自己的天资和才能（或极普通，或极罕见）这个事实，那么我们可以说，他在这个方面很难有什么作为。一个智慧的心智或一副好嗓子，一张漂亮的脸或一双灵巧的手，灵敏的机智或极具魅力的人格，在很大程度上一如一个人所具有的机会或经验，都是独立于一个人的努力以外的。在所有上述事例中，一个人的能力或服务对我们所具有的价值（他因此价值而获得报酬），与任何可被我们称为道德品行或美德的东西，几乎没有任何关系。我们的问题在于，一人享有之利益应当与其他人从其活动中获致的利益相符合，这是否可欲，或者说，对这种利益的分配是否应当以其他人对此人品行的评价或看法为基础。

根据品行获酬，在实践中就一定意味着根据可评估的品行来决定报酬。所谓可评估的品行，即指其他人所能承认者和赞同者，而并不只是指某个较高权势者承认和赞同的品行。这一意义上的可评估的品行，假定我们能够确定一个人已经做了某一为人们所接受的行为规则所要求他做的事情，而且这一事情使他付出了苦心和努力。然而，真实情况是否如此，却无法从其结果加以判断，因为品行不是一个客观结果的问题，而是一个主观努力的问题。欲实现一有价值的结果的努力，可能具有很高的品行，但此项努力的结果却可能是一彻底的失败，而且，一项彻底的成功可能完全是偶然因素的结果，从而也就不具有什么品行。如果我们知道一个人已经尽了最大的努力，那么我们通常都会希望他获得报酬，而不论其努力的结果如何；如果我们知道一项最具价值的成就几乎完全是因幸运或上好条件所致，那么我们对做出该成就的人也不会有大多赞誉。

我们当然希望能够在每一情形中都对价值与品行做出区分。然而在事实上，我们很少有把握对此做出准确的区分，除非我们拥有行动者本人所拥有的全部知识，其中还包括我们对他的技术和信心、他的心境和情感、他的关注力、他的精力和毅力等方面的知识。因此，确实判断品行的可能性，取决于对上述条件的完全把握，然而，人们根本做不到这一点，更有进者，正是人们普遍不能把握这些条件，也不可能完全拥有这方面的知识，构成了人们主张自由的主要基本依据。正是由于我们期望人们能运用我们所不具有的知识，所以我们才让他们在应对和处理各种问题时自行决定。但是，既然我们期望他们自由地运用我们所不具有的能力和知识，那么我们也就当然无力对他们的成就的品行做出判断。对他人的品行进行判断，假定了我们能够判断人们是否按照其所应当采取的方式运用了他们的机会，甚至还假定了我们能够判断他们在采取此一行动时所付出的努力和自我克制的程度。此外，这还假定了我们能够明确地区分出他们所获致的成就中，哪些部分出自他们所控制的环境，以及哪些部分不是出自这种环境。

根据品行获酬，与个人选择自己的事业或职业的自由是根本不相容的，这在下述领域，亦即在努力的结果极为不确定的场合以及在我们每个人对各种努力的机会的评估又极不相同的场合，表现得尤为明显。在那些被我们称为研究或探索这类思辨性的努力中，或在那些被我们通常称为投机的经济活动中，如果我们不给予成功者以全部的褒奖或全部的收益，那么我们就不可能指望把那些最具资格者吸引来进行这些工作；这就是说，尽管许多其他人在这方面所做出的努力也极富品行，但是不能分享那些成功者的褒奖或所得。正是由于没有人能事先知道谁将成为成功者，所以也就没有人能够指明谁的努力具有更高的品行。如果我们让所有认真努力的人都分享奖赏，这显然会有悖于我们的目的。再者，只要我们采取这种做法，我们就必须使某些人掌握权力，以决定谁将被允许加入这些努力者的行列。如果人们在追求某些并不确定的目标的时候必须运用他们自己的知识和能力，那么他们的追求就不应当受其他人关于他们应当如何行事的观点的影响，而应当只受其他人赋予他们所旨在获致的结果的价值的指导。

以上所论，如果对于那些通常被我们视为富有风险的事业来讲明确为真的话，那么它对于我们所决定追求的任何选定的目标，亦无不为真。众所周知，任何这类决定都充满了不确定性，而且，如果我们欲使此一选择尽可能的明智，那么我们就必须根据预期中的可供选择的诸项结果的各自价值来评定它们。如果所给予的报酬与一个人经努力而做出的产品对他人所具有的价值不相符合，那么关于是否还值得继续为追求此一特定的目标而去努力和冒风险，他便失去了判断的依据。更有进者，在这种情况下，他还不得不按他人的要求去做事，而且他人就他的能力如何才能得到最充分运用的估计，也就成了确定他的义务和报酬的标准。

当然，通常的情况是，我们并不奢望人们能够获致最高限度的品行，而是希望他们能够以最小的痛苦和最少的牺牲，也就是在最低限度的品行的基础上去实现最大限度的效用。不仅我们试图对所有的品行都给出公平的回报是不可能的,而且即使把获致最高限度的品行作为人们应当实现的主要目的,也不是可欲的。任何诱导人们这样行事的努力,都必定会导致这样的结果,即人们虽说提供的是同样的服务,但会得到不同的报酬。我们能够有信心做出明确判断的,只是结果的价值,而不是人们为实现此一结果而付出的不同程度的努力和精力。

  一个自由的社会对行动结果提供的酬赏标准,具有如下的作用:它们能够告诉那些为这些酬赏而努力的人士付出多少努力是值得的;再者,提供同样结果的人,也会得到同样的报酬,而不论这些人所付出的努力是否相同。以上所论,不仅适用于那些对不同的人所提供的同样服务给予报酬的事例,而且更加适用于那些对要求不同天赋和才能的不同服务给予相应不同的报酬的情况,因为它们与品行无甚关系。从一般的情况来看,市场会赋予每一种类的服务以某种价值,亦即这些服务对那些从其中获致利益的人所具有的价值,但是人们却很难知道为了获得这些服务而付出如此之多的钱是否有必要,而且毋庸置疑,社会通常只会给予这些服务以相对于其应得的要少得多的报酬。近来有报道称,一位钢琴家说,他愿意演出,即使让他出钱以得到演出的特权。这一事例很可能反映了许多人的境况,即他们能从中挣得大笔收入的活动,恰好是他们的主要乐趣所在。

  尽管大多数人都想当然地主张,任何人所得之报酬不应当超过他所付出的代价和努力,但是我们却需要指出,此一主张实是以预设为基础的。这是因为这一主张假定我们能够在每一个别情形中精确地判断出人们能多好地运用他们所获致的机会和才智,并且还能够根据所有使其成就成为可能的环境因素而确切地判断出他们成就中的品行。此种主张还假定了某些人能够在终极的意义上确定一个人的价值所在,甚至有资格确定一个人所能达致的成就。因此,这种主张所含有的预设,恰是主张自由的论点所明确予以反对的,即我们能够知道而且的确知道引导一个人行动的所有因素。

  如果在一个社会中,个人的地位是根据他与人们关于道德品行的观念间的相符程度而加以确定的,那么这个社会就是自由社会的对立面。

在这样的社会中，人们是因为履行了义务而不是因为获得了成功而得到报酬的，而且每个人的每一举动，都受其他人认为他应当如何行事的观念的指导，因此之故，个人也被免除了自行决定的责任和风险。但是我们需要强调指出的是，既然任何人的知识都不足以指导所有的人的行动，那么也就没有任何人有能力根据品行对所有的努力给出报酬。

在我们的个人日常生活中，我们通常都是依据这样的假定来行事的：是一个人的服务或工作的价值而非他的品行，决定了我们对他所应承担的义务。较为亲密关系中的情况如何，暂且不论，但是在日常的经济生活中，我们一般都会认为，在我们能够获得其他人以较小的代价所提供的服务的情况下，某个人虽蒙受了极大的牺牲为我们提供了一项同样的服务，他也不能因此要求我们根据他所做出的牺牲来对他承担义务。在我们与他人进行交往的时候，我们还会认为，如果我们对具有同等价值的服务给予同样的报酬，而不考虑向我们提供这些服务的特定个人所可能付出的不同代价，也是公平之举。决定我们责任的，乃是我们从其他人提供给我们的服务中所获致的利益，而不是他们在提供此类服务时所具有的品行。我们也希望在与他人的交易中得到报酬，但根据却不是我们的主观品行，而是我们提供的服务对他人所具有的价值。的确，就我们与特定人的关系而进行思考来讲，我们一般都能意识到，自由人的标志乃是其生活并不依赖于其他人对他品行的看法，而只依赖于他给其他人所提供的产品或服务。只有当我们把我们的地位或收入视作是由整个"社会"决定的时候，我们才会要求根据品行获酬。

道德价值或品行虽说是价值之一种，但并不是所有的价值都是道德价值，而且我们大多数的价值判断也都不是道德判断。这在自由社会是必然的，而且是极具重要意义的一个方面。不能区别价值与品行的差异，始终是导致严重混淆的根源。一些活动会产出我们所珍视的产品，但我们却未必会对其间的一切活动都给以赞誉。我们虽然珍视他人提供给我们的大多数服务，但是我们对于那些提供给我们这些服务的人的品行却无力评价。如果一个人在某一特定领域中的能力因三十年的工作而比早些时候更具价值的话，那么这种价值也与此人这三十年是否盈利及愉快或者是否做出了持续的牺牲及长期的操劳无关。如果对一癖好的沉溺产出了一特殊的技能，或者一偶然的发明被证明对他人特别有用，那么其间几乎不具品行的事实，并不能使它们的价值低于那些经过艰苦努力而获得的结果。

价值与品行之间的这一区别，并不是某一形态的社会所特有的现象——它会存在于任何社会之中。当然，我们可以力图使报酬与品行而不是与价值相符合，但我们却很难获得成功，这是因为在力图这样做的时候，我们会摧毁那些使人们能够自行决定应做什么事情的激励因素。再者，即使将报酬与品行挂钩的努力比较成功，但它是否会产生一种更令人向往甚或更令人满意的社会秩序，仍极具疑问。在一个社会中，如果人们一般都认为高收入是品行好的明证，低收入则是不具品行的证明，如果人们普遍认为地位及报酬与品行相符，而且一个人的行为只有得到绝大多数与他所熟之人的赞同，否则别无获得成功之途，那么我们可以说，这个社会与那种人们坦率承认品行与成功之间并不存在必然联系的社会相比，就更可能令未获成功的人士不可忍受。

如果我们不是力图使报酬与品行相挂钩，而是更加明确地指出价值与品行之间的关系是极不确定的，那么这很可能更有助益于人的幸福。在实际生活中，当某种努力对他人只具有某种较高价值的时候，我们也往往会极轻易地就把它归于个人的品行。的确，当个人或群体拥有一较高的文明水准或较高的教育水平的时候，这肯定标识了一种重要的价值，并且还构成了他们所属社会的宝贵财富，但是一般而言，它并不构成品行。受欢迎和被尊重，与挣大钱一样，都不完全取决于品行。甚至当品行与价值之间的距离在某些特定的场合中已大到不容我们再忽视的时候，我们之所以依旧会对这个问题视而不见，这在很大程度上是因为我们太过习惯于认定在我们认为有价值的场合就一定具有某种品行，而事实上这种品行通常并不存在。

我们当有足够的理由去努力崇敬那些并不求得到充分报酬的特殊品行。但是，对于如何奖励那种我们希望被人们普遍视为范例的具有杰出品行的行为的问题，却与如何对待社会日常运行赖以为基础的激励因素的问题不尽相同。自由社会在这个方面也已形成了若干制度，在这些制度中,对于某些人士来讲,他们更倾向于认为,一个人的升迁或晋升当取决于某个上级的判断或与其共事的大多数同行的判断。的确,随着组织日趋庞大且更显复杂,确定个人贡献或业绩的工作亦变得越发困难了,因此,许多人都认为,在这种情况下,有必要根据经理眼中的品行而非贡献所具有的可确定的价值来决定报酬的发放。就这种做法并不会导致政府将一套单一的全面的品行等级序列强制实施于整个社会而言,就多样化的组织在为个人提供不同的前途方面仍在彼此竞争而言,我们可以说,上述做法不仅与自由相容,而且扩展了可供个人选择的范围。

正义或公平这个概念,与自由和强制这类概念相同,其含义也颇为含混。为了明确其含义,我们就应当以同样的方式将其限定在一些人经审慎思虑后对另一些人采取的作法的题域之内,亦即限定在人与人的关系题域中。正义或公平是一些人对人们生活中的种种状况所做的一种有目的的决定,亦即使人们的生活状况受制于公平或正义的控制。就我们期望个人的努力能受其自己对前途和机遇的看法的指导而言,个人努力的结果就必定是不可预见的,从而关于那种因预见而形成的收入分配是否公平或正义的问题也就失去了意义。正义或公平确实要求,人们生活中由政府决定的那些状况,应当平等地提供给所有的人享有。但是,这些状况的平等,却必定会导致结果的不平等。不论是平等地提供特定的具有公共性质的便利条件,还是平等地对待我们彼此自愿交易中的不同的伙伴,都不可能使报酬与品行相符合。对品行的报酬,乃是对我们在做事情时服从他人意志或他人期望的报酬,而不是对我们通过做那些我们自己认为最佳的事情的方式而提供给其他人的利益的补偿。

国家必须在其所做的所有事情中都力求公平或捍卫正义,事实上乃是人们在反对政府谋划并力图确定收入等级过程中所提出的一项要求。根据品行获酬的原则,一旦被接受下来并被视为分配收入的公平或正义的基础,那么正义或公平就会要求,所有欲求正义或公平的人都应当根据上述原则来获得报酬。用不了多久,人们还会据此要求将此一原则同样地适用于所有的人,而且与可承认的品行不相符合的收入也会被认为是不可忍受的。甚至只是力求对那些挣得的收入或收益与那些并不是挣得的收入或收益做出区别的意图，充其量也只能确立一项国家不得不全力适用但事实上却不可能做到普遍适用的原则。任何这类刻意控制某些报酬的意图，都必将产生对种种新控制的进一步的要求。分配正义的原则，一旦被采用，那么只有当整个社会都根据此项原则加以组织的时候，才会得以实现。这会产生一种在各个基本方面都与自由社会相反对的社会——在这样的社会中，权力机构将决定个人所应当做的事情以及个人在做这种事情的时候所应当采取的方式。

我们还必须简要地考察一下那些欲求更加平等分配的诸种要求所经常赖以为基础的另一种论点，尽管人们对此一论点很少做过明确的阐述。这个论点认为，某个人既是一个特定社会或民族的成员，他便因此有权要求享有符合某种物质标准的生活，而这个标准乃是由他所属的群体或社会的一般财富的状况来决定的。显而易见，这种要求与上述力求将收入分配建基于个人品行之上的意图正相冲突。出生于某一特定的社会，显然不具有什么品行可言，而且任何正义或公平的论辩也都不可能以某一特定的个人出生于此地而未出生于其他地方这种偶然因素为基础。事实上，一个比较富裕的社会，通常都会赋予其间的最为贫困者以种种福利条件，而这些福利条件则是那些出生在贫困落后社会中的人所不知道的。在一富裕的社会中，其成员要求得到更多福利的唯一根据，乃是该社会存在着太多的私人财富，政府能够将其没收并加以重新分配，而且那些时常能目睹此类财富为他人所享有的人，一定会比那些只是抽象地认识到这一点的人，对重新分配财富有着更强烈的诉求。

有人认为，某一群体的成员为确使该社会中的法律和秩序得以维续以及组织某些公益服务活动而做出了共同努力，而这也就当然赋予了其成员以一种要求平均分享该群体的财富的权力，然而，这种观点在我看来，根本不具明显而充分的理由。如果提出这类要求的人不愿意将同样的权力赋予那些并不属于与其相同的国家或社会的人，这类平均分享的要求就更加难以成立了。在国家的层面上承认这类要求，结果只会创设出一种处理该国资源的新的集体产权，尽管这种集体产权的排他性与个人产权相同,然而我们却无法根据个人产权的理由对这类集体产权加以证明。如果把这些平均分享的要求扩及整个世界,更不可能有人会认为这是公平的或正义的。在一特定的国家中,多数实际上具有推进这些要求的切实的力量,尽管在整个世界中,多数尚不具有这种力量,然而,即使真的存在这一力量,也不能使上述要求变得更公平或正当。

我们有充分的理由去努力运用我们所掌握的政治组织,为贫弱者或为不可预见之灾难的受害者提供福利救济。事实可能的确如此,为防阻一国公民所可能共同面临的某种危险的最为有效的方法,就是给予他们每个人以保护,以使其免受这些危险的侵扰。而防阻这些共同危险的能力或水平,则必定取决于该社会所具有的总财富。

然而,认为那些贫困者(仅仅是在同一社会中存在着较富裕者的意义上来讲的)有权分享较富裕者的财富,或者认为出生在一个已达致特定文明程度和富足程度的群体之中,便能使某人具有一种要求分享整个群体利益的权力,则是一个完全不同的问题。每个公民在提供某些公益服务方面都具有某种利益的事实,绝不能成为他把分享整个社会的财富视作一种权利的合理依据。人们可以针对某些人愿意给予什么的问题确立一项标准,但是绝不能确立一项某些人能要求什么的标准。

如果我们坚决反对的那种观点得以盛行,那么国家就将在这方面变得越来越具排外性。这是因为根据这种观点,一个国家无疑会采取下述做法,即与其让一些人来该国生活并享有某些利益,不如彻底地把他们完全拒之门外,因为一旦被允许来该国生活并享有某些利益,他们会即刻提出分享该国财富的权利要求。因享有一国的公民资格甚或在一国的居留权,就能使某人有权享有特定的生活水准的观念,正日益演化成一个产生国际冲突的重要根源。由于在特定国家中适用此一原则的唯一理由乃是该国政府有权强制实施它,所以当我们发现与此相同的原则在国际社会中的运用所依凭的乃是武力的时候,我们也就一定不会感到惊讶了。一旦多数对少数享有的利益具有分享的权利,在一国的范围中得到承认,那人们就没有理由认为这种权利要求会止于一国之范围,而不扩及至奉行这种做法的国家的疆界之外。

二、自由与法律

（一）强制与国家

  所谓绝对的奴役，就是一个人根本无从确定所要做的事情；在这种境况中，今晚绝不知道明天早晨要做何事，亦即一个人须受制于一切对他下达的命令。

——亨利·布莱克顿（Henry Bracton）

  我们在本书第一部分各章的讨论中，曾暂时将自由界定为强制的不存在。但是毋庸讳言，几乎与自由概念一样，强制也是一个意义颇为含混的概念，而且其意义之所以含混的原因也大体相同，即人们没有把其他人对我们的所作所为与物理环境施于我们的影响明确地区分开来。事实上，英语为我们提供了两个词，可以使我们对其做出必要的界分：一方面，我们可以说我们因环境或情势所迫而做某些事情，但是这不是强制，而是迫使；另一方面，如果我们说我们被强制，那么我们所设定的乃是受人或机构的驱使。

  当一个人被迫采取行动以服务于另一个人的意志，亦即实现他人的目的而不是自己的目的时，便构成强制。当然，这并不意味着被强制者根本不做任何选择。如果被强制者真的未做任何选择，那么我们就不应当称他的所作所为是行动。如果我的手为物理力量所引导而画出我的签名，或者我的手指被压而触动了枪的扳机，那么我的这些动作就不能被视为行动。这种使我的身体成为某人的物质工具的暴力，当然与强制本身一样恶劣,从而必须根据同样的理由加以阻止。然而,这种暴力与强制毕竟不同,强制意味着我仍进行了选择,只是我的心智已被迫沦为了他人的工具,因为我所面临的种种替代性选择完全是由他人操纵的,以至于强制者想让我选择的行动,对于我来讲,乃是这些选择中痛苦最少的选择。尽管我是被强制的,但还是我在决定在这种境况下何种选择的弊端最小。

显而易见,强制并不包括人们能够施加于其他人之行动的一切影响。它甚至也不包括所有下述情形,在这些情形中,一个人以那种他知道将损害他人并将使此人改变其意图的方式,采取行动或威胁要采取行动。一个人在街上堵住我的去路从而使我从旁道绕行,一个人从图书馆借去了我想借阅的书籍,甚或一个人用他发出的噪声迫使我离开,这些境况从严格的意义上来讲都不能被称为"强制"。这是因为强制必须同时以下述两种情况为要件:一是要有施加损害的威胁;二是要有通过这种威胁使他人按强制者的意志采取某种特定行动的意图。

尽管被强制者仍进行选择,但是他所面临的种种替代性选择却是由强制者决定的,因此他只能做出强制者所期望的选择。被强制者并未被完全剥夺对其能力的运用,但是他却被剥夺了运用自己的知识去实现自己的目的的可能性。一个人想要有效地运用其智能及知识去实现自己的目的,其条件乃是他必须能够预见到其所处环境的某些具体境况,并且能够坚持一项行动计划。一个人的大多数目的,一般只有通过一连串的具有关联的行动方能实现,而这些行动一方面是被作为一个系统的整体加以协调决定的;另一方面是以这样一个假设为基础的,即情势的发展将符合人们对它们的期望。正是由于我们能够预测事态的发展或至少知道这种发展的种种或然性,当然也是仅此而言,我们才能有所成就。尽管物理情势常常是不可预测的,但是它们本身不会恶意地阻挠我们去实现我们的目的。但是需要强调指出的是,如果那些决定我们计划的事实或环境为某人单独控制,那么我们的行动也将同样受到控制。

因此,强制是一种恶,它阻止了一个人充分运用他的思考能力,从而也阻止了他为社会做出他所可能做出的最大的贡献。尽管被强制者在任何时候仍会为了自己的利益而竭尽努力，但是在强制的境况下，他的行动所必须符合的唯一的综合设计却出于另一个人的心智，而非他自己的意志。

在历史上，政治哲学家讨论较多的乃是权力，而非强制，这是因为政治权力通常都意指强制的权力。从弥尔顿（John Milton）和埃得蒙·伯克（Edmund Burke）到阿克顿勋爵（Lord Acton）和伯克哈特（Jacob Burckhardt），这些大政治学家无一不认为权力是万恶之首。尽管他们的观点就其所指而言是正确的，但是仅从此一面相讨论权力则是误导的。所恶者，恰恰不是权力本身——即实现一个人愿望的能力。真正的恶者只是强制的权力，亦即一个人通过施加损害的威胁而迫使其他人去实现其意志的权力。某个领导者为了实现某项伟大的事业所运用的权力，并无恶可言，因为在这项伟大的事业中，人们将出于他们自己的意志和为了他们自身的目的而自愿联合起来。人们正是通过这种自愿联合于某种统一领导下的方式，才极大地增强了他们所在集体的力量，当然，这也是文明社会的部分力量之所在。

扩展我们能力意义上的权力（power）并不腐败，腐败的乃是那种强迫我们的意志服从于其他人的意志的权力，亦即利用我们对抗我们自己的意志以实现其他人的目的的权力。在人际关系中，权力与强制的确常常紧密地勾连在一起，而且少数人所拥有的巨大的权力也会使他们有能力强制其他人，除非这种权力为另一种比它更大的权力所制约。但是值得我们注意的是，人们关于权力与强制关系的一般认识并不完全正确，因为强制并不像人们所认为的那样是权力的必然后果，甚至不是权力的一般后果。无论是亨利·福特的权力还是原子能委员会（the Atomic Energy Commission）的权力，无论是救世军统领（the General of the Salvation Arm）的权力还是迄今为止的美国总统的权力，都不是强制特定人去实现他们所选定的目的的权力。

当然，在某些情形中，如果我们偶尔用"强力"和"暴力"这两个术语来替代强制，那么所导致的误导亦不会太大，因为威胁使用强力或暴力乃是强制所具有的最为重要的形式。但是，这两个术语并不是强制的同义词,因为威胁使用物理强力并不是实施强制的唯一方式。同样,压迫尽管可能与强制一样,都是自由真正的反面,但是它也只是意指一连串强制行动的持续状况。

我们的同胞在一定的条件下会愿意向我们提供具体的服务或便利,但是我们必须谨慎地将强制同这些条件区别开来,因为只有在极为例外的情形中,亦即当某种对我们极为重要的服务或资源为某人单独控制之时,才会使这个控制者获得真正的强制性权力。在社会中生活,意味着我们所有的人都必须依赖于其他人所提供的服务,才能满足我们的大多数需求。在一个自由的社会中,这种相互性的服务是自愿的,而且每个人都能够自己决定向谁提供服务和根据什么条件提供服务。我们的同胞向我们提供的便利和机会,也只有在我们满足了他们的条件的基础上才能为我们所用。

以上所述不仅适用于经济关系,而且也同样适用于社会关系。一位友人邀请我参加她的聚会,其条件定是我会遵守某些关于言谈举止和衣着打扮的标准;或者邻人与我交往,其条件是我会遵循某些为人们所接受的待人处事的方式,当然,这些条件都不是强制。此外,一位厂商或商人只在我接受他所确定的商品价格的条件下,才向我提供我所需要的商品,这种情况也不能被恰当地称为"强制"。毋庸置疑,上文所述也适用于竞争市场的情况:在市场上,如果第一位商人的出价不合我意,那么我就可以去找其他商人讨价还价;即使我遇到的是一位垄断者,这种情况通常也不能被称作强制。例如,如果我极想让一位著名的艺术家为我作画,但这位艺术家因我所出的价钱低于他的要求而拒绝为我作画,那么因此说我受到了该艺术家的强制,显然是荒谬的。这种情况也同样适用于那些我就是没有也无所谓的商品或服务。既然某个特定的人的服务对于我的生存并不是决定性的,亦非对我最为珍视的东西的维护,那么他就提供这些服务而设定的种种条件,在严格意义上讲,亦就不能被称为"强制"。

然而,如果某个垄断者是沙漠绿洲中一水泉的所有者,那么他就有可能实施真正的强制。让我们这样说吧,其他人之所以一开始就去那里定居,是因为他们认为他们始终可以以一合理价格获得他们所需要的水，但是他们后来却发现（可能是由于另一水泉干涸的缘故），他们如果要在那里生存下去，就只有去做那个水泉所有者要求他们做的事情，唯命是从而别无其他选择，这就是一种显而易见的强制状况。人们还可以想到一些与此类似的其他情况，尽管为数不多，如一个垄断者可能控制了一种人们完全依赖于其上的基本商品，而没有这种商品，人们就无法生存。但是这里需要强调指出的是，除非某个垄断者能够控制或拒绝出售某一为人们生活所不可或缺的商品或服务，否则他就不可能实施强制，而不论他的要求对于那些依赖于其服务的人来讲是多么的不合意。

鉴于我们将在下文中讨论限制国家强制性权力的适当方法。所以我们在这里有必要指出，不论何时只要存在着垄断者获得强制性权力的危险，那么防阻此一危险的最为适当且最为有效的方法就很可能是要求他平等地对待所有的顾客，即坚持要求他对所有的顾客都索取相同的价格并禁止他对顾客做任何歧视。众所周知，就限制国家强制性权力而言，我们所习得的也是这一原则。

提供就业机会的个人，一如提供特定商品或服务的个人，通常都不可能实施强制。既然某个提供就业机会的人只能从许多机会中消除一个供他人谋生的机会，或者他只能停止支付某些人的工资（这些人只是不可能在其他地方获得同样高的工资而已，但仍可在其他地方就业），所以他就无从实施强制，尽管他的所作所为可能会给那些受到影响的人带去痛苦。毋庸置疑，在有些情况下，就业的条件也会产生实施真正强制的机会。在失业的高峰时期，解雇的威胁就可以被用来要求就业者采取原定契约并未规定的其他行动。在开采矿业的城镇地区，管理人员就完全可以实施一种专断且任意的手段，以对付他所不喜欢的人。但是，这种境况虽说不是完全不可能发生，但在一个繁荣且充满竞争的社会中却实属罕见的例外。

对就业的完全垄断，一如一个彻底的社会主义国家中的情形（因为在那里，政府是唯一的雇主，是一切生产工具的所有者）那般，会使垄断者拥有无限的强制性权力。正如托洛茨基（Leon Trotsky）所指出的，"在一个国家为唯一雇主的国度，反抗意味着慢慢地饥饿至死。那个不工作不得食的旧原则,现已为一新的原则所替代,即不服从不得食"。

除了上述对某一基本服务进行垄断的情形以外,那种只是把持某一便利的权力则不会产生强制。当某人使用这种权力时,他可能确实会改变与我原先的计划相适应的社会境况,并使我有必要重新考虑我的全部决策,甚至有可能要改变我的整个生活规划并使对我曾经认为不是问题的许多事情产生担忧。但是需要指出的是,尽管我所面临的替代性选择可能会因数量极少和极不确定而令我大为苦恼,而且我的新计划也只能具有权宜的性质,然而无论如何不是某个其他人的意志在决定或引导我的行动。我的行动也可能受到了极大的压力,但却不能因此说我是在强制下行动。即使我及我的家庭所受到的饥饿的威胁,逼迫我接受一工资极低的且不合我心意的工作;即使我为那个唯一愿意雇用我的人所"左右",我也没有受到他或其他什么人的强制。既然置我于困境的行动并非旨在使我做或不做某些特定的事情,既然使我受到损害的行动之意图并不在于使我去实现他人的目的,它对我的自由的影响也就无异于自然灾害对我的影响———如一场大火或一次水灾摧毁了我的房子,或一次事故损害了我的健康。

占领者的武装部队使占领地的人民成为他们的苦力;有组织的暴徒勒索"保护"费;探知他人劣迹之秘密的人以此敲诈某个当事人;国家威胁强施惩罚手段并动用对人身所施加的强力而使我们服从其命令;等等,都是强制的情形。强制有程度的不同:强制程度最高的极端例子有奴隶主对奴隶的支配或暴君对其臣民的支配,在这种情形中,无限的惩罚权力逼迫人们完全服从他们的君王或主人的意志;程度较低的例子有威胁施加某种灾难,在这种情形中,被威胁者宁愿选择服从威胁者的意志也不愿承受这种灾难。

强制某一特定个人的企图是否会成功,在很大程度上取决于这个被强制的个人的内在力量,因为对于某些人来讲,即使是暗杀或刺杀的威胁的力量有时也可能无法迫使其放弃或改变其目的,然而对于另一些人来说,或许只需某种小小的卑鄙计谋的威胁便足以使其改弦易辙,而服从强制者的意志。当然,对于那些仅仅因他人一皱眉一跺脚便会被"逼迫"做出他本来不会做的事情的软弱或胆小敏感的人，我们可以可怜他们，然而我们在这里并不准备讨论他们的问题，我们所关注的乃是那种可能影响正常且一般的人的强制。虽说这种强制通常都包括某种对一个正常的人或其亲人施以肉体伤害的威胁，或对某种价值昂贵或其极为珍视的物品进行损毁的威胁，但它却不必包括强力或暴力的直接使用。一个人可以通过对另一个人设置种种小障碍便足以阻挠他采取自发性行动的任何努力，因为强制者完全可以通过诡计及预谋而发现强制那些体格强壮却没有什么头脑的人的方法。一群狡诈的孩子逼迫一个不受他们欢迎的大人迁出该城，也不是没有可能的。

在某种程度上讲，所有人与人之间的密切关系，不论这些关系是因情爱、经济需要，还是因物理环境（如在船上或在远征中）而形成的，都为强制提供了种种机会。个人家庭的内部关系，一如所有较为亲密的关系那般，无疑会为一种特殊的压制形式的强制提供种种机会，进而被认为是对人身自由的限制。一位脾气暴躁的丈夫、一位唠唠叨叨的妻子、一位歇斯底里的母亲，都可能使生活极不可忍受，除非其他家庭成员听任并服从他们的性子。但是对于这类情况，除了要求这类人与人之间的交往真正出于自愿以外，社会在保护这类关系中的个人方面将无甚作为。任何试图进一步调整这类亲密关系的努力，显然会要求对人们的选择及行为施以极为广泛的限制，因此，这种做法只会产生更大的强制。既然人们有自由选择他们的伙伴和亲密朋友，那么从这种自愿交往中产生的强制就不是政府所能考虑的问题。

读者可能会认为，我们已经用了多于必要的篇幅来区别何者可以被恰当地称为"强制"与何者不能被称为"强制"，以及辨识我们应当阻止的程度较重的强制形式与那种并不应当为当局关注的程度较弱的强制形式。但是，我们必须强调的是，一如自由概念的情形那般，强制这一概念的外延也由于被不断扩大，而几乎丧失了所有价值。众所周知，自由由于被界定得太过宽泛，而竟然成了人们不可能达致的状态。与此相同，人们也可以通过把强制界定得极为宽泛，而使其变成一种无所不包且不可避免的现象。我们虽说不可能阻止一个人施加于另一个人的一切损害,甚或也不可能阻止我们在与其他人的亲密关系中所存在的一切温和的强制形式,但是,这绝不意味着我们不应当去努力阻止那些程度较重的强制形式,或者说我们不应当将自由界定为这种强制的不存在。

由于强制是一个人对另一个人行动之基本依据所实行的控制,所以人们只能够通过使个人确获某种私域的方式而防阻这种强制,因为只有在这种确获保障的私域中,他才能得到保护并抵御这种来自他者的强制。然而,只有某个拥有必要权力的当局机构,才能够向个人提供这种保障,并使其确信他所依赖的并不是他人为其蓄意安排的发展境况。正是在这个意义上,我们讲,只有通过威胁使用强制的方式,才能阻止一个人对另一个人施以强制。

这样一种确获保障的自由领域的存在,在我们看来,乃是一种极正常的生活状态,以至于我们极容易用另一些说法来界定"强制",例如:"对合法期望的干涉""对权利的侵犯""专断的干涉"等等。但是值得我们注意的是,在界定强制时,我们不能视那些意在阻止强制的诸安排为当然。一个人预期的"合法性"或某个人的"权利",乃是承认这种私域的结果。如果不存在这样一种确获保障的私域,那么强制就不仅会存在,而且还会成为司空见惯的现象。只有在一个已经试图以确定予以保障的私域的方式来阻止强制的社会中,诸如"专断的干涉"这样的概念才会具有明确的意义。

然而,如果想使对这种个人领域的承认本身不变成一种强制的工具,那么这种领域的范围及内容,就绝不能通过那种把某些特定的东西刻意分派给特定的人的方式加以确定。如果关于何者应当被包括在个人私域中的问题可以由某个人或某些人的意志所确定,那么这实际上仅仅是将强制的权力转变成了那种意志而已,其实质依旧是强制。同样,试图一劳永逸地确定一个人私域的特定内容,也是极不可欲的。如果欲使人们最为充分地运用他们的知识、能力及预见力,那么可欲的做法便是:在决定何者将被包括在其确获保障的个人领域中的问题时,他们自己应当拥有某种发言权。

人们在解决这种问题时所发现的种种解决办法,都立基于对一般性规则的承认,这些规则规定了一系列条件,根据这些条件,可以确定一个人或一些人确获保障之领域的具体内容。对这些一般性规则的接受,能使社会中的每个成员确定其被保障的领域中的内容,并能使社会中的所有成员都承认何者属于其领域以及何者不属于其领域。

我们绝不能将此一领域视作仅仅包括或主要包括物质性内容。将我们环境中的物质性内容界分为我的和他人的,虽说是那些界定私域的规则的主要目的,但是这些规则还为我们确定并保障了许多其他"权利",例如:保障我们可以安全地使用某些东西的权利,或保护我们的行动不受其他人干涉的权利,等等。

因此,对私有财产权或分别财产权的承认,是阻止或防止强制的基本条件,尽管这绝非是唯一的条件。除非我们能够确知我们排他地控制着一些物质财富,否则我们甚难实施一项连贯一致的行动计划,而且在我们并不控制这些财富的时候,我们若要与其他人合作,我们也有必要知道谁拥有这些财富。对财产权的承认,显而易见,是界定那个能够保护我们免受强制的私域的首要措施,而且人们长期以来也一直认为,"大凡反对私有财产权制度的人,根本就不懂得自由的首要要素为何",以及"任何人都不可能在恣意攻击分别财产权的同时,又宣称自己珍视文明。分别财产权与文明这二者的历史绝不能被肢解"。现代人类学也确证了下述事实,即"私有财产权在初民社会阶段就已经极为明确地出现了",而且"财产权作为一项法律原则,决定着人与其环境境况(不论是人为的还是自然的)之间的种种物理关系,而它的种种原初形式则是采取任何文化意义上的有序行动的先决条件"。

然而,在现代社会,保护个人免受强制之害的基本要件,并不是他拥有财产权,而是使他能够实施任何行动计划的物质财富绝不应当处于某个其他人或机构的排他性控制之下。现代社会的成就之一就在于,自由可以为一个实际上并不拥有任何财产的人所享有(除了像衣服之类的个人自用品以外——甚至连这些物品也可以租用),而且我们也能够在很大程度上将那些可以满足我们需求的财产交由其他人来管理。这里的重要问题在于,财产应当得到充分的分散,从而使个人不致依赖于某些特定的人——只有他们才能向他提供他所需求的东西或者只有他们才能雇佣他。

其他人的财产之所以能够被用来实现我们的目的，主要是因为契约的可实行性或可执行性。由契约创建的整个权利网络，乃是我们确获保障领域的一个极为重要的部分，而且由于它在很大程度上也是我们构想计划和实施计划的基础，所以其重要性一如我们自己的财产。人与人之间基于自愿同意而非强制的彼此互益合作的决定性条件，乃是有许多人都能够满足一个人的需要，因此任何人都无须依赖于特定的人以求满足生活的基本条件或达致朝某个方向发展的可能性。正是经由财产的分散而使之成为可能的竞争制度，致使拥有特定资产的个别所有者丧失了一切行使强制的权力。

鉴于人们对康德的一句名言的普遍误解，所以我们有必要对此略加讨论，即我们独立于那些我们需要其服务的人的意志，因为他们是为了他们自己的目的而服务于我们的，而且通常对于我们如何利用他们服务的问题也无甚兴趣。如果为我们提供服务的人，只在其赞成我们的目的的时候以及在其不是为了他们自身利益的时候才准备将其产品出售给我们，那么我们势必在很大程度上使他们屈从于我们的观点。但是，从很大程度上讲，正是由于我们在日常经济交易中往往只是其他人的非人格的手段，这些人只是出于他们自己的目的而帮助我们，所以我们可以凭借这种由完全陌生的人所提供的帮助并运用这种帮助去实现我们所希望实现的各种目的。

如果那些追求个人的目的所需求的资源或服务处于稀缺的状态从而必定为某人所控制，那么我们就必须用财产权规则和契约规则来界定个人的私域。但是需要注意的是，即使这种方式可以适用于我们从他人的努力中求致利益的大多数情形，这也绝不意味着它可以适用于所有的情形。例如，还有一些诸如环境卫生及道路建设之类的服务，这些服务一旦被提供，通常就足以满足所有想使用它们的人的需要。这些服务的提供，长期以来一直是公共努力的领域，当然这也是人们的共识，然而，享用这些服务的权利却是个人确获保障领域的一个极为重要的部分。我们只需想一想对人人可以"通行王者大道"（access to the King's highway）的保障在历史中所起的作用，就可以看到这类权利对于个人自由有着多么重大的意义。

毋庸置疑，上述权利或受保障的利益，能有助于确使法律所保护的每个人都获得一个其行动不受阻碍的公知领域，然而这些权利或受保障的利益甚多，我们在这里不可能一一列举。但是，由于现代人甚少关心下述问题，所以我们或许还应当指出，对一确获保护的个人领域的承认，在自由的时代，通常已包括了隐私权及保密权，这即是说，一个人的住宅乃是他的堡垒（或指不可侵扰的退避所），任何人都无权察看或干涉他在此堡垒内的活动。

那些对其他人或国家所实施的强制进行限制的抽象且一般的规则，乃是经由长期发展而逐渐形成的。关于这些规则的特性，我们将在下一章中进行探讨。在这里，我们将只对下述问题做一般性的讨论，这个问题就是威胁使用强制这种手段，亦即国家据以阻止一个人对另一个人施以强制的唯一手段，其本身具有的大多数会导致损害并引致反抗的特性是以何种方法被扼制住的。

国家威胁使用的强制，如果仅指向那些众所周知的而且因此可以为任何人（有可能成为强制的对象的人）加以避免的境况，那么它的影响就与那些实在且无可避免的强制的影响有着巨大的区别。一个自由的社会所必须威胁使用的强制，绝大多数都属于这种可避免的类型。自由社会所实施的大多数规则，尤其是私法规则，并不强制私人（区别于国家公务人员）采取特定的行动。法律制裁的目的，也只在于阻止一个人为一定的行为或者促使他履行他自愿承担的义务。

由于这类抽象且一般的规则所具有的特性，使我能够预先知道我的行为的后果，因此，如果我将自己置于一特定境况之中，我将会受到强制，而如果我能够避免将自己置于这样一种境况之中，我就永远不会受到强制。众所周知，规定强制的种种规则并不指向特定的个人，而是平等地适用于所有处于相同境况中的人。仅就这一点而言，这些规则充其量也只类似于任何会影响个人计划的自然障碍。由于国家法律先行告知了人们为此行为或为彼行为的后果，所以这些法律对他们而言，其重要性与自然规律相同。人们能够像运用他们在自然规律方面的知识那样来运用他们关于国家法律规定的知识，以实现他们自己的目的。

当然，就某些方面而言，国家也运用强制以强迫人们为某些特定的行为。这些行为当中最为重要的乃是纳税及各种义务性服务，尤其是服兵役。尽管这些义务被认为是不可避免的，但它们却至少是可以预见的，也是可以执行的，而不管某个人在其他情况下会如何运用其能力。这在很大程度上消除了这类义务所具有的强制的恶性。如果缴纳一定量的税款这项可预见的必要义务成了我所有计划的基础，又如果服兵役的期限构成了我生活经历不可或缺的一部分，那么我可以遵循我自己据此而制订的总体生活计划，并且像其他人在社会中所习得的那样独立于其他人的意志。尽管义务兵役的长期延续无疑意味着程度极高的强制，尽管终身服役制度绝不能被认为是一种自由，但是毋庸置疑的是，对于一个人安排其自身的生活的可能性来讲，一种可预见的有限定期限的兵役所可能施加的限制，要远远小于由一个专断的权力机构为了确使它所认为的善行得到落实而长期威胁使用拘捕等手段的做法。

政府运用强制性权力对我们生活的干涉，如果是不可预见的和不可避免的，就会导致最大的妨碍和侵害。纵使这种强制甚至在一自由的社会中也属不可或缺者，一如我们被要求参加陪审团或担任临时警察，我们也会通过不允许任何人拥有专断的强制性权力的方式来减少这类强制的损害。再者，关于谁必须提供这种服务的决定，我们也可以依据诸如抽签这类随机的方式，而不依据任何个人的意志。这类不可预见的强制行动，虽出于不可预见的事件但却与众所周知的规则相符合，会一如其他"不可抗力"（acts of God）那样影响我们的生活，但却不会使我们受制于其他人的专断意志。

防止或阻止强制是否是国家威胁使用强制的唯一正当理由呢？我们完全可以将所有形式的暴力都归入强制的名下，或者我们至少可以主张，成功地防止强制，乃意味着防止所有形式的暴力。然而，还存在着另一种有害的行为，这种行为初看上去与上文所述的强制似有不同，但是对它加以防止却也被人们普遍认为是可欲的。这就是诈欺和欺骗。尽管将这些行为也称作"强制"可能会曲解诈欺和欺骗这两个词的意思,但是经过详尽考量,我们却可以发现,防止这些行为的理由,实与我们防止强制的理由相同。诈欺,与强制相同,都是一种操纵一个人赖以为本的基本依据的方式,以使此人去做诈欺者想让他做的事。如果诈欺获得成功,被诈者也同样会成为他所不愿成为的工具,去实现其他人的目的,而与推进自己的目的无关。尽管我们还找不到一个确当的词来涵盖强制与诈欺这两种含义,但我们对强制的上述讨论,却也同样适用于诈欺和欺骗。

根据上文的补充说明,我们可以指出,自由只要求对强制及暴力、诈欺及欺骗加以制止,但是政府运用强制的情况除外。当然,政府对强制的运用只限于一个目的,即强制实施那些旨在确保个人活动之最佳境况的众所周知的规则,在这些境况中,个人可以使他的活动具有某种一贯且合理的模式。

对强制的限制问题,与政府恰当发挥作用的问题并不相同。政府采取强制性行动,绝非政府的唯一任务。的确,政府所进行的非强制性的活动或纯粹服务性的活动,其财政支持通常是通过强制性手段来提供的。很可能只有中世纪的国家,是在不诉诸强制的情况下提供各种服务的,因为这些国家在当时主要是用源出于国家自身财产的收入来资助其活动的。然而,在现代社会中,如果设想政府不凭借强制性手段便能从财政上资助它所提供的种种服务,例如照顾身患残疾年老体迈者、建设道路或提供信息等服务,则是完全不切实际的。

关于政府提供这些服务的范围究竟多广才是可欲的问题,我们显然不能期望人们会达成完全一致的意见,而且至少有一点是我们并不清楚的,即强制人们为实现他们并不关注的目的而做出贡献,能否获得道德上的证明。然而,在某种程度上讲,我们中的大多数人都发现这种做法实际上是一种权宜之策,我们之所以做出贡献,乃是因为我们认为,我们亦将反过来在实现自己的目的的过程中,可以从其他人所做的类似贡献中获益。

有人认为,在税收领域以外,我们应当将"防阻程度较重的强制"视作政府运用强制的唯一的正当理由。在我看来,这种观点在很大程度上也是可欲的。或许，这一标准不能被适用于每项单一的法律规则，而只能被适用于作为整体的法律体系。例如，对私有财产权的保护，作为抵抗强制的一种保障，可能需要有特殊的规定，而这些单个的特殊规定可能并不有助于减少强制，而只是有助于确使私有财产权不会阻碍那些并不损害财产所有者的行为。但是，关于国家干预或不干预的整个观念，却立基于这样一个假设，即私域是通过国家所强制实施的一般性规则加以界定的，这里的真正问题在于，国家是应当将其强制性行动只限于对这些规则的实施，还是应当超越这一限度。

就回答这个问题而言，人们已做出了种种努力，其中最杰出者当推约翰·斯图尔特·穆勒（J. S. Mill）。这些人都试图对那些只影响行动者本人的行动与那些不仅影响行动者本人而且还影响其他人的行动加以区别，并据此对那个应当免受强制的私域做出界定。但是，我们很难想象有什么样的行动会不影响其他人，因此上述界分不能被证明为是完全有效的。只有通过对每个人的确获保障的领域先做出界定，上述界分才会具有意义。这样做的目的并不能够保护人们以防阻所有其他人所为的可能有害于他们的行动，而只能够使其行动的某些基本依据不为其他人所控制。在确定受保护的领域所应有的边界时，我们必须追问的一个重要的问题是，我们希望加以阻止的其他人的行动，是否就真的会侵损被保护者的合理期望。

特别需要指出的是，我们有可能因知道其他人的行动而感到快乐或痛苦，但这种快乐或痛苦绝不应当被视作采用强制的一个合法理由。例如，有人就曾经认为，当人们坚信心系上帝乃是他们社会的集体责任的时候，又当人们认为任何社会成员的罪恶都将使全体成员蒙受惩罚的时候，强制人们尊奉宗教便可以成为政府的一个合法目标。但是需要强调指出的是，如果某种私人间的行动只会影响自愿的成年行动者，而不会影响任何其他人，那么仅仅是不喜欢这些人的所作所为，甚或知道这些人因其所作所为而侵损了他们自己，都不能成为使用强制的合法根据。

众所周知，文明的发展不断为人们了解和认识新的可能性提供着大量的机会，而这为我们主张自由提供了一个主要理由。如果仅仅因为其他人忌妒我们或者仅仅因为他们不喜欢任何触及其根深蒂固的思维习惯的东西，我们就应当被制止从事某些活动，那么这显然是对自由主张的根本歪曲。尽管在公共领域中强制实施行为规则有着显而易见的理由，但是一些人不喜欢某一行动的事实，却绝不能成为禁止此项行动的充足理由。

一般而论，这意味着私域内部的行动是否道德的问题，并不是国家进行强制性控制的恰当对象。使一个自由的社会区别于一个不自由的社会的最为重要的特征之一，很可能就是在那些并不直接影响其他人确获保障的领域的行动方面，大多数人所实际遵循的规则，不仅具有一种自愿的特性，而且不能通过强制予以实施。晚近，全权性政权的经验表明，"绝不将道德价值的目标与国家的目标等而视之"的原则具有极为重要的意义。的确，与那些专做恶事的人相比，那些决定使用强制性权力以消除道德罪恶的人，实则导致了更大的损害及灾难。

的确，私域内部的行为不是国家采取强制性行动的恰当对象，但是这个事实却未必就意味着，在一个自由的社会中，这类行为应当免受舆论的压力或批评性意见的监督。在维多利亚时代的较为严苛的泛道德氛围中，同时也是国家采取强制性行动最少的年代，约翰·斯图尔特·穆勒就对这种道德强制进行了最为激烈的抨击。就此而言，他很可能夸大了自由主张的适用范围。但是无论如何，这很可能帮助我们搞清楚了一个问题，即我们绝不能将舆论做出的赞同或反对（为了确使人们服从道德规则及惯例）所产生的压力，误作强制。

上文业已指出，强制最终乃是一个程度的问题，而且国家为了捍卫自由而必须制止的强制及威胁使用的强制，都只是程度较重的强制，因为当人们受到这种较重的强制的威胁时，这种强制会阻止这些具有正常力量的人去追求对他们而言极为重要的目的。不论我们是否愿意将社会对那些违反伦理规范者所施加的程度较低的压力也称作强制，有一点是毋庸置疑的，即虽说这些道德规范及惯例的约束力要比法律的约束力小，但是这些规范和惯例实际上却起着极为重要的、甚至是不可或缺的作用，而且在推动和维护社会活动方面，道德规范和惯例很可能与严格的法律规则具有同样的重要作用。众所周知，这些道德规范和惯例将在一般意义上被遵守，而不是说一律要遵守，但是这种知识仍将提供有益的指导，而且还能够减少不确定性。尽管对这类规范的尊重并不能够完全杜绝人们做一些为这些规范所反对的事情，但是对这些规范的尊重却会将"失范"行为限制在下述范围内，即违反这些规范对行动者来说具有相当重要的意义。有时候，这些非强制性规范可能只是一种试验，它们可能会在日后不断的修正过程中渐渐发展成法律。然而，更为经常的情况是，它们将为那些多少不为人们无意识的习惯提供某种弹性的根据。我们可以说，对于大多数人的行动而言，这些习惯起着一种指南的作用。就整体来讲，这些调整社会交往和个人行动的惯例和规范，并不会对个人自由构成严重的侵犯，相反，它们能够确使行动达致某种最低限度的一致性。无疑，这种最低限度的一致性，将有助于个人之努力，而不会阻碍个人之努力。

（二）法律、命令与秩序

秩序并非一种从外部强加给社会的压力，而是一种从内部建立起来的平衡。

——加塞特（J. Ortegay Gasset）

"每个人的存在和活动，若要获致一安全且自由的领域，须确立某种看不见的界线，然而此一界线的确立又须依凭某种规则，这种规则便是法律。"这是19世纪的一位大法学家所提出的基本的自由的法律观；他即是冯·萨维尼（F. von Savigny）。然而自此以后，这种视法律为自由之基础的法律观，却在很大程度上被人们遗忘了。本章的主要目的便在于恢复这一法律观，并使之得到更为精准的阐述。我们之所以要做此一努力，其原因是法治下的自由理想（the ideal of freedom under the law）正是以这样法律观为基础的，而且也正是这样一种法律观，才使得人们将法律称为自由的科学有了可能。

人的社会生活，甚或社会动物的群体生活，之所以可能，乃是因为个体依照某些规则行事。随着智识的增长，这些规则从无意识的习惯渐渐发展成为清楚明确的陈述，同时又渐渐发展成更为抽象的且更具一般性的陈述。不无遗憾的是，我们对各种法律制度的熟悉，却使我们对抽象规则界分个人领域的方法所具有的精微复杂之奥秘视而不见。如果这种方法是精心思虑设计的产物，那我们完全可以说，它当之无愧地应归入人类最伟大的发明之列。但是，它就如同社会生活赖以为基础的语言、货币或大多数习俗及惯例一样，几不可能是任何个人心智的发明所致。

这种根据规则界定个体领域的情形，甚至在动物世界中亦有发生。在动物界，也存在着一定程度的秩序，以防止动物在觅食的过程中发生太多的争斗或彼此干扰的情况。这种秩序常常产生于下述事实，即个别动物在远离其兽穴时，往往不愿与其他动物争斗。结果，当两个动物在某个中间地带相遇时，其中的一只野兽通常会在没有进行真正的力量角斗之前就跑开。据此可见，属于每个动物的领域并不是经由具体边界的划定来确定的，而是通过对一项规则的遵守来确定的。当然，这种规则并非为每只野兽所明确知道，只是为其在行动中所遵循而已。这一例证表明，甚至这样的无意识习惯也涉及某种抽象的问题。例如，这里涉及一个一般性条件，亦即一个动物远离其洞穴的距离，决定了这个动物遇到另一个动物时所可能做出的反应。如果我们力图对那些使动物群居生活成为可能的较为真实的社会习惯加以界定，那么我们就必须根据抽象规则的方式对它们加以陈述。

这类抽象规则在行动中通常得到遵守的事实，并不意味着每个动物都明确知道它们。在这里，"知道"是指动物能够传播或传授这些规则。当个别动物以相同的方式对那些只具一些共同特征的境况做出反应时，抽象就发生了。人类早在其能够陈述这些规则之前，就已经能够普遍地按这种意义上的抽象规则行事了。甚至当他们具有了有意识抽象的能力的时候，他们有意识的思维和行动仍可能受着大量这类抽象规则（即那些他们虽说遵循但却无力阐述的规则）的指导。一项规则在行动中得到普遍遵循的事实，因此也不意味着，它依旧不需要被发现或以文字加以阐释。

这些被我们称之为严格意义上的"法律"的抽象规则,其性质可以通过将其与具体而特定的命令进行比较而得到最充分的揭示。如果我们将"命令"一词做最宽泛的解释,那么调整人的行动的一般性规则也确实可以被视作是命令。法律及命令都同样区别于对事实的陈述,从而属于同样的逻辑范畴。但是,每个人都遵循的一般性规则,与命令本身并不相同,因为它未必预先设定存在着一个发布此项规则的人。法律与命令的区别,还在于它所具有的一般性和抽象性。这种一般性或抽象性在程度上存在着很大的差异。从一些规定某人在此地此时做某一特定事情的命令,到另一些规定某人的任何所作所为在某种境况或与此类似的境况中都必须满足某些要求的命令,不一而足。理想形态的法律,可以被认为是一种指向不确定的任何人的"一劳永逸"的命令,它乃是对所有时空下的特定境况的抽象,并仅指涉那些可能发生在任何地方及任何时候的情况。然而,虽说我们必须承认法律随着其内容日渐具体而会渐渐混同于命令,但是在我看来,最好还是不要混淆法律与命令二者间的差异。

法律与命令这两个概念间的重要差别还在于:就应当采取何种特定行动的决定的渊源而言,从命令到法律的演化,实际上就是渐渐从命令或法律的颁发者向行动者的演化。理想形态的命令,都无一例外地对应当采取的行动做出了规定,从而使命令所指向的那些人根本没有机会运用他们自己的知识或遵从他们自己的倾向。因此,根据这类命令所采取的行动,只服务于发布该命令的人的目的。然而从另一方面来看,理想形态的法律,却只提供额外的信息,供行动者在决策时加以考虑。

因此,一般性法律与具体命令间的最重要的区别就在于,指导一项特定行动的目标和知识,究竟是由权威者来把握,还是由该行动的实施者和权威者共同来把握。我们可以用一个原始部落的头领或一个家庭的家长在调整其所辖领域之成员的活动时所可能采取的不同方式来说明这一点。从一种极端的情形来看,头领或家长所凭靠的完全是具体的命令,而且他们的属员除了根据这些命令行事以外,不得做任何其他事。如果该头领在每种情形中都规定了其属员的行动的每一个细节,那么这些属员就只是该头领的工具。他们不仅没有任何机会运用他们自己的知识和判断,而且所追求的目标以及所运用的知识也都只是该头领的知识和目标而已。然而,在大多数情形中,如果该头领只对某些时候应予采取的行动种类和应予实现的目的种类发布一般性的命令,并由不同的个人根据不同的情形(亦即根据他们的不同的知识)来填补这些一般性命令的具体细节,那么我们可以说,这种情况反而能够更好地服务于该头领的目的。这种一般性命令业已构成了某种性质的规则,而根据这些规则采取的行动,一部分受着该头领的知识的指导,另一部分则受着行动者本人的知识的指导。在这里,头领将决定应当实现什么目的,由谁来实现、在何时完成,甚或可能运用什么手段来实现等问题,但是,实现这些目的的具体方式则由相关的责任人各自决定。因此。一个大家庭中的仆人或一个工厂的雇工,在很大程度上来讲,其日常工作乃是执行一般性命令并且随时使这种命令与特定情形相调适,而只是在偶然的情况下才接受具体的命令。

在上述情形中,所有活动指向的目的依旧是头领的目的。然而,他也可以允许其群体成员在某些限定的条件下追求他们自己的目的。当然,这是以向每个成员分派或指定其用以实现目的的手段为前提的。对手段所做的这种配置,或可以下述方式表现出来,即对个人成员可能用以实现其自己的目的的特定物质财富或时间加以指定。这就要求对每个人的权利——加以规定,而这种规定只能通过头领的具体命令加以改变。或者说,每个人的自由行动的领域,只可以根据先前就已制定并执行较长时间的一般性规则才能加以确定并修正,而且这类规则能够使每个人都有可能通过自己的行动(例如,与该群体的其他成员进行物物交易或者因有功而从头领处赢得奖赏)来改变或型构他的行动领域。在该领域中,他能够用自己的行动去实现他自己的目的。因此,根据规则对私人领域进行界定,能够使那种类似于财产权的权利应运而生。

我们在习惯性规则到现代意义上的法律的进化过程中,也能够发现一个类似的从具体性和特殊性向日渐增多的一般性和抽象性的转变。与一个培育个人自由的社会的法律相比较，一个初民社会的行为规则要相对具体得多。它们不仅限制个人自己能够采取行动的范围，而且还常常对他实现特定目的所必须采取的方式做出具体规定，或者对他在特定的时间和特定的地点所必须做的事情做出具体规定。在这些规定中，对诸如特定结果将产生于一特定程序的事实性知识的表达，与对该程序应当在适当的条件下予以遵循的要求的表达，尚未做出明确的界分。我们只需给出一个例证便可以说明这个问题：班图（Bantu）人所遵循的规则规定，当他在其村落的十四个茅屋间行走时，必须沿着一条根据年龄、性别和地位而严格规定的路线行走，可见，这条规则在很大程度上限定了班图人的选择。尽管在这种情形中，他并不是服从另一人的意志而是在遵循某种非人格的习惯，但是他在行走时必须遵循这种习俗的要求，却限制了他对方法的选择，而且这种限制本身也远远超过了确保他人享有平等自由所必要的程度。

习惯的强制力，只有在做某一事情的习惯方式已不再是某个行动者所知道的唯一方式的时候，而且只有在该行动者能思考以其他方式去实现这个可欲的目标的时候，才会变成该行动者的一种障碍。在很大的程度上讲，正是伴随着个人智识的发展以及打破习惯上的行事方式的趋向，明确陈述或重新阐释各种规则并且逐渐把对行动范围的肯定性规定转变成基本上对行动范围的否定性限制，才具有了必要性，而这种对行动范围的否定性限制，则以某人的行动不侵犯他人所拥有的得到同样承认的行动领域为标准。

从具体的习惯到法律的转变过程，甚至要比从命令到法律的转变过程，更能说明那种被我们称之为真正的法律所具有的抽象特性的东西。当然，把真正的法律所具有的特性称之为"抽象特性"并不贴切，实在是因为我们找不到一个更为恰当的术语而做的一种权宜性的选择。抽象且一般的法律规则明确指出，在某些情形下，行动必须符合某些条件，而符合这些条件的行动，就可得到允许。再者，抽象且一般的法律规则只提供了一种个人必须在其间行动的框架，而在这个框架中，所有的决定却都是由行动者本人做出的。就某人与别人的关系而言，禁止性规定基本上都具有一种否定的特性，除非这些禁止性规定所指向的那些人通过自己的行动而创设了肯定性义务得以产生的条件。这些禁止性规定是工具性的，它们是个人得以运用的手段，而且也为个人行动提供了部分基本依据。我们可以说，这些基本依据同行动者关于特定时空之情形的知识一起，构成了该行动者进行决策的基础。

由于法律所规定的只是个人行动所必须符合的部分条件，而且只要某些条件存在，这些法律便可以适用于非特定的任何人，而不论特定情形中的大多数事实为何，所以立法者不可能预见这些法律对于特定的人会产生什么影响，也无力预见特定的人将把它们运用于实现什么目的。当我们说它们具有"工具性"时，我们乃意指个人在遵守这些法律的时候，实际上仍是在追求他自己的目的而非立法者的目的。具体的行动目的，由于始终具有特殊性，所以绝不应当在一般性规则中加以规定。例如，法律会规定禁止杀人，或者除非法律规定的条件在某时某地得以成立，否则法律会禁止杀人，但法律绝不会规定禁止杀某些特定的个人。

我们对这些规则的遵循，并不是服务于其他人的目的，而且严格来讲，同样也没有理由认为我们是受制于其他人的意志。如果我运用他人制定的规则（一如我运用关于某项自然规律的知识那样）以实现我自己的目的，如果这些制定规则的人士并不知道我的存在，不知道这些规则将适用于我的特定情形，也不知道这些规则对我的计划所可能产生的影响，那么我的行动就不能被视作对他们的意志的屈从。至少在威胁使用强制的情形是可以避免的各种境况中，法律只能改变我可资运用的手段，却不能规定我所必须追求的目的。把我履行某项契约的行动说成是服从他人的意志，显然是荒唐的，这是因为如果没有"允诺必须遵守"这一公认的规则，我完全有可能不缔结这项契约，或者当我承担自己在完全知道法律规定的情况下所采取的某项行动而导致的法律后果时，说我是在服从他人的意志，亦显然是荒唐的。

个人知道某些规则将得到普遍适用，对于他来讲具有极为重要的意义，因为作为这种知识的结果，不同的行动目的和行动方式，对于他来讲,将获得新的特性。在这种情况下,他会知道如何利用这种人为的因果关系去实现他所希望实现的各种目的。这些由人制定的法律对于个人行动的影响,与自然规律所能起到的作用是完全相同的:无论是他关于人造法律的知识还是关于自然规律的知识,都能够使他预见到他的行动的后果,并且增进他制定计划的信心。他知道,在其住宅的屋顶上烧火,他的住宅就会被烧毁;他也知道,纵火烧毁邻居的住宅,他就会被捕入监。可见,这两种知识之间并没有什么差异。与自然规律相同,国家的法律对个人必须活动于其间的环境也规定了诸多确定的特征,尽管这些法律扼杀了个人原本具有的一些选择,但是一般来讲,它们却不会要求他只选择其他人想让他采取的某一具体行动。

法治下的自由观念乃是本书所关注的首要问题,它立基于下述论点,即当我们遵守法律(亦即指那些在制定时并不考虑对特定的人予以适用的问题的一般且抽象的规则)时,我们并不是在服从其他人的意志,因而我们是自由的。正是由于立法者并不知道其制定的规则将适用于什么特定的案件,也正是由于适用这些规则的法官除了根据现行规则与受理案件的特定事实做出其判决以外,别无其他选择,所以我们可以说这是法治而非人治。由于法律规则是在并不考虑特定案件的状况下制定的,而且任何人的意志都不能决定是否以强制的手段去实施该规则,所以这种法律并不是专断的。然而,法律若想不成为专断,还需要满足一项条件,即这种"法律"乃是指平等适用于人人的一般性规则。这种一般性,很可能是法律所具有的特性(亦即我们所称之为的"抽象性")的一个最为重要的方面。由于真正的法律不应当指涉任何特定者,所以它尤其不应当指向任何具体的个人或若干人。

政府的一切强制行动都必须限于对一般且抽象的规则的实施,这种制度极为重要,而且人们常常借用一位伟大的法律史学家的话来阐释这一点,即"进步社会的运动,迄今为止,始终是一个从身份到契约的运动"。身份的观念,亦即每个人根据指定在社会中占据的地位的观念,实际上是指这样一种状况,在这种状况中,所适用的规则并不具有很高的一般性，而是指向特定的个人或群体，并赋予他们以特殊的权利和义务。然而，对作为与身份相对的契约的强调，则略有些含混不清，甚至还有些误导，因为它只是指出了法律提供给个人以型构其自身地位的诸项工具之一，尽管这是最为重要的工具。真正与身份之治构成对照的，乃是一般性的、平等适用的法律之治，亦即同样适用于人人的规则之治，当然，我们也可以称其为"法治"（the rule of leges，leges 乃拉丁语，原意指"法律"，与"特权"相对）。

有关真正的法律规则必须具有一般性的要求，并不意味着，在有些情况下，一些特殊规则不能适用于不同阶层的人，当然，其条件是这些特殊规则所指涉的仅是某些人所具有的特性。有一些规则或许只能适用于女人，有一些规则或许只能适用于盲人，甚至一些规则或许只能适用于到了一定年龄的人。（在大多数这样的情形中，有关规则甚至也没有必要指明该规则所适用的那类人：例如被强奸或怀孕。此时，有关规则就无须明确指明该规则适用于女人，因为只有女人才能被强奸或怀孕。）如果这样的界分为该群体中的人和该群体外的人同时认为是有道理的，那么这类界分就不是专断的，也不会使某一群体中的人受制于其他人的意志。需要指出的是，这并不意味着这类界分的确立须得到一致的同意，而只是说个人的观点不取决于该个人是属于该群体还是不属于该群体。例如，只要某种界分得到了该群体内外的大多数人的赞同，那么人们就有很充分的理由认为，这一界分将同时有益于该群体内外的人的目的。然而，如果只是该群体中的人赞同这种界分，那么显而易见，它就是特权；而如果只是该群体外的人赞同这种界分，那么它就是歧视。当然，对一些人是特权者，对于其他人就始终是歧视。

我们无须否认，甚至一般性的、抽象的且平等适用于所有人的规则，也可能会对自由构成严苛的限制。但是，如果我们对这种状况进行认真的思考，我们便会发现这种状况是极为罕见的。这种状况之所以是极为罕见的，乃是因为我们有着一项重要的保障措施，即这些规则必须适用于那些制定规则的人和适用规则的人（这就是说，它们必须适用于被统治者，但同时也必须适用于政府），而且任何人都没有权力赋予例外。如果所有被禁止者或被限制者都毫无例外地适用于所有的人（除非这种例外源出于另一项一般性规则），甚至当局除了拥有实施这种法律的权力以外也不享有任何其他特殊权力，那么任何人合理希望做的事情就不太可能受到禁止。的确，一个狂热的宗教群体有可能将一些限制性规定强力加于其他人，虽说这些限制性规定是该宗教群体成员所乐意遵循的，但是需要指出的是，这些限制性规定对于其他人来讲，却只是他们追求重要目的时的障碍，而不是其他。我们需要强调的是，如果说宗教真的常常为那些被认为是压制性的规则提供了理由或借口（从而宗教信仰自由被视为对自由极为重要），那么同样重要的是，宗教信仰亦似乎是普遍适用那些严格限制自由的一般性规则所赖以为基础的仅有根据。这里需要指出的是，大多数这类在名义上强加于每个人的限制性规定，尽管令人讨厌（例如苏格兰式的礼拜日），但与那些只可能强加于某些人的规则相比较，其危害相对来讲要小得多！值得我们重视的是，大多数对那些被我们视之为私人事务加以限制的规定（例如禁止奢侈浪费的法律规定），通常只被强加于某些指定的群体，或者一如在禁酒令的情形中那样，这类限制性规定之所以是可行的，只是因为政府保留了赋予例外的权力。

我们还应当牢记的是，就人们的行动与他人的关系而言，自由的意义仅意指他们的行动只受一般性规则的限制。既然任何行动都不可能不影响到他人的确受保障的领域，故不论是言论、出版，还是宗教，都不可能是完全自由的，这就是说这些活动领域亦将受到一般性规则的限制。换言之，在所有上述领域中（一如下文所述，其中还将包括契约的领域），自由意味着也只能意味着我们的所作所为并不依赖于任何人或任何权威机构的批准，只能为同样平等适用于人人的抽象规则所限制。

但是值得我们注意的是，如果真的是法律使我们获得了自由，那么这里的法律只能是那种抽象且一般意义上的规则，或者是我们所指称的"实质意义上的法律"。这里需要强调指出的是，这种实质意义上的法律，乃是在法律规则的性质上而非在这些规则的渊源上与那种仅具形式意义的法律相区别。作为一种具体命令的"法律"，亦即那种仅因为它产生于立法当局就被称为"法律"的命令,实际上是一种重要的压制性工具。将上述两种法律概念混为一谈,并将法治的信念丢失殆尽(法治在这里是指,人们在制定并实施那种实质意义上的法律的时候,并不是在强制推行他们的意志),实是致使自由衰微的主要原因之一。对于这样一种结果,我们可以说,法律理论和政治学说都起到了推波助澜的作用。

有关现代法律理论日益混淆上述两种法律观念的方式,我们将在后文进行讨论。在这里,我们仅举一些极端的观点以指出这两种法律观念的差异。美国首席大法官约翰·马歇尔(Chief Justice John Marshall)在他的一句名言中表达了关于此一问题的经典观念,"那种与法律的权力相区别的司法的权力,是根本不存在的。法院只是法律的工具,毫无自己的意志可言"。与此一观点相对者,最经常为人们所征引的乃是大法官霍姆斯(Justice Holmes)的观点(他的观点得到了所谓的进步党人的最大的支持),即"一般性法律命题并不裁定具体案件"。当下的一位政治科学家也表达了与此相同的立场,他指出,"法律并不能统治。只有人才能行使支配他人的权力。只强调法律的统治而不强调人的统治,结果势必导致人统治人的事实被掩盖"。

事实上,如果统治意味着使人服从他人的意志,那么在一个自由的社会中,政府就不具有这样的统治权力。公民之所以为公民,正是因为他不能在这种意义上被统治,被命令来命令去,而不论他在为了实现自己的目的而选择的工作中占据着什么位置,也不论依据法律他是否暂时是一个政府的官员。然而,他却可以在如下的意义上被统治:"统治"仅意味着一般性规则的实施,亦即不考虑特定的情形且须平等适用于所有的人的一般性规则的实施。因为在这里,亦即在这类规则适用于其中的绝大多数的案件中,并不要求人们根据自己的意志进行裁决,甚至当法院不得不就一般性规则如何被适用于某一特定案件的问题做出决定的时候,也是由人们所公认的整个规则体系所内含的意义来决定的,而不是由法院的意志来决定的。

法律之所以要确使每个人都拥有一个他能够决定自己行动的公知的领域,其目的乃在于使个人能够充分地运用他的知识,尤其是他关于特定时空下的情形的具体知识,而这些知识往往是他所独有的。法律告诉人们哪些事实是他们所可以依赖的,并据此扩展他们能够预见其行动的后果的范围。与此同时,法律也告诉人们哪些后果是他们在采取行动时所必须考虑的,或者什么是他们为此要承担的责任。这意味着,他被允许或被要求做的事情,只能依赖于他被认为是知道的情形或者他被认为是有能力辨识的情形。如果一些规则使某人自由决定的范围取决于他所无力预见的间接后果,那么这类规则就既不可能有效,也不可能使人们自由地进行决策。甚至在那些他被推定为可以预见到的后果当中,这些规则也会指出一些他必须考虑的后果,而同时允许他不顾及其他一些后果。特别需要指出的是,这类规则不仅会规定人们不得做任何有损于其他人的事情,而且亦将(或者应当)做出如此的规定,即它们在被适用于某种特定情形的时候,还会明确规定行动者所必须加以考虑的后果以及无须加以考虑的后果。

如果说法律因此而有助于使个人能够根据他自己的知识而采取有效的行动,而且为了实现这一目的法律也增加了个人的知识,那么我们便可以说,只要人们根据这些规则行事,法律就表现为他们可以加以运用的知识(或过去经验的结果)。事实上,个人根据共同的规则进行的合作,乃是基于知识的某种分工,亦即个人自己的具体知识和法律提供的一般性知识之间的分工,前者是指合作者个人必须考虑他的特殊情形,后者则是指法律确使个人的行动符合于他们所在社会的某些一般的或恒久的特性。个人通过遵守规则而加以运用的包含在法律中的这些经验,讨论起来颇为困难,因为一般来讲,这种经验并不为他们所知,亦不为任何其他个人所知。大多数这样的规则,都不是经由主观琢磨而发明出来的,而是通过渐进的试错过程慢慢发展起来的,在这个过程中,正是无数代人的经验才促使这些规则发展成当下这个状况。因此,在大多数情况下,任何人都不知道,也不曾知道致使某一规则具有特定形式的所有原因和所有因素。据此,我们必须做出持续不懈的努力,以发现一项规则所具有的实际功用。如果我们不知道某一特定规则的存在理由这种情况还可以理解的话(这实在是司空见惯之事),那么只要我们还试图通过审慎思考的立法工作对其加以改进和完善，我们就必须努力去理解它具有哪些一般性功用或一般性目的。

因此，公民行事时所遵循的规则，既构成了整个社会对其环境的调适，亦构成了整个社会对其成员所具有的一般性特征的调适。这些规则有助于或者应当有助于个人制定出能够有效实施的可行的行动计划。这些规则之所以能够延续存在下来，只是因为在某类情形中，人们会就个人有权做什么事情这样的问题发生争议或摩擦。这就是说，只有在规则明确规定每个人所拥有的权利的情况下，这些争议或摩擦方能得到制止。在这里，重要的是存在着某种为人所知的规则规范着这类情形，而这种规则的具体内容为何，可能并不大重要。

然而，现实生活中常常会发生这样一种情况，即可能有许多规则都符合上述要求，但是它们符合这种要求的程度却并不相同。例如，我们在日常生活中经常会遇到这样的问题：究竟哪些权项应当被归入我们所称之为"产权"的这种权利束之中（特别是在我们考虑地产问题的时候）；哪些其他权利应当被归入确获保障的领域之中，而且什么样的契约是国家应予强制实施的。但是需要指出的是，就所有这类问题的解决而言，只有经验能够表明何者是最为适宜的安排。对这种权利所做的任何特定界说，根本不存在什么"自然的或天赋的"品格，例如罗马人将财产权界定为一种随意使用或滥用某物的权利，就此种界说而言，尽管人们经常反复强调它，但事实上完全按此界定的权利去行事，却是极不可行的。然而，所有较为发达的法律秩序的主要特征，都极其相同，可以说只是对大卫·休谟（David Hume）所谓的"三项基本的自然法"所做的详尽阐释，这三项基本的自然法在休谟那里是指"财物占有的稳定，根据同意的转让，允诺的践履"。

然而，我们在这里所关注的并不是这些规则的具体内容，而只是它们在自由社会中所应当具有的某些一般特性。由于立法者不可能预见到受这些规则调整的人会如何运用他们所制定的规则，所以立法者的目的只能是使这些规则在总体上或在绝大多数情形中对人们有助益。但是，由于这些规则是通过它们所创造的预期而得以运作并起作用的，所以极为重要的是，它们必须得到始终一贯的适用，而不论它们被适用于某个特定情形时所导致的后果是否可欲。立法者之所以将其职能仅限于制定一般性规则而非下达具体命令，其原因乃是立法者对这些规则将被适用的特殊情形存在着必然的无知，因此，立法者所能做的就只是为那些必须制定特定行动计划的人提供可资使用的某些确定的基本依据。但是，立法者在制定规则时只规定了行动者采取行动的一部分条件，所以就这些行动者行动的结果而言，立法者仅能够提供某些机会和机遇，而绝非所谓的成功之保障。

针对一些唯理主义者所做的功利主义解释，我们有必要强调指出，抽象的法律规则的实质在于，它们只可能在它们所适用的大多数情形中具有助益，而且事实上，它们乃是人类所习得的用以对付其所具有的必然的无知的诸多手段之一。诚然，证明任何特定法律规则是否具有正当性，所依据的一定是该规则所具有的功效——即使这种功效有可能无法通过理性的论证得到确证，但是它仍可以为人们所知，这是因为这一特定规则在实践中能够证明自己比其他手段更为适宜。但是，一般而言，我们必须从整体上对规则进行证明，而不能以其在每一次适用中的功效为准。有一种功利主义的观点认为，法律上的或道德上的每一纠纷或冲突都应当依照这样一种方式加以裁定，亦即那种能够被那些领悟此一裁定的所有后果的人视为最适宜的方式，但是这种观点，实则是对任何规则之必要性的否定。"只有由全知全能的个人所组成的社会才能给每个人以那种根据一般的功效观来权衡每项特定的行动的完全自由"。这样一种"极端的"功利主义定会导向荒谬，因此，只有那种被称之为有限的功利主义方与我们讨论的问题相关。然而，对尊重法律规则和道德规则最具损害的莫过于这样一种观点，即只有在特定情形中遵守某项规则的有益效果能为人们认识的时候，该项规则才会具有约束力。

此种错误观念的最为古老的形式，与下述格言常常被错误地引证相关，即"人民的福利应当是最高的法律"（salus populi suprema lex esto）这一格言，常被人们误引为"人民的福利就是最高的法律"。按照正确理解，此一格言乃意指法律的目的应当是人民的福利，亦即一般性规则应当被制定来服务于人民的福利，而绝不是指任何关于某个特定的社会目的的观念，都可以为违反这类一般性规则提供合理根据。一个具体的目的，亦即欲求达致的一个具体结果，绝不可能成为一项法律。

自由之敌历来将其论辩立基于这样一种观点，即人类事务中的秩序乃是以一些人应当颁发命令，另一些人应当服从命令为必要条件。大多数反对以一般性法律为基础的自由秩序的观点，之所以是错误的，乃是因为它们未能认识到这样一个事实，即人类活动的有效合作，并不需要某个有权下达命令的人进行刻意的组织。经济学理论诸多成就中的一项成就，便是解释了市场是以什么样的方式促成个人自生自发的活动彼此相适应、相磨合的，当然，其条件乃是存在着人人都知道的对每个人之控制领域的界定。毋庸置疑，对个人彼此适应的机制的理解，构成了调整个人行动的一般性规则所应当纳入的最为重要的一部分知识。

社会活动的有序性展现于如下的事实之中，即个人能够执行一项一以贯之的行动计划，然而，这种行动计划之所以能够得到执行，其原因是他几乎在执行此一计划的每一个阶段上，都能够预期其他社会成员做出一定的贡献。"在社会生活中，明显存在着一种秩序、一贯性和恒常性。如果不存在秩序、一贯性和恒常性的话，则任何人都不可能从事其事业，甚或不可能满足其最为基本的需求"。如果我们希望个人根据那些在很大程度上只为他们本人所知而绝不可能为任何其他个人所完全知道的特殊环境来调适其行动，那么这种有序性就不可能是统一指挥的结果。因此，所谓社会的秩序，在本质上便意味着个人的行动是由成功的预见所指导的，这亦即是说人们不仅可以有效地运用他们的知识，而且还能够极有信心地预见到他们能从其他人那里所获得的合作。

这样一种与环境相调适的秩序，显然不可能通过集中指挥的方式得到建构，因为关于这种环境的知识乃是由众多的个人分散掌握的。这种秩序只能产生于作为社会要素的个人间的相互调适以及他们对那些直接作用于他们的事件的回应的过程之中。这就是博兰尼（M. Polanyi）所谓的自生自发形成的"多元中心秩序"，他指出，"当社会的秩序是通过允许人们根据他们自发的意图进行互动的方式——仅受制于平等一致适用于人人的法律——而实现的时候,我们便拥有了一种自生自发的社会秩序的系统。我们据此可以说,这些个人的努力是通过他们发挥其个人的主动性而加以协调的,而且这种自发的协调又通过其对公益的助益性证明了这种自由的正当性——这些个人的行动之所以被认为是自由的,乃是因为这些行动并不是由任何具体的命令所决定的,而不论这种命令是出自一上级还是出自一政府机构,这些个人行动所受制于的强力,乃是非人格的和一般性的。"

尽管那些较为熟悉人们安排物理事物的方式的人,常常会发现很难理解这种自生自发秩序的形成过程,但在许多情形中,我们还是必须依赖于个别因素间自生自发的调适以形成一种物理秩序。如果我们试图凭靠我们自己的力量将每个个别的核子或原子置于与其他核子或原子相互关系中的恰当位置上,那么我们就永不可能形成一结晶式的或复合式的有机混合体。我们必须依赖于这样一个事实,即在某些条件下,这些核子或原子会将自己排列进一个具有某些特征的结构之中。让这些自生自发的力量发生作用,在这些情形中可以说是我们达致所欲求结果的唯一手段,因此让这种力量发生作用也就意味着,在创设这种秩序的过程中,有诸多方面实是我们控制力所不及者。换言之,我们不能既依赖这些力量,同时又欲图确使特定原子将在由此产生的结构中占据某个具体的位置。

同理,我们能够为社会秩序的型构创造一些条件,但是我们却无力为各种社会要素安排一确定的方式,以使它们在恰当的条件下有序地调适它们自己。从这个意义上讲,立法者的任务并不是建立某种特定的秩序,而只是创造一些条件,在这些条件下,一个有序的安排得以自生自发地型构起来并得以不断地重构。实际上,促使这样一种秩序的型构,并不以我们能够预测个别原子的行为为条件——因为这类行为实依赖于那些它们发生于其间的并不为人所知的特殊境况。人们所能要求的只是其行为具有一定限度的常规性,而且我们所强制实施的制定法的目的也在于确保这种有限的常规性,因为正是这种常规性使秩序的型构具有了可能。

当这样一种秩序的要素乃是有智识的人（我们希望他们在追求自己的目的的时候能够尽可能成功地运用他们各自的能力）的时候，这种秩序得以型构的主要条件就是每个人都知道在他的环境中有哪些境况是其所能依凭的。为避免不可预见的干预，人们就必须采取一系列保护措施，尽管这被一些人认为是资产阶级社会所具有的特质。但是我们需要强调指出的是，除非这里的"资产阶级社会"是指个人在分工的条件下可以进行自由合作的社会，否则这样一种观点就会将这种避免不可预见的干预的必要保护措施局限于为数甚少的社会安排上。这是因为这些必要的保护措施恰恰是个人自由的基本条件，而保障这一条件亦是法律的主要功能之所在。

（三）法治的渊源

法律的目的不是取消或限制自由，而是维护和扩大自由。这是因为在所有能够接受法律支配的人类的状态中，哪里没有法律，哪里就没有自由。这是因为自由意味着不受他人的束缚和强暴，而这种自由在不存在法律的地方是不可能存在的，一如我们所被告知的那样，这种自由并不是每个人为所欲为的自由。（因为当其他人的意志支配某人的时候，该人又怎能自由呢？）但是，一种处分或安排的自由，一如他所列举的那些包括对他的人身、他的行动、他的所有物以及他全部的财产的处分，乃是法律所允许的自由，因此，在这样的法律下，他不受其他人的专断意志的支配，而是能够自由地遵循他自己的意志。

——约翰·洛克（John Locke）

现代的个人自由，大体上只能追溯至 17 世纪的英国。个人自由最初似是权力斗争的副产品，而不是某个刻意设计的目的的直接结果，而且这种情况很可能在任何时候任何地方都是如此。但是个人自由已存续了足够长的时间，其益处已能为我们所认识。在过去两百多年的岁月中，个人自由的维护和完善渐渐成了英国的支配性理想，而且英国的自由制度和传统也已然成了文明世界的示范。

这并不意味着中世纪的遗产与现代自由毫无关联,但是我们需要指出的是,中世纪遗产的重要意义,并不像人们通常所想象的那样大。诚然,从许多方面来看,中世纪的人所享有的自由要远远大于当下人士所一般认为的程度。与此同时,我们也没有理由认为英国人在当时所享有的自由要远远大于欧洲大陆许多其他民族所享有的自由。然而,虽说中世纪的人已然知道许多种自由,当然这是在赋予某些等级或某些人以特权的意义上的自由,但是无可否认的是,他们对于那种作为人的一般性状况的自由(liberty as a general condition)却知之甚少。从某些方面来讲,当时所盛行的关于法律和秩序的性质及渊源的一般性观念,阻止了人们以现代的方式提出自由的问题。然而,我们也可以说,正是由于英国较多地保留了中世纪普遍盛行的有关法律至上的理想——这种理想在其他地方或国家则因君主专制主义的兴起而遭到了摧毁——英国才得以开创自由的现代发展进程。

中世纪提出的"法律至上"观念,作为现代各个方面发展的背景,有着极为深刻的重要意义,尽管这一观念可能只是在中世纪的早期为人们所完全接受。这一观念明确指出,"国家本身并不能创造或制定法律,当然也不能够废除法律或违反法律,因为这种行为意味着对正义本身的否弃,而且这是一种荒谬之举,一种罪恶,一种对唯一能够创造法律的上帝的背叛"。在当时的数个世纪中,人们所公认的一项原则乃是,君王或者任何其他的权力机构只能宣布或发现已经存在的法律,或纠正其间所隐含的对既存法律的种种滥用情况,而绝不可能创制法律。只是在中世纪晚期,经由主观构设而制定新法律——亦即我们所知的立法——的观念才开始渐渐为人们所接受。在英国,议会也渐渐从一个原本主要是发现法律的机构发展成了创制法律的机构。最后在关于立法权的论战中(论战各方彼此谴责对方行为专断,即不根据已被公认的一般性法律行事),个人自由的目标在不经意的过程中得到了增进。15、16世纪发展起来的具有高度组织性的民族国家,凭借其新获致的权力,首次将立法作为实施那些经过缜密思考的政策的工具加以使用。从表面上看,这种新的立法权在当时有可能把英国导向君主专制政体,一如在欧洲大陆其他国家所发生的情况,而这种政体又将摧毁中世纪留存下来的种种自由。然而,从17世纪英国人的斗争中产生出来的有限政府的观念,则是一种新的发展,它在当时被用以对付新产生的各种问题。英国早期的学说以及中世纪一些伟大的文献〔《大宪章》(*Magna Carta*)、《大"自由宪章"》(The Great Constitutio Libertatis)等〕,之所以对于英国的现代自由发展具有重要意义,是因为英国人在那场斗争中把它们当作了斗争的武器。

虽说从本书的目的来看,我们无须详考中世纪的学说,但是我们却必须较为详尽地探究在现代初期得以复兴的那些古典思想遗产。这一考察之所以重要,不仅是因为它对17世纪的政治思想产生过重大的影响,而且也是因为古人的那些经验对于今日之世界有着直接的重大意义。

尽管古代传统对现代自由理想的影响已属不争之事实,但是其性质却常常被误解。人们经常说,古人并不知道"个人自由"意义上的那种自由。这种说法的确可以适用于古希腊诸邦及某些时期,但却绝不适用于巅峰时期的雅典(甚或亦不能适用于晚期的共和罗马);它也可能适用于柏拉图时期的衰败的民主政制,但是对于雅典人的自由民主制来说则否。伯里克利曾经告诫雅典人,"我们于政制层面所享有的自由,亦扩展到了我们的日常生活层面,因此在我们的日常生活中,我们彼此不能以忌妒的方式去监视对方,也不要对邻里据其意愿而做的事情表示愤怒"。而在远征西西里最具危险的时刻,雅典军队的将军则提醒其士兵说,最为重要的是,他们是在为这样一个国家而战,在这个国家中,他们享有着"根据他们自己的意愿进行生活的毫无拘束的裁量权"。那么"自由国家中最自由的国家"〔一如尼西阿斯(Nicias)根据同样的理由对雅典的称谓〕的那种自由所具有的主要特征,在希腊人自己的眼中究竟是什么呢?而都铎王朝晚期及斯图亚特王朝时期的英国人又是如何看待这些特征的呢?

对于这个问题的回答,可以从伊丽莎白一世时代借之于古希腊的一术语中见到,但是后来,这个术语却不再为人们所使用了,此即"isonomia"(伊索诺米)。英国人在16世纪末从意大利直接引入了该术语，意指"法律平等适用于各种人等"；稍后翻译李维（Livy）著作的学者以英语形式"isonomy"替之，意指法律对所有人平等适用以及行政官员也负有责任的状况。此一意义上的"isonomy"在17世纪得到了普遍使用，直至最后为"法律面前人人平等""法律之治""法治"等术语取而代之。

古希腊这个观念的历史提供了一个极富意义的启示，因为它很可能展现了文明重复发生的第一个循环范例。在这个概念最初被提出来的时候，它所描述的乃是梭伦（Solon）于此前在雅典所创建的那种状态，当时，他确立了"平等适用于贵族与平民的法律"（equal laws for the noble and the base），从而"不是根据公共政策进行管制，而是提供某种确定性，即根据众所周知的规则以法律的手段进行治理"。此外，"isonomy"还与僭主的专制统治构成了对照，并成为人们用以庆贺一僭主被刺的流行酒歌中的一个术语。更有进者，此一概念似比"demokratia"的概念更为古老，而且所有人平等参与政治的要求也似乎只是此一概念所产生的诸多结果中的一个结果而已。即使在希罗多德看来，也仍是"isonomy"，而不是"民主"才是"政治秩序的最美妙绝伦的称谓"。此一术语在民主政制获致实现以后的相当一段时间中，仍为人们继续使用着：一开始对"isonomy"的使用乃是为了证明民主制度的正当性，后来对该术语的使用，则一如人们所说，渐渐变成了一种幌子，意在掩盖民主制度所呈现出来的负面特征，这是因为民主政府在确立以后很快否弃了"法律面前人人平等"的观念。然而我们需要强调指出的是，正是从这一观念中，民主政制获致了其在当时存在的正当理由。古希腊人清楚地知道这两个理想虽彼此相关，但却并不相同：修昔底德（Thucydides）毫不犹豫地用"isonomic 寡头政治"来指称民主，而柏拉图甚至刻意用"isonomy"来对照民主，而不是用它来证明民主的正当性。到了公元4世纪末期，居然产生了这样一种必要性，即必须强调"在民主制度中，法律应当成为主宰者"。

从此一背景来看，尽管亚里士多德已不再使用"isonomia"这一术语，但其某些著名的文字段落却仍可以被视作对这一传统理想的捍卫。他在《政治学》（Politics）一书中强调指出，"较之公民的统治，法律统治更为确当"，拥有最高权力的人"只应当被任命为法律的护卫者和服务者"，而且"那些关注最高权力的人应当相信最高权力操握于上帝和法律之手"。亚里士多德还竭力谴责了那种"由人民统治而非法律统治"的政制形式，也谴责了那种"一切事务由多数表决而非由法律决定"的政制形式。在亚里士多德看来，这种政制形式并不是一种具有自由状态的政制，"当政制并不操握在法律之手时，就不可能存在什么自由状态，因为法律应当高于一切"。一种政制"如果将所有的权力都集中于人们的表决，那么严格说来，它就不可能是一种民主制，因为由这些表决而产生的律令，就其所涉范围而言，不可能具有一般性"。如果我们再引用他在《修辞学》（Rhetoric）中的一段文字，那么我们便可以说，他的这些论述已经较为详尽地阐释了法治的理想："极为重要的是，制定良好的法律本身就应当尽其所能地界定各种问题，并且尽可能地少留未决问题让法官去解决，（因为）立法者的决定并不具有特殊性，而具有前涉性和一般性，因此司法机构成员和陪审人员的职责就是依法裁定提交给他们审理的具体案件。"

　　现代人运用的"由法律统治而非由人统治"的说法，直接源出于亚里士多德的上述论述。关于这个问题，已有显见不争的证据。托马斯·霍布斯（Thomas Hobbes）认为，"所谓在一秩序良好的国度不应当由人而应当由法律统治的主张，正是亚里士多德政治学的另一错误"，而哈灵顿（James Harrington）则对托马斯·霍布斯的观点提出反驳，"市民社会得以建构和维护所依凭的基础乃是共同的权力和利益，而这种观点所依据的恰是亚里士多德和李维的思想，即法律的绝对统治而非人的绝对统治"。

　　在17世纪那个时代，拉丁著作家的影响力在很大程度上取代了古希腊先哲的直接影响力。据此，我们应当简略地考察一下源自罗马共和国的传统。著名的《十二铜表法》（Laws of the Twelve Tables）的制定，虽说有多处是刻意效法梭伦的法规，但是它们却构成了罗马共和国的自由的基础。这些法律中的第一部公法便规定："不能授予私人以特权或颁布偏利于某些私人的法规,而侵损其他人,因为这与适用于所有公民的法律背道而驰,这种适用于所有公民的法律,任何个人,不论其地位如何,都有权运用之。"这一规定提出了一个基本观念,而正是根据这个观念,逐渐形成了第一个充分发展的私法体系,当然此一形成过程与普通法的发展过程极为相似。此一私法体系的精神与此后的《查士丁尼法典》(*Justinian code*)大异其趣,但不无遗憾的是,决定欧洲大陆法律思想的却是后者。

自由罗马的法律精神,主要是通过后来在17世纪拉丁复兴运动(Latin Renaissance)期间重新具有影响力的古罗马历史学家和演说家的著述而传至我们的。李维及其著述的译者使人们熟知了 *isonomia* 这一术语(李维本人并不曾使用这个词),并因此而使哈灵顿得以区别法治与人治;塔西佗以及其他的一些论者,其中以西赛罗(Cicero)为代表,乃是当时主要的著作者,正是通过他们,古罗马传统才广为传播开来。我们须坦率承认,西赛罗的论著的确成了现代自由主义的主要权威典籍,而且我们当下大多数具效力的关于法治下的自由的论述也都得益于他,例如:一般性规则或法律学说应当支配立法的观念,为了自由我们必须服从法律的观念,以及法官应当只是法律据以说话的代言者的观念,等等。西赛罗最为明确地指出,在罗马法的古典时代,人们已经充分认识到法律与自由之间并不存在冲突,而且自由还依赖于法律的某些特性,如法律的一般性和确定性,以及它对权力机构自由裁量权所施加的限制。

此一古典时代亦是一经济完全自由的时代,罗马之昌盛和强大在很大程度上亦得益于此。然而,自公元2世纪始,国家社会主义在那里得到了迅速的发展。在这一发展过程中,法律面前人人平等所创设的自由,因对另一种平等的日益强烈要求而逐渐被摧毁。在罗马帝国晚期,严格依法行事的做法,也因国家增强其对经济生活的控制以实现一种新的社会政策而遭到了破坏或削弱。此一发展的结果在康斯坦丁时代达到顶峰,套用一位著名的罗马法学家的话说:"这个专制帝国不只宣布了均平的原则,而且也主张帝国意志的权威性不为法律屏障所约束。查士丁尼与他的博学的教授们一起完成了这一发展进程。"

在此后的千年岁月中，立法应当有助于保护个人自由的观念丢失得无影无踪了。然而当立法的艺术为人们重新发现的时候，却不是任何其他法典和法律观念，而是《查士丁尼法典》及其有关统治者高于法律的观念，成了欧洲大陆的示范。

然而，在英国，古典著作家在伊丽莎白一世统治时期所享有的广泛的影响力，则帮助它开拓出了一条不同于欧洲大陆的发展路径。伊丽莎白一世去世后不久，国王与议会之间便爆发了一场尖锐的斗争，这场斗争的副产品就是个人自由。极为重要的是，这场斗争的焦点一开始就主要集中在经济政策所涉及的一系列问题上，而这些问题与我们在当下所面对的问题极其相似。对于19世纪的历史学家而言，詹姆斯一世和查理一世导致冲突的种种措施，似乎已是久远之问题而无须详考了。然而对于我们来讲，这两个国王为确立行业垄断而表现出来的种种企图所导致的问题，今天依旧存在。查理一世在当年甚至还试图将煤矿行业国有化，而且他只是在被告之这项措施将导致造反以后才放弃了这一企图。

一家法院在一著名的垄断案中曾经规定，特许生产任何产品的排他性权利乃是"对普通法及臣民自由的侵犯"。自此以后，关于将法律平等地适用于所有公民的要求，便成了议会反对国王目的的主要武器。可以说，当时的英国人要比现在的英国人更加懂得，对生产的控制永远意味着制造特权，即所谓"允许彼得做不容许保罗做的事"（Peter is given permission to do what Paul is not allowed to do）。

然而，真正引发人们对上述基本原则做出首次阐述的，则是国王在当时所做的另一项经济管制规定，这在今天看来当是壮举。当时，国王为了管制伦敦的建筑和禁止从面粉中提炼淀粉而颁布的种种新规定，引发了1610年的《控诉请愿状》（*The Petition of Grievances*）。下议院在这一著名的请愿书中指出，在不列颠臣民所享有的各项传统权利中，"他们视作最为珍贵者，即给予那些本属于不列颠君王及其成员的权利，不受任何不确定的及专断的统治，而受具有确定性的法治所引导和调整……正是基于此一根据，生成并发展出了不列颠王国人民的不容置疑的权利，即适用于他们生命、土地、身体或财物的惩罚,不能超过本国的普通法所规定者,亦不能超过其通过议会而共同同意颁布的法规所规定者"。

后来,1624年颁布的《垄断法》(the Statute of Monopolies)又引发了一场大讨论。在这场大讨论中,确立辉格党诸原则(Whig principles)的伟大鼻祖爱德华·柯克爵士(Sir Edward Coke)对《大宪章》做出了自己的解释,而他的解释此后又成为新学说的基石之一。在他所著的《英格兰法总论》(Institutes of the Laws of England)(该书一完成便由下议院发布命令予以印行)的第二编中,他论争说(与前文论及的著名"垄断案"相关):"如果特许某人垄断生产梳棉机或垄断经营某类交易,那么这种特许就侵犯了臣民的自由,因为在颁布此种特许之前,臣民可以从事这类活动或者可以合法地从事这类交易活动,因此,这种特许也就违反了这一伟大的宪章。"但是需要强调指出的是,柯克爵士不仅反对王室的特权,而且也对议会本身提出了警告:"应当根据法律明确且确定的标准来裁量一切案件,而不应当根据自由裁量这种并不确定且不公正的尺度来裁定案件。"

在查理一世与议会进行的内战期间,人们对这些问题展开了广泛而持久的讨论;正是从这一讨论中,逐渐发展出了日后支配英国政治进化的各种政治理想。我们不可能在这里从当时的论战及小册子等文献中追述此一演化进程,因为这些论战及小册子虽说包含了大量的理念,但它们只是在晚近得以重新出版后才为人们所认识。在这里,我们只能列举一些重要的理念,这些理念在成为业已确立的传统的一部分之前就已为人们反复阐述,而且在1688年光荣革命(the Glorious Revolution)以后又成了获得支配地位的党派的原则的一部分。

对于后人来说,1641年对一系列特权法庭尤其是星座法院(Star Chamber)的废除,成了查理一世与议会之战争所取得的永久性的成就的象征。所谓星座法院,套用梅特兰(F. W. Maitland)经常被引用的话来讲,就是"一个由强制实施一项政策的政客组成的法庭,而不是一个由适用法律的法官组成的法庭"。这里需要强调的是,几乎也是在那个时代,人们第一次努力去确保法官的独立性。在此后20年的论战中,如何防止政府的专断行动日渐发展成了核心问题。尽管

"专断的"一词所具有的两种含义长期以来一直被混淆,但是人们还是渐渐认识到,由于议会一如国王那样开始专断行事,所以一项行动是否属于专断,并不取决于此项权力的渊源,而是取决于该项行动是否符合既已存在的一般性的法律原则。在当时,人们最经常强调的论点乃是:既已存在的法律如果没有规定,就不能进行惩罚;一切法规只具有前涉力,而不具有溯及既往之力;所有行政官员的自由裁量权都应当受到法律的严格限制。其间,贯穿始终的支配性观点便是"法律应当为王",或者一如当时的一部政论性小册子的书名所表述的那样,《法律即王》(*Lex, Rex*)。

随着时间的推移,渐渐又在应当如何保障上述基本理想的方面形成了两个至关重要的观念:一是成文宪法的观念,二是权力分立的原则。在1660年1月,亦即在王政复辟之前,人们以"威斯敏思特之议会宣言"(Declaration of Parliament Assembled at Westminster)的方式做出了极大的努力,即在一份正式的文件中陈述了宪法所应具有的诸项基本原则,其间包含了一段惊世骇俗的文字:"对于一个国家的自由来讲,最为至关重要的乃是人民应当受到法律的统治,正义或司法只有通过对弊政负有说明责任来加以实现。据此我们进一步宣告,任何涉及本国每个自由人的生命、自由和财产的诉讼,都应当依本国的法律进行裁定,而且议会不得干预日常行政,也不得干涉司法机构的活动。规定人民享有免受政府之专断的自由,乃是本届议会的重要原则(原文如此),一如此前的各届议会所规定的重要原则那般。"如果说,权力分立原则于此后并未完全成为"人们所普遍接受的宪法原则",那么我们至少也可以说,它仍旧是主流政治学的一个部分。

在此后的一百年间,所有上述观念,不仅在英国,而且在美国和欧洲大陆,都产生了决定性的影响,但是必须指出的是,这些观念乃是以其在1688年斯图亚特最终被驱逐出王位以后所获得的那种简略且综合的形式,继续发挥它们的影响力的。虽说当年有一些论著与约翰·洛克《政府论下编》(*Second Treatise on Civil Government*)一书具有同样的影响力,甚至比它更具影响力,但是洛克的大作却是其间影响力最为久远者,因此我们必须对其详加讨论。

洛克的著作长期以来一直被认为主要是对光荣革命所做的综合性的哲学论证，他的原创性贡献主要在于他对政府之哲学基础所做的广泛思考。人们对于这些思考所具有的价值，可能是仁者见仁，智者见智，但是洛克著作至少在当时极为重要的一面，亦同时是我们在当下所关注的一面，乃是他对当时处于支配地位的政治学说及实践原则所做的清理爬梳和集大成的工作。对此人们都赞同，他所整理的学说及原则，应当被认为是此后控制政府各项权力的基本原则。

洛克在其哲学的讨论中，所关注的虽说是权力合法化的渊源以及一般意义上的政府目的这类问题，然而他所关注的事实问题却是权力——不论是谁在实施这样的权力——如何才能够避免堕落成专断性的权力："处在政府统治之下的人们的自由，即是他们须有长期有效的规则作为生活的准绳可以依循，这种规则为该社会一切成员所共同遵守，并为此社会所建立的立法机构所制定。在规则未加规定的情形下，人们在一切事情上都有按照自己意志行事的自由，而不受他人的反复无常的、不确定的和专断的意志的支配。"他的论点主要是反对那种毫无规则可循且极不确定地滥用权力的做法，此处的重要问题在于，"谁拥有国家的立法权或最高权力，谁就有义务根据既已确立的、向全国人民颁布周知的、长期有效的法律来实行统治，而不得以即时性的命令来实行统治；应当由公正无私的法官根据这些法律来裁判纠纷；而且对内只能为了执行这些法律，国家才可以使用其所拥有的各种力量。甚至就是立法机构也不得享有'绝对的专断权力'"，"不得赋予自己以权力，以即时性的或朝令夕改的专断律令来进行统治，而是有义务以颁布长期有效的法律的方式并由有资格的著名法官来执行司法和裁定臣民的权利"，同时"法律的最高实施者……自身并没有意志，也没有权力，有的只是法律的意志和权力"。洛克不承认任何主权者的权力，其论著亦因此被人们认为是对主权观念本身的抨击。他所提出的用以防止滥用权力的主要的实际手段便是权力分立，但是他对于这个问题的阐释却没有其前人那么明确，阐述之方式也并不为常人所熟知。洛克主要的关注点在于如何限制"那些拥有司法权力的人的自由裁量权"，但是他却未能提供任何特别的防御性措施。然而，他贯穿始终的终极性目的乃是我们在当下经常称之为的"对权力的制约":人们"之所以选择并授权一立法机构"的目的,"乃在于它可以制定法律、确定规则,以保障和捍卫所有社会成员的财产权,以限制并缓和该社会的任何成员或任何机构的权力及支配权"。

从公众舆论接受一理想到该理想为政策所完全体现,其间存在着很大的距离,或者说需要很长的时间。法治这个理想的实施便是一例。在法治理想尚未得到完全实施的时候或者说还未来得及完全实施的时候,法治的发展进程便在两百年以后又被倒退了回去。无论如何,法治理想得以巩固的主要时期,乃是 18 世纪上半叶,当时法治的理想正渐渐地渗透进人们的日常生活实践之中。从《1701 年王位继承法》(*The Act of Settlement of* 1701)对法官独立性的最终确认起,经由议会于 1706 年最终通过的公民权利剥夺法案那个事件(该事件不仅最终导致人们对所有反对立法机构这种专断行为的论点进行了重述,而且还促使人们对权力分立原则予以了重新确认),直至 18 世纪中叶,这个时期虽然是法治理想推进较缓的时期,但却也是 17 世纪英国人为之斗争的绝大多数原则得以平稳扩张的一个时期。

我们在这里可以简要地讨论几个在当时具有重要意义的事件,例如一位下议院议员重述"法无明文规定不为罪不惩罚"(nullapoena sine lege)这一基本原则的事件①,但是,直至今天竟然还有人认为该项原则不属于英国法律。约翰逊议员指出:"无法,即无所谓违法之事,此项原则不只是经普遍同意所确立者,而且其本身也是可以自证的且无可否认的。先生们,我们据此可以同样确认无疑的是,无违法之事,亦就无惩罚可言。"另一个事件是指卡姆登勋爵(Lordy Camden)对"Wilkes 案件"的审理。他在审理该案时明确指出法院只关注一般性原则,而不关注政府之特殊目的,或者一如人们有时对卡姆登勋爵的立场所做的解释那样,他认为公共政策并不能成为法院审理案件的根据。从其他方面来看,进展更是缓慢,这样讲很可能

---

① 指约翰逊博士(Dr. Johnson)报告纠纷各方观点和审判意见时对此一原则予以重述的事件。

是确切的，即从最贫穷者的角度来看，法律面前人人平等的理想，在相当长的一段时间中一直是一个颇有疑问的事实。但是我们必须强调指出的是，如果说根据上述理想之精神改革法律的进程是缓慢的，那么这些原则本身在当时已不再是什么可争议的问题了，因为这些原则已不再是一党之见，而且亦已渐渐得到了托利党人的完全接受。然而，从其他一些方面来看，演化进程却并没有趋向于这些理想，而是背离了它们。尤其是权力分立原则，尽管从整个18世纪的角度来看，它可以被视为英国宪法最具特殊性的特点，但是随着现代内阁政府的发展，权力分立原则却越来越转向了理想的层面，而不再是一种确定无疑的事实。此后随着议会对无限权力的主张，它很快又背离了上述诸原则中的另一项原则，即立法机构不得拥有专断权力。

18世纪下半叶所产生的对上述诸理想的逻辑一贯的阐述，在很大程度上决定了此后一百年的观点取向。正如一般情况所常常表现的那样：此类观念得以传播至公众，主要是通过历史学家对事件的解释，而较少是通过政治哲学家和法学家的系统阐述予以实现的。在这些传播者当中，最具影响力的乃是大卫·休谟，他在他的著作中反反复复地强调了一些非常重要的问题，而且人们也恰当地指出：对于他来讲，英国历史的真实意义在于"从意志的统治到法律的统治"（a government of will to a government of law）的演化。在大卫·休谟所著的《英国史》（History of England）一书中，至少有一段观点独到的文字值得在此处引证。他在论及废除星座法院时指出，"当时在世界上所存在的各种政府，或在历史记载中可以发现的政府，都是与某种专断权力相伴随存在的，而这些权力则掌握在某些行政官员的手中。因此在此之前，人们似有理由怀疑，人类社会如果不采用其他控制手段而只凭一般性的及钢性的法律和平衡之原则，能否达到那种完美之境况。但是，英国的议会却正确地认为，国王在众行政官员中是最为独特的一员，以至于不能被信托为自由裁量权，因为他极容易用这种权力去摧毁自由。结果，在废除星座法院这一事件中，议会发现，严格遵循法律的原则虽会导致某些不便，但因捍卫此一原则所获裨益足以超过那些微小的不便，据此，英国人应当永远感激他们的先辈，牢记他们的成就,因为是他们历经无数次的抗争最终至少确立起了这一崇高的原则。"

在18世纪晚期,对于上述理想,人们所采取的一般做法是视它们为当然,而不是对它们进行明确的阐述,所以当现代的读者试图理解亚当·斯密及其同时代人所指的"自由"含义时,便只有去猜测他们对上述理想的理解了。只是在一些偶然的情况中,一如在布莱克斯通(Blackstone)所著的《英格兰法释义》(*Commentaries*)一书中的情况那样,我们才可以发现那种力图阐释某些具体观念的努力,如法官独立性的重要意义和权力分立的重要性。同样也是在布莱克斯通的这部大作中,我们方能发现那种通过定义的方式澄清"法律"之意义的努力,如他将法律界定为"一种规则,它既不是一种由上级发布的即时且暂时的命令,也不是一种针对某个特定的人所发布的即时且暂时的命令。它是一种具有恒久性、一致性和普遍性的规则"。

当然,关于上述理想的许多最为著名的阐述,可以从埃得蒙·伯克(Edmund Burke)的一些为人所熟知的文字段落中发现。但是,关于法治原则最为详尽的阐述,很可能见之于帕雷(William Paley)的著作,他被后人誉之为"编纂时代的伟大的思想编纂者"。在这里,我们有必要对他的观点做较大篇幅的征引。他指出:"一个自由国家的首要原则乃是,法律应当由一部分人制定,并由另一部分人实施。换言之,立法与司法的性质必须加以严格的区分。当此类职责集于同一个人或同一个机构时,他或它就往往会因为徇私情而制定出规定特定情形的特定的法律,旨在实现一己的目的。如果立法机构与司法机构分立,那么立法机构就会制定出一般性的法律,因为立法者在立法之时无须亦无从预见这些法律将对谁产生影响。而在法律被制定出来以后,它们则必须由另一部分人亦即司法机构来实施,即让这些法律去影响它们将影响的人……如果法律将要影响的当事人和利益群体先就为立法者所知,那么立法者就必然会倾向于一方或另一方;如果不仅没有既定的规则来调整立法者的决定,而且也没有超乎于其上的力量去控制立法者的程序,那么立法者的偏向就将严重侵损公共正义的完整性。而这种境况必将导致,这样一种政体下的臣民就会生活于没有恒定之法的境况之中,这即是说,生活于没有任何众所周知的先已确立的司法规则的境况之中;或者说,这些臣民即使生活于有法律的境况之中,这些法律也是为特定的人而制定的,其间充满了矛盾和这些法律所赖以产生的种种不公正的动机。

"英国已然通过立法职能与司法职能的分立而有效地防止了上述危险。议会并不知道它所颁布的法令将会影响哪些个人;议会在立法时亦无须考虑任何案情或当事人;议会亦无须服务于任何私人的计划。因此,作为权力分立的结果,议会在进行决策时就会去考虑普遍效果和普遍趋势,而这定将产生无偏袒的且通常极具裨益的法则。"

伴随着18世纪的终结,英国对于自由诸原则之发展的重大贡献亦告终结。尽管麦考利(Macaulay)为19世纪做出了一如大卫·休谟为18世纪所做的贡献,尽管团结在《爱丁堡评论》周围的辉格党知识分子和遵循亚当·斯密传统的经济学家如约·雷·麦克库洛赫(J. R. MacCulloch)和西尼尔(N. W. Senior),仍旧在思考传统意义上的自由问题,但却很难说有什么新的发展。新自由主义(new liberalism)渐渐替代了辉格主义,并越来越多地受着哲学激进派及法国传统的唯理主义取向的影响。边沁及其功利主义者(Utilitarians),对迄至当时英国宪政中大多数最令人称颂的特征予以了蔑视和抨击,进而在很大程度上摧毁了英国自中世纪承袭下来的部分信念。他们为英国引入了此前根本不存在的东西——即企图根据唯理原则全盘重构英国的法律和制度。

那些受法国大革命理想所引导的人士,一般都对英国传统的自由原则缺乏理解,其中最显见的例证可举英国人赞颂法国大革命的早期先驱之一普赖斯(Richard Price)博士。早在1778年,他就指出,"当自由被说成是'一种法律统治而非人的统治'的时候,对它的这种界定也就可以被认为是一种极差的定义。如果法律在一国中由一个人制定,或由某个小集团制定,而不是经由共同同意而制定,那么由这些人制定的法律而进行的统治实无异于奴役"。八年以后,他出示了一封杜尔哥(Anne Robert Jacques Turgot)写给他的赞美的信函,"阁下乃是贵国确当阐释自由观念的最早几个论者之一,是你们指出了为几乎所有共和政体论者（republican writers）反复称颂的观念所具有的谬误，即'自由在于只受制于法律'"。自此以后，基本上是法国的政治自由观念渐渐取代了英国的个人自由理想，直至19世纪中叶，此一进程方告结束，因为在那个时候，"大不列颠拒弃了法国大革命所赖以为基础的那些理念，并导向了对拿破仑的抵抗，这时那些传统的英国理念才重新获致胜利"。尽管在英国，17世纪获致的大多数成就得以延续到19世纪以后，但是我们仍须对构成这些成就基础的理想在其他国度所得到的进一步发展进行详考。

（四）美国的贡献：宪政

欧洲似已无力成为自由国度的家园。下述显见的观念却在美国获致了支配地位：人应当可以从事其自己的事业，国家当就其行为对上帝负责（当然，这些观念早已存在于那些孤寂的思想者的心中，并隐含于诸多拉丁文献之中）；此后这些观念在"人权"（the rights of man）的旗帜下，像征服者一样风扫它们注定要变革的世界各地。

——阿克顿勋爵（Lord Acton）

"在1767年，亦即当现代化的英国议会——它至今信奉无限的且不可限制的议会主权（parliamentary sovereignty）原则——发表宣言称议会之多数可以通过或批准任何它认为适宜的法律的时候，这个宣言在其各殖民地遭到了极为狂热的反对。麻省的詹姆斯·奥蒂斯（James Otis）、弗吉尼亚的帕特里克·亨利（Patrick Henry）以及其他沿海殖民地的领袖人物都愤怒地大呼'叛逆'！'我们仍要《大宪章》'！他们坚持认为，英国议会所宣称的这种原则摧毁了他们的英国先辈曾为之奋斗的所有理想，亦扼杀了英国的圣贤及爱国志士为之献身的那种美好的盎格鲁撒克逊式自由的品格。"据此，现代美国追求"多数无限权力"的一位热情倡导者认为，这场论战启动了一场运动，而这场运动则引发了确保个人自由的新的努力。

这场运动在初始时所依据的完全是英国人的传统的自由观念。埃得蒙·伯克和其他支持殖民地人民的英国人,不仅将殖民地人民视作"献身于自由的人,而且更视作是献身于那种立基于英国人观念及英国人原则的自由的人",当然不只是他们这样认为,即使是殖民地人民自己长期以来也一直持有这样的看法。他们认为,他们所捍卫的乃是1688年辉格革命的诸原则,而且"由于辉格政治家推崇华盛顿将军,欣喜于美国一直处于抵抗之中并执著地要求对美国的独立予以承认",所以殖民地人民也推崇支持他们的威廉·皮特(William Pitt)和辉格政治家。

在英国,当议会赢得彻底的胜利以后,人们却似乎忘记了下述观念:即任何权力都不应当是专断的以及一切权力都应当为更高级的法律所限制。但是,殖民地人民在当时却依旧坚奉这类观念,并在英国议会主张无限权力的时候转而用这些观念来反对议会本身。他们所反对的不只是他们未能在英国议会中获得议席,而且更是该议会对其权力所做的毫无限制的主张。由于殖民地的领袖人士将那种依更高级原则(higher principles)对权力进行法律上的限制的原则适用于议会本身,所以那种进一步发展自由政府之理想的创议在美国人那里得到了广泛的传播。

美国人特别幸运,其他民族似乎都不及他们,因为在他们的领袖人士当中有不少是深刻的政治哲学家。一个显见的事实是,从当时的情况看,这个新兴的国家在许多方面仍极为落后,但是人们却能够说,"在政治科学领域中,美国处在第一流的地位。在这方面,有六位美国人被认为可与最为优秀的欧洲人相伯仲,这些欧洲人包括亚当·斯密、杜尔哥、穆勒及洪堡(Humboldt)"。更有进者,他们还一如17世纪的英国思想家那般通晓古典传统,而且对于英国思想家所提出的种种理念也可谓是了如指掌。

在美国独立战争爆发之前,与宗主国发生冲突的殖民地人民所提出的各种主张和要求,所依据的完全是他们作为英国臣民视自己有资格享有的权利和特权。只是当他们发现他们曾经坚定信奉的英国宪法诸原则已丧失了其实质意义而且也已不能为人们有效地加以运用以抵抗英国议会的要求或主张的时候,他们才断言必须重新建构业已失去的宪法基础。他们认为,这个基础性原则就是:一部"确定的宪法"(a fixed constitution)乃是任何自由政府的必要基础,而且这样一部宪法还意味着有限政府。此外,他们还从自己的历史中熟悉了一些界定并限制政府权力的成文文献,如《五月花协定》(May flower compact)及各种殖民地宪章。

殖民地人民的经验还使他们获知,任何配置和分配各项权力的宪法,都必须限制所有权力机构的权力。尽管人们可以设想一部宪法只限于规定程序问题并只决定所有权力的渊源问题,但是,他们绝不可能认为,那种仅规定某人或某机构所说者将成为法律的文献就是"宪法"。殖民地的人民认为,一旦这样的文献将各种具体权力授予了不同的权力机构,它也将限制它们的权力,这不仅是从其应予追求的目的或目标的角度来讲的,而且也是从其应予适用的方法的角度来讲的。对于殖民地的人民而言,自由意味着政府只应当有权采取为法律所明确规定的行动,从而任何人都不得拥有专断性权力。

宪法的观念也就这样与代议政府的观念紧密地联系在一起了,在这里,代议机构的权力受到授予其特定权力的文献的严格限制。一切权力来源于人民的原则,与其说是指代表必须经常重选,不如说是意指这样一个事实,即人民——被组织成一个立宪的群体——拥有排他性权利以决定代议立法机构的权力。宪法因此而被认为是对人民的保护,以抵抗一切专断性的行动,不论是立法机构所为,还是其他政府部门所为。

以如此之方式限制政府权力的宪法,除了应当包括那些调整权力之渊源的规定以外,还必须包含实际有效的实质性规则。宪法还必须规定一般性原则,以调整或支配被授权的立法机构所颁布的法规法令。因此,宪法之理念所涉及的不仅是权威或权力的等级观,而且还涉及规则或法律的等级观,在这里,那些拥有较高等级的一般性规则或法律以及那些源出于较高权威机构的规则或法律,控制着那些由被授权立法的机构所通过的较为具体的法律的内容。

一项更高级法律支配常规立法的观念,乃是一渊源极为深远的观念。在18世纪,此一更高级的法律通常被认为是"上帝之法"(Law of God)、自然法（Law of Nature）、理性法（Law of Reason）。但是需要明确指出的是，那种主张通过将更高级法变成书面文献的方式而使它成为明确易解、便于实施的观念，在当时虽非一全新的观念，然却是由进行独立革命的美国殖民地人民最早付诸实施的。事实上，各个殖民地在编纂这种较之常规的立法具有更广泛基础的更高级法律方面，已经做出了初步的尝试。但是，对世界其他国家或地区产生深刻影响的宪法模式，则是美国的《联邦宪法》。

宪法与常规法律间的根本区别，类似于一般性法律与法院将它们适用于某个具体案件之间的区别，一如在审理具体案件时法官要受制于一般性规则那般，立法机构在制定具体法律时也必须受制于更为一般性的宪法诸原则。证明上述区别为正当的理由，也适用于下述两种情形：一如司法审判只有在符合一般性法律的情形下才被认为是正当的那般，特定的法律也只有在符合更为一般性的原则的情形下才被认为是正当的；正如我们要防止法官出于某个特定理由而侵犯法律那般，我们也要防止立法机构出于即时的或临时的目的而侵损某些一般性原则。

我们对坚奉此一原则的必要性所依据的理由，已在上文做了讨论。正是追求即时性目的的人，易于——或者说，由于他们智识的局限性，因而事实上必定会——违反那些他们本希望看到人们普遍遵守的行为规则。由于我们心智能力的局限，所以我们所追求的即时性目的会始终笼罩着我们的视线，并趋向于使我们为了这些即时性目的而牺牲长远的利益。因此，无论是从个人行动还是从社会行动来讲，我们只有在进行具体决策时服从一般性原则（而不论即时性的需求为何），方能够达致一定程度的合理性或连续一贯性。如果我们考虑总体的累积性效果，那么我们就可以说，立法与其他任何人类活动一样，都不能没有一些原则的指导。

立法机构，一如个人，如果发现必须明确否弃那些正式颁布的原则方能采取某些措施以实现某个重要的即时性目的，则一定会对是否采取这些措施持较为谨慎的态度。违背一项特定的债务或背弃一项允诺，与明确陈述这些契约或允诺在哪些一般性的条件下可以被违背或背弃,是两个不同的问题。制定一部具有溯及力的法律以及通过法律授予个人以特权或对个人强施惩罚,也与否弃那个规定永远不应当采取上述措施的原则的做法,实是两个不同的问题。立法机构为了实现某个伟大的目标而侵犯财产权或言论自由,与它必须陈述这些权利可以被侵损的一般性条件,实是两个更不相同的问题,不可混为一谈。

对立法机构的行动得以合法的那些条件加以陈述,很可能具有正面效用,即使是要求立法机构本身对这些条件做出陈述,情况亦无不同。这在很大程度上类似于法官被要求对其进行审判所依据的诸项原则做出陈述一般。但是我们需要强调指出的是,如果只有另一个机构(而不是立法机构)有权修正这些基本原则,尤其此一机构的程序相当复杂,从而允许人们有时间在整个程序的恰当阶段认清那个要求修正基本原则的特定目标的重要性,那么显而易见,它将具有更多的正面效用。这里值得指出的是,在一般意义上讲,创建制宪会议或与此类似的机构的目的,乃在于规定最一般性的统治原则,因此这类立宪机构被认为只具有此项权力,而不具有通过或颁布任何具体法律的权力。

在这一方面,人们经常使用的说法乃是"请求复审"(appeal from the people drunk to the people sober),但此一说法只是强调了一个极为宽泛的问题的一个面相,而且由于这个说法太过随意,故它极可能会遮蔽而非澄清其间所涉及的颇为重要的问题。这里的问题并不只是一个提供时间以使情绪冷静下来的问题,尽管这个问题有时也极为重要,而是须认识到人们的能力一般不足以明辨和把握某一特定措施所具有的一切可能的效果,以及人们若要将他们的个别决定融入一连贯一致的整体之中,那么他们就只有依赖于一般性的概括或原则,而别无他法。"人们考虑他们利益的最为有效的方式,便是普遍且坚定地遵循法律规则的方式。"

众所周知的是,一种宪政体制并不意味着要对人民的意志加以绝对的限制,而只是要将即时的目标从属于或服从于长期的目标而已。实际上,这意味着人们必须根据此前的某个多数早已确立的一般性原则,对即时多数(temporary majority)为了实现特定目标而购资运用的手段加以限制。或者换一种说法，它意味着人们之所以同意服从即时多数对特定问题的意见，是以下述认识为基础的，即这一即时多数将服从一个代表性更为广泛的机构先已确定的更具一般性的原则。

此种权力的分立所具有的深刻含义，远远超过了其表层意涵。它意味着对人们所具有的审慎思考理性的能力之局限性的承认，而且主张对已获证明的各项原则的依赖要优于对特定的解决方案的依赖，更有进者，它还意味着规则的等级未必以明确陈述的宪法性法律的规则为最高等级。与支配个人心智的那些力量相同，有助于形成社会秩序的各种力量也是多层面的，甚至宪法也立基于（或预设了）人们对一些更为基本的原则的根本同意，尽管这些原则可能从未得到明确的表达，但是它们先于成文的基本法以及对这种基本法的同意而存在，而且正是它们的存在，才使这种基本法以及对它的同意具有了可能。我们绝不能因我们已学会了根据审慎的思考去制定法律的方法，从而就认为一切法律都必须由我们根据审慎的思考进行制定。相反，人们之所以能够组成一个有能力制定法律的社会，乃是因为他们早就享有一些共同的信念，正是这些共同的信念使他们有可能展开讨论和彼此劝说，而且明确阐述的规则为了被人们承认为合法，亦须与这些共同信念相符合。

依据上文所述，我们可以推知，任何人或任何群体在把他或他们所赞同的法律强制适用于他人的方面，都不享有完全的自由。然而，对于这个问题也存在着一种相反的看法，它构成了霍布斯式的主权观念（Hobbesian conception of sovereignty）的基础（而且法律实证主义也源出于此一观念）。通过分析，我们可以发现，这种观点实际上出自于一种谬误的唯理主义，此种唯理主义居然认为理性是自主的且自决的，并且在根本上忽略了这样一个事实，即一切理性的思想都活动于一理性不及的信念及制度的框架之中。宪政意味着一切权力都立基于下述认识，即必须根据为人们所共同接受的原则行使权力，被授予权力的人士须经由选举产生，然而选举他们的理由乃是人们认为他们极可能做正确的事情，而不是为了使他们的所作所为成为"应当正确"的事情。归根结底，宪政立基于这样一种认识，即权力从终极上看终究不是一种物理事实,而是一种使人们服从的观念状态。

只有那些煽动民心的政客才会认为,人民用长期决策和他们所信奉的一般性原则来限制即时多数的权力的做法是反民主的。这些限制权力的措施在过去被认为是对人民的保护,使他们得以对抗那些他们必须赋予其权力的人,而且从现在来看,它们也是人们在确定他们将生活于其间的秩序的一般特性时所能够依凭的唯一手段。由于这些掌握权力的人接受了一般性的原则,所以他们在处理特定问题时就会有所顾忌,甚至感到束手束脚,这种现象是不可避免的。这是因为只有通过制止使用那些为多数成员所不希望被适用于他们自己的措施,这些多数成员在变成少数时才能阻止其他人采用这类措施。事实上,遵循长期原则,与只注重对特定问题所做的"头痛医头、脚痛医脚"的决定相比较,能使人们更好地控制政治秩序的一般性质。一个自由的社会当然需要有限制政府权力的持久性手段,而不论即时的特定目标为何。新兴的美国所确立的《联邦宪法》,绝对不只是一种对权力渊源的规定,而且还是一部保障自由的宪法(a constitution of liberty),亦即一部能够保护个人以反对一切专断性强制的宪法。

从发表《独立宣言》(the Declaration of Independence)到制定《联邦宪法》经过了十一个年头(即1776—1787),这段时间可以说是十三个新独立的州对宪政诸原则进行尝试的阶段。从某些方面来讲,这些州各自颁布的宪法要比最终颁布的十三州《邦联条款》(Constitution of the Union)更为明确地表现出了对政府一切权力的限制在多大程度上是宪政的目标,其中最为重要的一点,我们可以从它们赋予个人权利的不可侵犯的显著地位看出,这些权利规定或是被纳入各州的宪法性文献之中,或是被确定为一独立的《权利法案》(Bills of Rights)。尽管这些规定当中有许多只是对殖民地人民曾实际享有的权利的重述,或者说是对他们曾被认为始终应当享有的权利的重述,而且尽管新规定的大多数权利也只是针对当时颇具争议的问题而仓促制定的,但是无论如何,它们却都明确地表明了宪政对于美国人民的意义。此类规定不止一处预先设定了那些最后促成《联邦宪法》得以诞生的大多数原则。其间最为重要的一项原则便是,一如先于1780

年麻州宪法而颁布的州《权利法案》所表述的那样，政府应当是"法治的政府，而非人治的政府"（a government of laws, not of men）。

在这些《权利法案》中，最为著名者首推弗吉尼亚州的《权利法案》。这部《权利法案》的起草和通过不仅早于《独立宣言》，而且它也是以英国及殖民地的先例为示范的，因此我们可以说，它在很大程度上构成了其他各州权利法案的示范，而且也成了1789年《法国人权宣言》（The French Declaration of the Rights of Men and Citizens）的示范，而通过《法国人权宣言》，它在此后又成了欧洲一切与此类似的权利文献的范本。从大体上来讲，美国各州于当时颁布的各项《权利法案》以及它们的主要规定，已为当下的人们所熟知。然而，这些规定当中有一些规定，虽是这些《权利法案》鲜有涉及的，但却值得我们在这里予以列举，例如，有四个州的《权利法案》规定了禁止具有溯及力的法律，又例如有两个州的《权利法案》规定了"禁止永占权和垄断权"。同样重要的是一些州的宪法以明确且严格的文字规定了权力分立的原则——实际上，此一原则在被违反时要比它在被遵守时更能得到人们的尊重，因此也就更为重要。这些州宪法所具有的另外一个较为普遍的特征便是对"自由政府的基本原则"的诉诸，尽管这点对于当今的人士来说不过是修辞文饰而已，但对于当时的人来讲却是极为重要的。就这一点而言，好几个州的宪法都做了规定，而且它们都反复重申，"对基本原则的反复强调，乃是确保自由之赐福的绝对的必要条件"。

的确，在很大程度上讲，上述极可称颂的原则在当时还只停留在理论的层面，而且各州立法机构也都很快倾向于像英国议会先前所为的那样主张无限权力。事实情况也无疑如此，"根据大多数州所颁布的革命的宪法，立法机构的确拥有了无限的权力，而行政机构则相应软弱无力。上述几乎所有的宪法性文献，都赋予了立法机构以实际上并无限制的权力。在六个州的宪法中，竟然没有任何规定可以阻止立法机构根据常规立法程序进行修宪"。即使有些州的宪法没有赋予立法机构这种无限的权力，但这些州的立法机构也常常以专横的方法无视宪法的规定以及为这些宪法所旨在保护的但却未明文规定的公民权利。当然，要发展出制止这些滥用权力的明文规定的保障手段，是需要时间的。十三州邦联时期的主要教训就是：仅在书面上规定宪法，而不同时提供明文规定的机构对之加以实施，这无异于纸上谈兵，从而对现状的变革亦显然于事无补。

人们有时对美国制定宪法的事实大为称道，认为美国宪法乃是一设计的产物，是近代历史上一个民族深思熟虑建构的一种他们希望生活于其间的政府制度。美国人自己也极为清楚地意识到了他们所从事的事业的独特性质，因此在某种意义上的确可以说他们受着唯理主义精神的指导，这种唯理主义精神即是一种追求审慎思考的建构和实用主义的发展过程的欲图，它更接近于我们所谓的"法国传统"，而非"英国传统"。此一态度还常常因下述两种倾向得到了强化：一是人们对传统的普遍怀疑；二是过度自傲于这样一个事实，即新的结构完全出自于他们自己的建构。尽管新的结构完全出自于美国人自己的建构这种说法，在美国宪法这一事例中要比在许多其他相似的情形中更有道理，然而我们必须指出，这种观点在根本上仍是错误的。值得人们注意的是，最终形成的政府架构与前此任何明确预测的结构之间存在着多大差异？其结果又有多少是因为历史偶然所致，或者说其结果有多少是因为将继承来的原则对一新情境的适用所致？《联邦宪法》所包含的种种新发现，既可能出于将传统原则对特定问题的适用，亦可能只是作为被人们模糊认识到的一般性观念的结果而表现出来的。

当联邦制宪会议（The Federal Convention）——被责成"使联邦宪法更适合于处理联邦之紧急事务"——于1787年5月在费城召开时，联邦主义运动的领袖发现他们面临着一个两难困境：一方面每个人都承认邦联的权力尚不足够，因此必须加强；但在另一方面，当时的主要关注点仍是限制邦联政府的权力，此外，力求改革的动机更是为了制止各州立法机构僭取权力。美国独立以后头一个十年的经验表明，它只是在某种程度上将其侧重点从提供保护以防专制政府的干预转移到了对一个有效的共同的政府的创建。但是，头一个十年的经验亦为人们质疑各州立法机构所主张的无限权力提供了新的根据。不过在当时，几乎没有人预见到：对上述第一个问题的解决，也将为解答第二个问题提供答案;再者,将一些基本权力转交给联邦中央政府掌握,而同时将其他的权力留给彼此独立的各州掌握,也同样能够有效地限制各级政府的权力。显而易见,正是麦迪逊(Madison)"提出了这样一种观念,即对私人权利提供充分保障的问题以及给美国中央政府提供足够权力的问题,最终乃是同一个问题,因为一个强大的美国中央政府能够成为一种对抗各州立法机构所具有的膨胀特权的平衡力量"。因此,这个重大的发现后来被阿克顿勋爵描述成,"在所有对民主的制衡措施中,联邦制一直是最为有效的和最为适宜的措施……联邦制度限制并制约了主权性权力,而它所依凭的方法一是对此权力进行分立,二是只赋予联邦政府以某些界定明确的权力。联邦制度不仅是制约多数的唯一方法,而且也是限制全体人民的权力的唯一方法;此外它还为创建第二院提供了最强硬的基础,而这种第二院的制度一直被认为是对每一个真正的民主制度中的自由的根本保障"。

然而,在不同的权力机构中进行分权,之所以始终能够减少其间任一机构所能行使的权力,其原因并不是人人都能够理解的。首先,彼此分立的权力机构会通过彼此的忌妒而阻止对方僭越自己的权力;其次,更为重要的乃是这样一个事实,即实施某些类型的强制,需要对不同的权力予以共同的和协调一致的使用,或者要求对若干种手段加以共同的和协调一致的运用,因此,如果这些手段操握在彼此分立的机构的手里而得不到协调运用,那么任何机构都根本不可能实施上述类型的强制。就这一点而言,各种各样的经济管制措施为我们提供了最好的说明,因为这些经济管制措施只有在实施它们的权力机构也能控制跨越其管辖领域的人及货的运动时方能有效。如果该权力机构只具有控制其域内事务的权力而不具有控制跨越其管辖领域之事务的权力,那么它仅凭自身的有限权力,就不可能实施需要共同使用上述两项权力方能实施的政策。因此,所谓联邦政府是一有限政府,乃是在一极为明确的意义上讲的。

美国《联邦宪法》与此处讨论相关的另一个重要特征,乃是其保障个人权利的规定。一开始决定不将一项《权利法案》纳入美国《联邦宪法》之中的各种理由,与后来说服那些甚至一开始就反对将

《权利法案》纳入宪法的人士的种种理由，在美国宪法保障个人权利的规定方面，具有同等重要的意义。亚历山大·汉密尔顿（Alexander Hamilton）在《联邦党人文集》（*Federalist*）一书中明确阐述了反对将《权利法案》纳入美国宪法的理由，他指出，"将《权利法案》列入拟定的宪法之中，不仅毫无必要，甚至还会造成危害。《权利法案》会对那些未授予政府的权力做出各种限制性规定。而正因为如此，《权利法案》将为政府要求获得多于已授予的权力的主张提供貌似有理的借口。既然政府无权处理那些事务，那么为何还要宣布不得处理它们呢？例如，既然未授权政府对出版自由设定各种限制，那么为什么还要声明出版自由不应当受到限制呢？我并不认为这样一种规定将授予政府以某种处理权，但是显而易见的是，它将为那些有意擅权的人提供主张此项权力的貌似有理的借口。他们可能以似是而非的理由声称：宪法何能如此荒谬，竟然会限制政府滥用未曾授予的权力，而关于不得限制出版自由的规定则提供了一个明示，即其旨在授权政府得以制定有关此事的适当法规。这无疑是建构性权力论者所能抓住的诸多把柄中的一个例证，而这种结果则是那些鼓吹《权利法案》的人的盲目热情造成的"。

上述反对将《权利法案》纳入《联邦宪法》的基本理由因此在于：美国宪法旨在保护的个人权利，其范围远远超过了任何文献所能穷尽列举者，而且对某些个人权利的明确列举，有可能被解释成未被列举的权利未得到宪法的保护。经验业已表明，人们完全有理由担忧，任何《权利法案》都不可能充分陈述"一般性原则中所意指的"一切权利，"而这些原则乃是我们的各种制度所共同奉享的"，而且人们也完全有理由担忧，即使列举出某些权利，似乎也意味着其他一些权利未得到保护。但在另一方面，人们也很快认识到，在美国宪法必须授予政府的权力当中，一定有一些权力是可能被用来侵损个人权利的，因此有必要对这类个人权利加以特殊的保护，而且，由于美国宪法在正文中已经提及了这样一些需要特殊保护的个人权利，所以再增加制定一部载有更为详尽的权利规定的法案则定会有助益而无弊害。稍后又有人指出，"《权利法案》极为重要，而且常常是不可或缺的，只要它得到运用，就无异于对人民实际赋予政府的各种权力的一种限制。这是宗主国的诸项权利法案、殖民地宪章及法律中的诸项权利法案和各州宪法中的诸项权利法案的真正根据之所在"，而且"《权利法案》也是对抗人民自己采取的非正义的和压制性的行动的一项重要的保护措施"。

人们在当时就如此清楚认识到的危险，通过《联邦宪法》第九条修正案所谨慎规定的但书而得到了防范，该但书规定，"本宪法对一些权利的列举，不得被解释为对人民所保有的其他权利的否定或蔑视"——但是此一规定所具有的意义，后来却被人们彻底遗忘了。

在这里，我们还必须简略地论及美国《联邦宪法》的另一个特征，以免使人认为，自由的倡导者对美国宪法所抱有的一以贯之的崇尚也必然可以扩展至此一方面，尤其是将它视作同一个传统的产物。权力分立原则，使总统制的共和国得以形成，在此一制度中，行政首脑（即总统）直接从人民那里获得权力，因此他可以属于一个并非控制着立法机构的党派。此外，我们还将在下文中看到，对此一安排赖以为基础的这个权力分立原则的解释，绝不是由它所服务的目的所要求的。对行政机构的效率设置这样一种特殊的障碍，我们很难发现这样做的益处何在，而且我们有充分的理由认为，美国《联邦宪法》的其他优长之处，如果不与这个特征相结合，将更加凸显出来。

如果我们认为美国《联邦宪法》的目的主要在于制约各州立法机构，那么显而易见的是，它就必须做出相应的制度性安排，即以类似于适用其他法律的方式适用这些制约性措施——例如通过法院的方式。一位认真仔细的法律史学家发现，"司法审查，并不是美国人的发明，而是一种如宪法性法律本身一样历史悠久的安排；这即是说，没有司法审查，宪政就根本不可能实现"。对于这样一种观点，人们并不会感到惊讶。相反，从导致设计成文宪法的运动的性质来看，如果有人对法院拥有宣布法律违宪（unconstitutional）的权力的必要性加以质疑，倒是一定会令人大感不解。但是，无论如何，一个重要的事实是，一些美国《联邦宪法》的起草者认为，司法审查乃是一部宪法中必要的且不证自明的部分，而且在《联邦宪法》被批准以后的讨论中，这些宪法起草者亦以极为明确的论述捍卫了他们的这一观点。此后，经由美国最高法院所做的一项判决，司法审查原则很快就变成了美国的一项法律。其实在此之前，各州法院就已经在关于州宪法的问题上适用了此项原则（甚至有一些事例发生在美国《联邦宪法》批准之前），尽管没有一个州的宪法对此做出明确的规定。而且显而易见的是，联邦法院在关涉联邦宪法的问题时也当具有与此相同的权力。在"马伯里诉麦迪逊"一案中，马歇尔（Marshall）首席大法官确立了此项原则。此外，他就此案审理所撰写的审判意见书也堪称大手笔，极为著名，我们甚至可以说是他的这篇文字总结归纳出了成文宪法的基本原理。

人们经常指出，在此一著名判决做出以后的五十四年中，最高法院并没有发现其他机会重申此一权力。但是必须指出的是，首先，在此一期间，各州法院经常使用着与此相同的权力；其次，尽管最高法院在这五十四年中未运用此一权力，但是只有在人们能够指出最高法院在应当运用此一权力的场合而未对之加以运用时，方具有意义；再者，毋庸置疑的是，正是在此一阶段中，司法审查赖以为基础的整个宪法理论得到了极为充分的发展。在这一期间，在关于个人自由的法律保障方面，诞生了一大批观点独到、思想深邃的作品，它们在自由发展史上应当具有的地位，可以说仅次于英国于17世纪和18世纪所展开的关于自由的伟大论战。如果我们想对此做一更为充分的考察，那我们可以说威尔逊（Wilson）、马歇尔、斯托里（Story）、肯特（Kent）和韦伯斯特（Webster）等人的贡献值得我们仔细关注。但是，后人对这些人的学说的反对，却多少有些遮蔽了这一代法学家对美国政治传统的进化所产生的重大的影响。

在这里，我们仅能对此一阶段宪法理论发展的一个方面加以考察。人们渐渐认识到，一个以权力分立为基础的宪政制度，预设了严格意义上的法律与那些由立法机构颁布但并不属于一般性规则的法律之间存在着差异。我们在这个时期的宪法讨论中发现，当时的论者们不断提到"一般性法律的观念，所谓一般性法律，即是指那些根据深思熟虑而制定的，不受任何情绪影响的，而且也不知道它们将适用于何人的法律"。也有很多讨论涉及了与"一般性"律令相区别的"特别律令"的不可欲性。此外,大量的司法判决亦不断强调,严格意义上的法律应当是"一般性的公共法律,它们对于处在相同境况下的每一个社会成员都具有同等的约束力"。当时,人们在将上述一般性的法律与特别的法律之间的差异纳入各州宪法的规定方面,也做出了各种各样的努力,直至最后,这一区别被视为对立法权的主要限制之一。上述对一般性法律与特别法律的区别,与美国《联邦宪法》明确禁止制定有溯及力的法律的规定(最高法院早期的判决主要限于刑事法律,这有些难以解释)一起,共同阐明了宪法性规则的目的乃在于控制实质性立法。

在19世纪中叶,当美国最高法院又一次发现了重申其审查议会立法的合宪性的权力的机会时,此一权力的存在已很难被质疑了。这个问题毋宁变成了另一个问题,即《美国联邦宪法》或宪法性原则对立法施以的实质性限制的性质为何?这里需要指出的是,司法审判曾一度随意地诉诸"一切自由政府的根本性质"和"文明的基本原则"等诸如此类的说法。但是,日复一日,随着人民主权的理想在影响力上的增进,那些在先前反对明确列举被保障的权利的人士所担忧的事情终于发生了:人们渐渐接受了这样一项原则,即法院绝不能"因为它们认为某项法律违背了那种被认为贯穿于美国《联邦宪法》的精神(但却未能得到明确的表述)"而自由地"宣布它为无效"。《联邦宪法》第九条修正案的意义被人们遗忘了,而且似乎自此以后也一直被遗忘了。

这样,受制于美国《联邦宪法》的明文规定,最高法院的法官于19世纪下半叶发现,当他们审查议会立法权的合宪性的时候,他们实际上处在一个多少有些古怪的地位。尽管他们认为,《联邦宪法》原本的意图便是要对这种立法权的运用施以防范和制约,但是困难却在于《联邦宪法》对此又没有明文禁止。事实上,他们一开始就放弃了《联邦宪法》第十四条修正案所可能提供给他们的一项武器。该修正案第一款规定,"任何州不得制定或强制实施任何剥夺美利坚合众国公民的特权或豁免权的法律",但是不无遗憾的是,此项规定只生效了不到五年便经由最高法院自己的一项判决而使其失去了"实际效力"。然而，宪法第十四条修正案第一款规定的后半部分，即"非经正当法律程序，任何州不得剥夺任何人的生命、自由或财产；不得拒绝给予其管辖范围内的任何人以平等的法律保护"，则在此后获得了完全不曾预见的重要性。

此一修正案关于"正当法律程序"的规定，只是明确重述了《联邦宪法》第五条修正案早已对州立法问题的规定以及若干州的宪法所做的类似的陈述。一般而言，美国最高法院早先是根据毫无争议的"实施法律的正当程序"（due process for the enforcement of law）的原初意义解释前一规定的。但在19世纪的最后二十五年中，一方面，只有宪法的明文规定才能证明最高法院宣布一项法律违宪为正当的观点，已成为一不可置疑的原则；而另一方面，最高法院又面临着越来越多的似乎背离了《联邦宪法》精神的立法。正是在这样一个背景下，最高法院抓住了上述"正当法律程序"那根救命稻草。并将这项程序性规则解释成一项实质性规则。《联邦宪法》第五条修正案和第十四条修正案关于"正当程序"的条款，是美国《联邦宪法》中唯一涉及财产的正当程序的规定。因此，在此后的五十年中，经由最高法院在此一方面的努力，这两条规定成了最高法院建构不仅涉及个人自由而且也涉及政府对经济生活的控制（包括警察权和课税权的使用）的法律体系所赖以为据的基础。

上述历史发展进程虽说独特，但在某种程度上却是因偶然事件所致，它所导致的种种结果，在当下的美国宪法性法律中引发了不少错综复杂的问题，但由于那些结果本身并未给我们提供一个充分的一般性教训，所以我们也就无须在这里对这些问题做进一步的思考。毋庸置疑，几乎没有人会对这种业已出现的境况感到满意。根据这样一种极不明确的权力，最高法院就必定会被导向去裁定立法机构运用其权力所欲达到的目的是否可欲，反而不去裁定一项特定法律的制定是否超越了美国《联邦宪法》赋予各级立法机构的具体权力，亦不去裁定这一立法是否侵损了美国《联邦宪法》意图捍卫的一般性原则（成文的或不成文的）。在这里，问题变成了一个关于实施权力所欲达到的目的是否"合理"的问题，或者换言之，变成了一个关于某一特定情形的必要性是否大到足以证明使用某些权力为正当的问题，尽管在其他一些情形中使用这些权力可能是正当的。最高法院显然逾越了其正当的司法职能，并僭越了一些相当于立法权的权力。而这最终导致了最高法院与舆论和行政机构之间的种种冲突，而在这些冲突中，最高法院的权威亦遭到了某种程度的侵损。

尽管行政机构与最高法院之间的斗争，对于大多数美国人来说仍是他们所熟识的当代史，但是我们在这里却还是必须就它们间的斗争高潮进行讨论，因为从老罗斯福执政时起，亦即从由老富莱特（Robert Marion La Follette）领导的进步党所展开的反对最高法院运动（the anticourt campaign）时起，此类冲突便构成了美国当代政治史中的持续性特征。1937年美国最高法院与行政机构之间爆发的冲突，一方面使最高法院从其较为极端的立场上退却了下来，而另一方面则使人们对具有恒久重要意义的美国传统的根本原则做出了重新肯定。

当现代最为严酷的经济萧条达到顶峰时，美国总统职位由一位在白芝浩（Walter Bagehot）看来颇为杰出的人士所担当。白芝浩指出，"他是一位天才人物，操着极富魅力的嗓音并运用平常的心态宣称和坚持，特殊的改革不仅本身便为一善举，而且是一切事态中最善之举，并且还是所有其他善举之母。"而这位杰出的人士便是福兰克林·罗斯福（Franklin D. Roosevelt）总统。罗斯福深信他自己最为真切地知道当时美国的需要之所在，所以他认为赋予民主政制所信任的人以无限的权力乃是危机时期民主政制的功能，而不必顾及其他，即使这意味着"它据此会构造出一些新的权力工具，而当这些工具落入某些人之手时，有可能会造成重大的危害"。

毋庸置疑，这种只要目的可欲就视实现这些目的的几乎所有手段为合法的态度，很快就会导致行政首脑与最高法院发生正面冲突，因为最高法院在半个多世纪中已经习惯了对立法的合理性进行裁定。的确，在最高法院做出的一项最具影响力的判决中，亦即当最高法院无争议地推翻《国家复兴法》（National Recovery Administration Act）的时候，最高法院不仅使美国幸免于难，未跌入因采用一种极不明智的措施而可能导致的灾难之中,而且也是在其所具有的宪法性权利的范围内行事。但是自此以后,最高法院中微弱多数的保守法官却根据颇有疑问的理由,一次又一次地宣布总统的措施无效,而这最终导致美国总统坚信,如要实施他的措施,那么他的唯一机会就在于限制最高法院的权力或者变更最高法院的法官人选。正是在那个被人们称之为"整顿最高法院法案"的问题上,行政机构与最高法院间的斗争达到了顶点。然而,罗斯福总统在1936年的大选中却赢得了前所未有的多数的支持而获连任,这种情形不仅充分巩固了总统的地位,而且还使他试图就此放手与最高法院一搏。与此同时,大选的结果似乎也使最高法院认识到了罗斯福总统的纲领得到了美国选民的广泛赞同。据此,美国最高法院改变策略,从其较为极端的立场上退却下来,亦即不仅在某些核心问题上变更自己的态度,而且实际上不再将正当法律程序条款用作对立法的实质性限制,这样,罗斯福总统也就相应地失去了其采取行动所应具有的最为强硬的理由。最后,罗斯福总统整顿最高法院的措施在参议院被彻底挫败,尽管他所在的民主党在参议院拥有压倒性的多数,亦无济于事,就在总统最受大众拥戴之时,他的声望却遭受了沉重的打击。

上述这段历史插曲就我们关于美国对法治下的自由理想所做的贡献的考察,给出了恰当的结论。但是,我们必须承认,这主要应当归功于参议院司法委员会(the Senate Judiciary Committee)的报告对最高法院的传统角色所做的极为精辟的重述。囿于篇幅,我们在这里只能摘引此一文献中最具特色的几段文字。此项报告对诸原则的陈述,始于这样一个预设,即对美国宪政制度的维护,"要比即时地采用不论具有多大裨益的立法更具无可比拟的重要性……"。它宣称"要持续且恒久地维护与人治的政府相区别的依法而治的政府,而且我们认为,我们实际上只是在重申作为合众国宪法基础的那些原则"。该项报告继续指出,"如果要求最高法院去迎合那些因政治上的缘故而引发的一时高涨的情绪,那么最高法院最终必定会受制于一时的舆论压力,而这种舆论很可能会融入当时的暴民情绪,并与一较为冷静的长远的考虑相违背……在处理与人权相关的自由政府这类大问题时,人

二、自由与法律

们可能只有在最高法院的判决中,而不可能在伟大的政治家的著述和实践中,发现关于自由政府的精深且恒久的哲学"。

立法机构对于限制其权力的最高法院表示出如此之高的敬意,这是过去不曾有过的事情。任何记得此一事件的美国人都会认为,立法机构的这一报告表达了绝大多数美国人的情感。

美国在宪政方面的尝试成绩斐然,而且我不知道还有哪一部成文宪法的存续有它的一半时间长,但是,就它作为一种安排政府制度的新方法而言,它依旧还只是一项试验,而且我们也决不能认为它已然穷尽了人类于此一领域中的所有智慧。美国宪法的主要特征形成于人类理解宪法意义的早期阶段,而且美国人也极少运用修正权力以将习得的经验教训纳入成文文献之中,因此从某些方面来讲,《联邦宪法》的不成文部分要比其成文部分更具启发性。因此,无论如何,就本研究的宗旨而言,构成《联邦宪法》基础的一般性原则要比它所具有的任何具体特征更重要。

在这里我们必须强调指出,美国业已确立了这样一些原则,即立法机构须受一般性规则的约束;立法机构必须以这样一种方式处理特定问题,这种方式就是它在此类情形中适用的基本原则也可以同样适用于其他情形,而且,如果立法机构侵犯了一项迄至当时一直为人们所遵循的原则(尽管它可能是一项从未得到明确阐述的原则),那么立法机构就必须承认这个事实且必须遵循一精心构设的程序,以确定人民的基本信念是否真的发生了变化。司法审查对于变革而言,并不是一绝对的障碍,它对于变革所能起到的最糟糕的作用也只是延缓变革的进程,并且促使立宪机构必须就争议中的原则做出舍弃或重申的决定。

根据一般性原则而对政府追求即时性目的加以限制的惯例,在某种程度上讲,乃是对背离原则的情形的一种预防措施。为了做到这一点,司法审查要求广泛运用某种类似于公民表决权的做法作为对它的补充,亦即诉诸大多数人的意见以裁定一般性原则的问题。再者,一个只能根据先行确立的长期的一般性原则而不能为了具体且即时的目的而对个别公民施以强制的政府,也并不是与每一种经济秩序都相融合的。如果强制只能依据一般性规则所规定的方式加以运用，那么政府就不可能承担某些任务。因此，如果所谓"自由主义"在我们这里仍是指它在1937年美国最高法院与行政部门斗争时的意义（当时最高法院捍卫者所坚持的"自由主义"是被当作少数的思想而遭受抨击的），那么我们的确可以说，"剥离掉一切表层以后，自由主义就是宪政，亦即'法治的政府而非人治的政府'"。就这一意义而言，美国人民能够通过捍卫他们的《联邦宪法》来捍卫自由。我们会在下文的讨论中发现，在19世纪早期的欧洲大陆，自由主义运动经由美国范例的激励，亦渐渐地将确立宪政和法治视作其主要目的。

（五）经济政策与法治

众议院……所制定的法律，对他们自己、他们的朋友和社会大众，都必须具有充分的效力。这种（境况）始终被认为是通情达理的政策能够将统治者与人民紧紧联系起来的最强大的纽带之一。它在统治者与人民之间创造出了共同的利益和同情心，尽管在这方面很少有政府可以被视作为范例；但是如果不存在这一境况，则任何政府都将堕落为暴政。

——麦迪逊（James Madison）

古典学派主张经济事务的自由，所依据的乃是这样一个基本的假定，即与所有其他领域中的政策一样，经济领域中的政策也应当由法治支配。如果我们不根据此一理论背景来认识这个问题，我们就无法洞见亚当·斯密或约翰·斯图尔特·穆勒这些学者反对政府"干预"的本质之所在。因此之故，那些并不熟知上述关于法治支配经济政策的基本观念的人，在过去就常常误解他们的立场，而且当英美的诸多论者不再将法治观念作为理解这个问题之前设的时候，对这个问题的理解在那里也发生了各种各样的混淆。经济活动的自由，原本意指法治下的自由，而不是说完全不要政府的行动。古典学派在原则上反对的政府"干涉"或"干预"，因此仅指那种对一般性法律规则所旨在保护的私域的侵犯。他们所主张的并不是政府永远不得考虑或不得关注经济问题。但是，他们确实认为某些政府措施应当在原则上予以否弃，而且也不得根据某些权宜性的考虑而将它们正当化。

在亚当·斯密及其当年的追随者看来，实施普通法的一般性规则，当然不能被视作是政府所实施的干预，而且一般而论，只要立法机构修改某些规则或颁布一项新规则的目的，是使这些规则在一不确定的期限内平等地适用于所有人，他们也同样不会认为这种做法就是政府的干预。尽管他们可能从未对此做过明确的表述，但是干预对于他们来说却实在是指政府对强制性权力的实施，而且其实施的目的亦不在于确保一般性法律的执行，而是旨在实现某种特殊的目的。然而，重要的判断标准并非政府所追求的目的，而是它所运用的手段。只要政府所力图实现的是人民所明显欲求的目的，古典学派可能根本就不会视其为非法，但是，他们明确反对政府采取特殊命令或禁令的手段，并认为这乃是自由社会所不能容忍者。他们认为，只有通过间接的方式，亦即通过剥夺政府的某些手段的方式，方能剥夺政府实现某些目的所仰赖的权力，因为仅依赖这些手段政府便能实现这些目的。

就上述问题在此后所发生的种种混淆，后来的经济学家负有不可推卸的责任。的确，人们在质疑政府对经济问题的各种关注方面提出了很多理由，而且人们就反对政府积极主动参与经济活动的问题亦阐发了不少道理。但我们必须明辨的是，这些论辩与那些主张经济自由的一般性论点颇不相同。前者所依凭的乃是这样一个事实，即政府在经济领域中所主张的绝大多数措施实际上是一些极不明智的方案，它们要么毫无成效，要么成本远远高于收益。这就意味着当政府在经济领域所采取的措施与法治相符时，它们就不能被视作政府干预而即刻加以否弃，相反，必须根据权宜的标准而对其在具体境况中是否妥适的问题进行逐一考察，然后再决定是否采用这些措施。但是我们在这里需要强调指出的是，在反对各种考虑欠周或实施有害而无利的措施的斗争中，动辄诉诸不干涉原则，往往也会导致下述结果，即从根本上混淆那些符合自由制度的措施与那些不符合自由制度的措施之间的差异。此外，这种做法也给那些反对自由企业的人士提供了机会，使他们得以乘机推波助澜，搅混这方面的问题，因为他们主张，一项特定的措施是否可欲，绝不是一个原则问题，而只是一个权宜的问题。

因此，在我们看来，重要的是政府活动的质，而不是量。一个功效显著的市场经济，乃是以国家采取某些行动为前提的。有一些政府行动对于增进市场经济的作用而言，极有助益，而且市场经济还能容受更多的政府行动，只要它们是那类符合有效市场的行动。但是，对于那些与自由制度赖以为基础的原则相冲突的政府行动，必须加以完全排除，否则自由制度将无从运行。因此，与一个较多关注经济事务但却只采取那些有助于自发性经济力量发展的措施的政府相比较，一个对经济活动较少关注但却经常采取错误措施的政府，将会更为严重地侵损市场经济的力量。

本章的目的便在于指出，法治为我们区别那些符合自由制度的措施与那些并不符合自由制度的措施提供了一个评断标准。毋庸置疑，在对政府所采取的措施做出这种区别以后，我们还可以根据权宜要求对那些符合自由制度的措施做进一步的考察。当然，这些措施中仍会有许多是不可欲的甚或会造成危害的措施。但是那些不符合自由制度的措施则必须被拒弃，尽管这些措施为实现某一可欲的目的提供了一个有效的（或许是唯一行之有效的）手段。一如下文所述，欲使自由经济得到令人满意的运行，遵循法治乃是一个必要的条件，却不是一个充分的条件。然而，这里的关键问题在于，政府所采取的一切强制性行动，都必须由一稳定且持续的法律框架加以明确的规定，而正是这种框架能够使个人在制定计划时保有一定程度的信心，而且还能够尽可能地减少人为的不确定性。

让我们首先考虑政府的强制性措施与那些纯粹的服务性活动之间的区别。当然，在后一类活动中，一般不用实施强制，即使要采取强制性措施，那也仅仅是因为需要通过税收来支撑这些活动。就政府只提供其他机构或个人所不会提供的服务（这通常是因为这些服务性活动的益处不可能只让那些准备为此出钱的人或机构单独享有）而言，唯一的问题便是收益能否抵补成本。当然，如果政府就提供某些特定的服务主张排他性权利，那么，这些服务就不再是完全不具强制性的行动了。一般而言，一个自由的社会不仅要求政府拥有对强制的垄断，而且还要求政府只拥有对强制的垄断，从而在所有其他方面，政府的行动应与任何其他人的行动处于平等的地位。

一般而言，政府在上述纯粹的服务性活动领域所采取的且属于上述限定范围中的大多数行动，乃是那些有助于促进人们获得关于那些具有普遍重要性的事实的可靠知识的行动。这类行动的最为重要的功能，就在于提供一个可靠且有效的货币体系。其他具有同等重要意义的功能则包括：确定度量衡的标准，提供从调查、土地登记及各类统计中所收集到的信息，并支持（而非组织）某种类型的教育，等等。

所有上述的政府活动都属于政府为个人决策提供一有助益的框架的努力，这些活动为个人提供了能用之于实现他们自己的目的的手段。许多其他的更具实质意义的服务，也属于此类活动。尽管政府不得运用强制性权力以支撑那些与实施一般性法律规则并不相干的活动，但是我们需要指出的是，只要政府在从事各种活动时与公民处于平等的地位，那它就没有违背原则。如果说在绝大多数领域政府没有充分的理由采取上述行动，那么也存在着另一些领域，政府的行动在其间的可欲性则是无可质疑的。

所有那些明显可欲的但竞争性企业又不全力提供的服务，便属于上述后一类领域的活动。竞争性企业之所以不提供这类服务，乃是因为要在这类服务中向个别受益人收费，不是不可能，就是太困难。这类服务主要是指市政机构为城市居民所提供的大多数清洁及医疗保健服务，道路的建设与道路的保养的服务，以及种种娱乐性服务。这类服务中还包括亚当·斯密所指称的"市政工程"的那类活动，"尽管这类服务对于一个大型社会具有极高程度的裨益，但它们却具有这样一种特性，即其利润根本不够补足提供这类服务的个人或少数个人的开支"。此外，政府还可以合法地从事一些其他的活动，以期据此保护军备的秘密，或鼓励增进某些领域的知识。但是值得强调的是，尽管在这些领域中，政府可能于任何时候都是最具资格从事这些活动的，然而我们却并不因此而具有任何充足的理由认定情况将永远如此，从而给予政府以从事这类活动的排他性责任。更有甚者，在大多数情形中，政府亦绝无必要在实际上对这些活动进行直接的管理，如果由政府承担一些或全部财政责任，而由独立并在某种程度上属于竞争性的机构去具体实施这些服务，那么从一般意义上讲，这些服务将不仅会得到提供，而且还将得到更为有效的提供。

商业界或企业界不相信国有企业，是颇有根据的。要确使国有企业与私营企业在平等的地位上进行经营或竞争，是极为困难的，如果此一条件得以满足，那么从原则上讲，国有企业就没有什么可以反对的。只要政府使用它所拥有的任何一种强制性权力，尤其是其征税的权力，以援助国有企业，那么它就始终能够将国有企业的地位转换成一种实际的垄断地位。为了防止这种情况发生，我们就有必要遵循这样一项原则，即政府在任何领域给予国有企业的特殊便利（包括补贴），也应当同样给予那些与其竞争的私营企业。毋庸争辩的是，要使政府满足这些条件也是极其困难的，正因为如此，普遍反对国有企业的观点便得到了相当程度的强化。但是需要强调指出的是，这并不意味着必须将所有的国有企业从自由制度中排除出去。当然，国有企业应当被控制在极小的范围之内，如果绝大部分的经济活动都渐渐受制于国家的直接控制，那么这将对自由构成真正的威胁。但是必须指出的是，我们在这里所要反对的并非国有企业本身，而是国家垄断。

再者，从原则上讲，自由制度也不会对所有那些调整经济活动的一般性管理规章都采取否弃的做法，因为它们可以被制定为一般性规则，并对每个参与一定经济活动的人所必须予以满足的条件做出规定。在这些管理规章中，尤其包括那些调整生产技术的规章。在这里，我们并不关注这些规章是否明智的问题，因为它们很可能只在例外的情形中才是明智的。这类管理规章必定会对尝试的范围做出限制，从而也就会阻碍那些可能颇有助益的发展。再者，它们通常还会提高生产成本，或者从另一个角度来看，会降低总的生产力。但是，在充分考虑了这种规定对成本的影响以后，依旧认为值得承担高成本以实现某个特定目的，那么对于这个问题也就没有必要进行更为详尽的讨论了。然而，经济学家却仍对此抱有疑虑，并认为有极为充分的理由反对这类管理措施,一是因为人们几乎总是低估它们所导致的总成本;二是因为人们根本不可能充分考虑到它们所具有的一个独特的弊端,即阻碍新的发展。但是,如果含磷火柴的生产与销售由于会影响人的健康的缘故而遭到了普遍的禁止,抑或只有采取某些预防措施后方能得到生产与销售的许可,或者如果夜间工作被普遍禁止,那么人们就必须通过对总成本与收益之间的比较来判断这些措施的确当性,因为这种确当性显然是无法通过诉诸一般性原则而得到确定的。为人们所知的"工厂立法"(factory legislation)这样一些涉及领域极广的规章,便属此例。

然而在今天,仍然有人这样认为,即如果行政当局未获致广泛的自由裁量权而且它所拥有的一切强制性权力亦须受制于法治,那么上述或类似被公认为政府的正当职能的任务,就不可能得到恰当的践履。然而,我们实在没有什么理由对这个问题感到担忧。如果法律并不总是能够明确列举政府当局在某一特定情形中所可以采取的具体措施,那么人们也可以通过详尽规定的方式以使公允的法院来裁定政府当局所采取的这些具体措施对于实现法律所指向的一般性结果是否必要。尽管政府可能采取行动的背景因素极不确定,从而也无从预见,但是当特定情况发生时政府当局所会采取的应对行动方式,却能在很高的程度上被预见。为了阻止传染病的流行而将一农家的牛杀死并烧掉,为了阻止火灾的蔓延而拆毁一些房屋,禁止使用一被污染的水井,要求在拆移高压电线时提供保护性措施,对建筑工程实施安全条例等,无疑都要求赋予政府当局以某种适用一般性规则的自由裁量权。但是,这绝不是一种不受一般性规则限制的自由裁量权,亦不是那种免受司法审查的自由裁量权。

人们对于那些将这类措施视作为必须授予政府以自由裁量权的依据的说法太过熟悉,所以当一位著名的行政法研究者在三十年前提出与此相反的观点时多少令人们感到有些惊讶。他指出,"一般而言,卫生与安全法规绝不是因其运用自由裁量权而著称的,相反,在诸多这类立法中,显而易见的是并不存在对这种自由裁量权的运用……因此,英国工厂立法在实践中完全有可能只依赖于一般性规则(尽管其间的一大部分是由行政法规加以确定的)……而在许多建筑法规中,也只具最低限度的行政自由裁量权。实际上,所有这方面的条例都受着能被标准化的要求的限定……在所有上述情形中,行政弹性的考虑都屈让于对私权的确定性这一更高的考虑,当然这要求以不明显牺牲公共利益为条件。"

在所有上述事例中,各种决定都源出于一般性的规则,而不是源出于指导当届政府的特殊倾向,亦非源出于任何关于应当如何对待特定人士的定见。在这里,政府的强制性权力,乃是服务于一般性的、长远的目的的手段,而不是达致具体目的的手段;再者,政府不得对不同的人区别对待。授予政府的自由裁量权乃是一种有限的自由裁量权,因为具体的官员在运用这种自由裁量权的时候还将适用一种他所能感知的一般性规则。这种能被感知的一般性规则之所以在适用的时候无法做到完全明确,实是因为人自己的缺陷所致。然而,这个问题毕竟是一适用规则的问题,而且这个问题可以通过下述事实得到说明,即一位独立的法官,由于他根本不代表当届政府,亦不代表即时多数的特殊愿望或价值倾向,所以不仅能够裁定政府当局是否有权采取行动,而且还能够裁定政府当局的所作所为是否严格符合法律的要求。

这里的核心要点与下述问题并不相干,即证明政府行动为正当的条例规定是否一致适用于整个国家,或者这些条例规定是否由一民主选举产生的议会所制定。就一些条例而言,显然需要经由地方性法规的认可方能有效,而另有许多条例,如建筑管理规章,必定只是在形式上而非在实质内容上为多数表决的结果。此外,这里的关键问题也不关注所授权力的渊源,而只关注所授权力的范围。我们完全有理由认为,事先以正当形式公布并得到严格遵循的由行政当局自己制定的条例,与那些通过立法行动授予行政机构的含混不清的自由裁量权相比,更符合法治原则。尽管始终有人根据行政便利的原则,主张放宽上述对行政自由裁量权的严格限制,但确定无疑的是,这对于实现上文所讨论的目的来讲并不是必要的条件,因为只有在为了其他的目的而致使法治遭到侵损以后,对维护法治的考虑才不会比对行政效率的考虑更重要。

现在我们必须转向讨论那些为法治从原则上予以否弃的政府措施。这些政府措施主要是指那些仅仅通过实施一般性规则并不能实现它的目的，而只有在对不同的人施以武断性的差别待遇的前提下方能实现其目的的措施。其间最为重要的措施包括：决定谁应当被允许提供不同的服务或商品的政府措施，并且以何种价格或以何等数量提供这些不同的服务或商品的政府措施——换言之，亦即那些旨在对进入不同行业和职业的渠道、销售条件、生产或销售的数量进行管制的政府措施。

就进入不同职业的渠道而言，我们的法治原则未必排除某些可行且正当的措施，如只允许那些拥有可明确辨识的资格的人士进入某些职业的措施。然而，强制力只能用于对一般性规则的实施的要求则意味着，任何拥有这些资格的人对这种许可都具有不可否认的主张权，而且这种许可的授予只能依据某人是否能够满足作为一般性规则而加以确定的条件来决定，而不能根据任何特殊情形（例如"地方性需要"这类情形）来决定，因为这些特殊情形只能由授予许可的当局依其自由裁量权才能加以确定。在大多数情形中，我们甚至没有必要运用那些严格的控制措施，而只需阻止人们妄称其实际上并不具有的资格的做法就已足够了（亦即适用那些制止诈欺的一般性规则）。这是因为，为了达到这一目的，我们只需对某些代表这些资格的称号或权利进行保护，就完全足够了（即使在行医这个领域，采取严格控制的措施亦没有要求开业许可的规定更可取，然而这个道理并不是人人都能认识到的）。但是，或许不可否认的是，在某些情形中（如在涉及毒药或武器销售的情形中），规定只有那些具有一定知识和道德品格的人士才应当被准许经营这些业务，显然是可欲的，也不会为人们所反对。只要拥有必要资格的人都有权从事相关职业，并在必要的情形下能够请求独立的法院对其要求进行审查并予以执行，那么法治这一基本原则也就得到了满足。

人们有许多理由可以认为，政府直接管制价格的做法（不论政府是实际上规定价格，还是仅仅制定那些决定通行价格所须依凭的规则），是与一有效的自由制度不相融合的。在政府直接管制价格的第一种情形中，试图根据那些将有效指导生产的长期规则来确定价格，实是不可能的。这是因为适当的价格不仅依赖于不断变化的情势，而且还必须持续不断地针对这些情势加以调适。在政府直接管制价格的第二种情形中，政府并不直接规定但却通过某种规则（例如，价格必须在一定程度上根据成本加以确定的规则）加以确定的价格，对于不同的销售者会具有不同的意义，而且正是基于这个原因，它们会阻碍市场发挥自行调适的作用。此外，另一个更具重要意义的理由是，由于这种规定的价格与在自由市场上可能形成的价格不同，所以它们将导致供求关系失衡，而又如果欲使这种价格控制有效，那么政府还必须找到某种方法，以决定什么人应当被允许进行销售或购买活动，而这种决定则必将是一种自由裁量的决断，一定是那种即时的特定的决策，且必定是根据非常武断的理由对人施以区别待遇的决定。一如经验所恰当表明的，价格管制只有通过对数量的控制（亦即由有关当局决定应当允许特定人士或商行购买或销售多少数量的产品）方能有效。然而，一切控制数量的措施的实施都必定是自由裁量的，因为它们并不是根据一般性规则所确定的，而是根据当局对特定目的之相对重要性的判断所确定的。

因此，自由制度之所以必须彻底否弃这类价格管制和数量控制的措施，并不是因为这些措施所干涉的经济利益比其他的利益更重要，而是因为这类控制措施不能根据一般性规则加以实施，而且从其本身的性质来看，这类措施亦一定是自由裁量的和武断的。总之，将这种武断且自由裁量的权力授予政府当局，实际上意味着赋予当局以决定生产什么、谁来生产以及为谁生产的专断性权力。

一切数量控制和价格管制的措施之所以与自由制度不相融合，严格来讲，主要有两个原因：一是所有这些控制措施都必定是武断的；二是这些措施不可能以一种使市场充分发挥作用的方式加以实施。自由制度能够适应于几乎任何基本依据的变化，大体上也能适应于各种一般性禁令或条例规章，但这必须以这种制度的调适机制本身能维续其功效为前提条件。然而，从很大程度上来讲，正是价格的变化，导致了必要的调适。这就意味着，为使自由市场制度发挥恰当的作用，仅仅要求此一制度的运行所依据的法律规则为一般性规则，显然是不充分的，因此还必须要求这些规则的内容能够使市场在宽容的条件下得以良性运行。主张自由制度的理由，并不在于任何制度在强制为一般性规则所限定的场合下都能令人满意地运行，而是认为在自由制度下，一般性规则能获致一种使自由制度有效运行的形式。如果欲使不尽相同的活动在市场上达到有效的调适，那么就必须满足一些最低限度的要求，其间较为重要的要求是，一如我们在生活中所见，对暴力与诈欺的防止，对财产权的保护以及对契约的践履，并承认任何个人都享有根据他自己所确定的产品数量进行生产和根据他自己所确定的价格进行销售的平等权利。甚至当这些基本条件得到满足之时，自由市场制度是否就能有效地运行，还将取决于一般性规则的具体内容。但是，如果这些基本条件得不到满足，那么政府将不得不通过颁布直接的命令，去实现原本由价格运动所指导的个人决策所可能达到的目的，但这种做法的结果却不敢想象。

法律秩序的性质与市场制度的功效之间的关系，相对而言，尚未得到应有的研究，而此一题域中仅有的一些研究，主要也是由那些对竞争秩序持批判态度的论者做出的，而不是由此一秩序的支持者做出的。这是因为这些支持者通常都满足于陈述我们在上文所述的市场得以发挥功效的最低限度的条件。然而需要指出的是，对这些条件的一般性陈述，所引发的问题并不少于它所给出的答案。市场的功效能发挥到什么程度，取决于具体规则的性质。决意以自愿性契约为调整或组织个人间关系的主要工具，并不能决定契约法的具体内容应当为何。同样，为了使市场机制尽可能有效且有助益地发挥其功能，我们就必须承认私有财产权，但仅此也不能决定这种权利的具体内容应当为何。尽管就动产而言，私有财产权原则所引发的问题相对较少，但在地产权方面，它却的确造成了许多极为棘手的问题。由于任一块土地的使用常常都会对邻近土地产生影响，因此给予土地所有者无限的权力以按其所愿使用或滥用其财产，显然是不可欲的。

从总体上看，令人深感遗憾的是，经济学家对这些问题的解决贡献甚少，但是之所以出现这种局面，也有一些很有说服力的理由。对社会秩序性质的一般性思考，也只能相应地产生一些对法律秩序所必须遵循的原则所做的一般性陈述。对这些一般性原则的具体实施，必须在很大程度上留待经验和缓慢的进化去处理。它必须以关注具体个案为前提，而这在很大程度上乃是法律学家的领域，而非经济学家的领域。从另一个角度来看，很可能正是因为逐渐修正我们的法律制度以使其更有助于竞争的平稳运行，乃是一渐进而缓慢的进程，所以这项工作对于那些忙于为其创造性想象寻求出路的人来讲，对于那些急于为进一步发展构设蓝图的人来讲，毫无吸引力可言。

在这里，我们还必须对另一个问题稍加仔细的思考。自赫伯特·斯宾塞（Herbert Spencer）的时代始，人们已习惯于在契约自由的论题下讨论我们这个问题的各个方面。而且这种观点也一度在美国的司法实践中起到了极为重要的作用。契约自由在某种意义上讲，的确是个人自由的一个重要方面。但是"契约自由"这一术语却也引发了种种错误的观念。首先，这里的问题并不在于个人将被允许缔结什么样的契约，而毋宁在于国家将保护或保障实施什么样的契约。任何一个现代国家都不会力图保护或保障实施所有的契约，如果有国家这么做，那也显然是不可欲的。为达到犯罪目的的契约或不道德的契约、赌博契约、限制交易的契约、对一个人的劳务做永远限制的契约，甚或进行某些特殊表演的契约，显然不会得到国家的保护或保障实施。

其次，契约自由，就像所有其他领域的自由一样，其真正的含义乃在于：是否许可一项特定的行为，所依据的只能是一般性规则，而不是政府当局对此行为的特殊批准。这种自由还意味着，一项契约的效力和可实施性必须取决于那些一般性的、平等适用的、为众人所知的规则（亦即决定所有其他法律权利所依凭的规则），而并不决定于某个政府机构对其特定内容的批准。当然，这并不排除法律只承认那些能够满足某些一般性条件的契约的可能性，亦不排除国家为补充已明确达成的契约条款而制定一些解释契约的规则的可能性。这种得到承认的标准格式契约的存在，只要当事人没有规定相反的条款，那么就可以被认为是所达成之协议的一部分，而这常常能够极大地增进私人间的交易。

一个更为棘手的问题是，法律是否应当规定源出于一项契约但却与双方当事人的意图相反的义务，如工伤事故的责任问题（而不论这种事故是否因疏忽所致）。但是，即使这样的问题也很可能只是一个权宜的问题，而非一个原则的问题。契约的可实施性乃是法律提供给我们的一个工具，从而缔结一项契约会导致何种后果的问题，也应当由法律来决定。只要个人能够从一项一般性的规则中预见到这些后果，而且个人为了其个人的目的可以自由地缔结不同类型的契约，那么法治的基本条件亦就得到了满足。

因此，与自由制度相容合的政府行动，至少从原则上讲，不仅范围相当广，而且种类也相当多。传统的自由放任原则或不干涉原则，并没有为我们区别自由制度所许可的政府行动与不许可的政府行动提供一适当的标准。在那个恒久的法律框架内，有着足够大的空间，可供进行试验与改进。而正是这样一种可不断改进的法律框架的存在，有可能使自由社会发挥更为有效的作用。不论从哪个角度讲，我们都不敢妄断，以为我们业已发现了能使市场经济发挥最大作用的最佳安排或制度。的确，在自由制度的基本条件得到确立以后，一切进一步的制度上的改进，都必定是缓慢且渐进的。但是，由此一自由制度促成的财富及技术知识的持续增长，却也可能不断地增进政府为其公民提供各种新的服务方式，并促使这些可能性变成可行性。

人们为了保护个人的自由而对政府设定了诸多限制，但是，为什么始终有人强烈要求放弃这些限制呢？既然法治范围内仍存在着诸多可供改进的空间，那么为什么那些改革家仍要不断地去努力削弱或摧毁法治呢？答案就是，在过去的数十年中，人们形成了某些新的政策目标，而这些目标却又无法在法治的范围内予以实现。如果一个政府只有在实施一般性规则的情形中才能使用强制，那么它就无权达成那些要求凭靠授权以外的手段方能实现的特定目的，尤其不能够决定特定人士的物质地位或实施分配正义或社会正义。因此，为了达成这些目的，政府就不得不推行一项经济政策，而用法语词"统制经济"（dirigisme）来描述这项政策则是再确当不过了，因为英语词"计划或规划"（planning）经济太过含混。所谓"统制经济"，乃是指这样一种政策，它决定应当运用哪些特定手段来实现何种特定目的。

然而，这恰恰是一个受法治约束的政府所不能为者。如果政府可以决定特定的人应当处于何种地位，那么它也就必定能够决定个人努力的方向。人们当然可以提出下述问题：如果政府平等地对待不同的人，那么为什么其结果却是不平等的呢？或者，如果政府允许人们按其意愿去使用其所具有的能力和手段，那么为什么对于这些个人的后果却又不能预见呢？对于这些问题，我们实没有必要在这里重申其间的道理。但是，我们必须指出的是，法治强设于政府的各种限制，也同样否弃所有那些根据他人对个人品行的评定而非根据其服务对于其他人的价值给予酬劳的措施。换言之，亦否弃对那种与相互对等正义相反对的分配正义的追求。分配正义要求由一个权力集中的政府机构来配置所有的资源，它还要求人们被告之应当干什么以及应当去追求什么目的。在分配正义被视为目的的地方，关于不同的个人必须干什么的决定，并不能从一般性的规则中推知，而只能根据计划当局的特定目的和特殊知识方能做出。一如上文所述，当权力当局（或社会主导意见）有权决定不同的人将接受何种待遇时，它亦一定能决定不同的人将干什么。

在自由的理想与试图"矫正"收入分配以使其更显"公平"的欲求之间，存在着很大的冲突，但是不无遗憾的是，人们通常都未能清楚地认识和理解这一点。毋庸置疑的是，那些追求分配正义的人，将在实践中发现其每一步骤都会受到法治的限制，而且从他们的目标的性质来看，他们也必定倾向于采取歧视性的行动和自由裁量的行动。然而，由于他们通常都未意识到他们的目标与法治在原则上极难相容，所以他们一般都会在个别情形中侵损或无视那种他们通常会希望能成为普遍适用的原则。他们努力的最终结果必定不是对现存秩序的变革，而只能是对它的彻底否弃，并以一种完全不同的制度——即指令性经济——来取代它。

如果有人以为这样一种集中的计划经济制度会比以自由市场为基础的经济制度更为有效，那显然不切实际，但是认为只有一集中指导的制度方有可能确使不同的个人得到其他人从道德的理由出发认为其所应得的待遇，倒是确实的。在法治所确定的范围内，人们在使市场发挥更为有效且稳定的作用的方面，可以有很大的作为；但是，在法治所确定的范围内，人们现在所认为的那种分配正义，则是绝不可能实现的。我们将在下文中对人们因追求分配正义而制定的一些最为重要的现代政策所产生的各种问题进行考察。然而，在我们对这些政策领域进行考察之前，我们将首先对晚近数十年中的一些智识运动进行检视，这些运动不仅严重侵损了法治，而且在贬损法治理想的同时还严重削弱了对专制政府复兴的抵御力。

（六）法治的衰微

> 人们一旦假设，绝对权力因出于民意便会同宪法规定的自由（constitutional freedom）一般合法，那么这种观点就会……遮天蔽日，使残暴横行于天下。
>
> ——阿克顿勋爵

我之所以对德国的发展给予了较多的关注，部分原因是，法治的理论（如果不是法治的实践）在这个国家得到了最深刻的发展，另一部分原因是，我们有必要理解，为什么对法治的反动也始于该国。有如社会主义理论一般，摧毁法治的各种法律理论也源出于德国，并从那儿传播到世界其他各国。

从自由主义的胜利到转向社会主义或一种福利国家，其间的时距在德国要比在任何其他地方都短得多。旨在保障法治的各种制度尚未建成，各种思潮便业已转向，并开始阻碍这些法治制度去服务于那些原本建构这些制度所旨在实现的目的。政治情势的变化与纯粹的智识发展二者结合在一起，大大加速了那种对法治的反动进程，而这种进程在其他国家则要缓慢得多。众所周知，德国的统一进程最终是通过政治家的技巧来完成的，而不是经由逐渐的进化来实现的。然而这一事实却强化了这样一种信念，即凭空思考的设计当可以根据一种预先构想的模式重新建构社会。由这种情势所激发起来的社会自负和政治上的野心,又在另一个向度上得到了当时在德国盛行的哲学思潮的强烈支持。

那种关于政府不仅应当推行"形式正义"(formal justice)而且还应当实施"实质正义"(substantive justice①)的要求,自法国大革命始就不断为人们所主张。到19世纪末,这些观点已对法律学说产生了深刻的影响。1890年,一位主要的社会主义法学理论家曾以这样的方式表达了那种在此后日渐成为占支配地位的学说,"通过完全平等的方式对待所有的公民,而不论其个人品质和经济地位为何,并且通过允许他们之间展开无限制的竞争的方式,导致了这样一种结果,即商品的生产也得到了无限的增长。但是,贫困的弱者仅能得到此一产出中的一小部分。因此,新的经济立法和社会立法都应当力图保护弱者以对抗强者,并确使他们也能在一定的程度上获得良好生活所必需的财富。这是因为在今天,人们已经认识到,最大的非正义莫过于对事实上不平等的现象做平等的对待"。法国著名作家阿纳道勒·佛朗斯(Anatole France)也曾讽刺过"崇高的法律平等:这种法律赋予富者和贫者以平等待遇,竟然一视同仁地禁止他们栖宿于桥梁之下、沿街乞讨并偷窃面包"。此一名言曾被那些善意但却不动脑筋的人无数次地引证,然而他们却并不知道他们正在摧毁着不偏不倚的正义之基础。

这些政治观点所获得的强势地位,亦得到了那些虽产生于19世纪初叶但却在当时才影响日隆的各种理论观点的极大支持。尽管这些理论观点在诸多方面都存在着极大的分歧,但它们却有一相同的方面,即它们都不赞成用法律规则去限制政府的权力,并欲求给予政府的组织化力量以更大的权力,刻意根据某种社会正义的理想去型构社会关系。就此而言,我们可以说有四大知识运动一直在推进社会朝着这个方向发展,依其重要性的顺序来看,它们是法律实证主义、历史

---

① 即"分配正义"或"社会正义"。

主义、"自由法"学派和"利益法理"学派。我们在讨论第一大运动之前,先简要地考虑后三大运动,因为第一大运动需要我们多费些笔墨。

只是到了晚近才广为人知的"利益法理学"的传统,乃是一种社会学的法律研究进路,多少有些类似于当代美国的法律现实主义。至少就其间较激进的观点看,"利益法理学"力图否弃那种主张在审理案件时适用严格法律规则的逻辑建构论,而代之以对具体案件中的重大特定"利益"进行直接评估。"自由法"学派在某种程度上乃是与"利益法理学派"相平行发展的一种智识运动,其主要关注点在刑法。"自由法"学派的目标在于尽可能地将法官从既有规则的束缚下解放出来,并赞同法官主要根据其正义感去审理个别案件。"自由法"学派的观点,一如人们常常指出的那样,它在很大程度上开启了全权性国家的专断政治之道。

对于本书所指的"历史主义",必须加以精确界定,以严格区别于此前伟大的历史学派(包括法理学及其他学科中的各种历史学派)。"历史主义"乃是这样一种学派,它主张对历史发展的必然规律加以认识,并宣称能够从此洞见中推演出何种制度更适宜于现状的知识。这种观点导向了一种极端的相对主义,它不承认我们是我们自己这个时代的产物,也不相信我们在很大程度上受限于我们所承继的观念或理念,相反它以为我们能够超越这些限度,能够明确地认识到各种情势是如何决定我们现有的观念的,并且还能够运用这种知识以一种适合于我们时代的方式重构我们的制度。这样一种观点自然会导致对所有无法从理性上证明的规则的否定,也会对那些并不是根据凭空思考而设计出来以实现某个特定目的的规则的否定。就这一点而言,历史主义支撑了我们将在下文讨论的法律实证主义的主要论点。

各种法律实证主义理论的提出,其直接目的便在于反对自然法传统。尽管在两千多年的历史中,自然法传统为人们讨论本书所涉及的那些核心问题提供了一个重要的框架,然而本书却未对自然法传统本身进行讨论。对于许多人来讲,自然法观仍能解答我们在当下面对的最为重要的问题。然而,我在此前各章节讨论本书的问题时,却没有使用这个观念,而这当然是审慎考虑的结果,其原因是以自然法为旗号而发展出来的种种学派,所主张的理论实在差别太大,而要对它们之间的异同进行分疏和探究,恐怕需要一部专著方得以完成。但是,我们在这里必须强调指出,这些不尽相同的自然法学派有一点则是相同的,即它们都强调关注同一个问题。自然法论的捍卫者与法律实证主义者之间的最大的冲突在于,前者承认自然法这个问题的存在,而后者则根本否认自然法问题的存在,或者至少认为法理学的范围中不存在自然法的问题。

所有的自然法学派都认为,有一些规则并不是由立法者精心设计或制定出来的,它们也都认为,所有实在法的效力都源出于一些并不是人所制定的(仅就实在法是人制定的意义而言)但却可以被人所"发现"的规则。它们甚至还认为,这些规则不仅为人们评断实在法是否正义提供了标准,而且还为人们遵循实在法提供了根据。不论这些自然法理论是从神的启示中寻求答案,还是从人的理性所具有的内在力量中探求答案,或者从那些并不是人的理性一部分但却构成了支配人的智能发挥作用的理性不及因素的原则中寻找答案,亦不论它们是把自然法的内容视作恒久不变的,还是将之视作因时有变的,它们之间有一点却是相同的,即它们都试图对实证主义并不承认的问题给出回答。然而,对于实证主义而言,法律,从定义上讲,只能由人的意志经由审慎思考而形成的命令构成,别无他途。

因此之故,法律实证主义从一开始就不赞同,甚或反对那些构成了法治理想或原初意义上的"法治国"观念之基础的超法律原则或元法律原则,亦反对那些对立法权构成限制的种种原则。法律实证主义在19世纪下半叶的德国所赢得的无可争议的地位,乃是任何其他国家都无从比拟的。因此之故,法治的理想最早也是在德国被抽离掉了实质内容,变成了一个空洞之词。实质性的法治国观念为一种纯粹形式的观念所替代,前者要求法律的规则具有一些明确的特性,而后者只要求所有的国家行动得到立法机构的授权即可。简而言之,所谓"法律",就只是表明了这样一点,即不论当权机构做什么,只要是立法机构的授权行为,它在形式上就都应当是合法的。因此,这里的

二、自由与法律

问题就变成了一个仅仅是形式合法性的问题。在19世纪与20世纪之交，下述观点已被人们广为接受，即实质性的法治国那种"个人主义"理想已成了明日黄花，"并已为民族观和社会观所具有的创造性力量所征服"。正如一位行政法权威人士所描述的第一次世界大战爆发前夕的情形那般，"我们又重新尊奉起警察国家的原则，致使我们再一次承认'文化国家'的观念。这两个观念之间的差异只存在于手段方面。在法律的基础上，现代国家可以做任何事，而且其程度甚至也远远超过了警察国家。因此，在19世纪，'法治国'这一术语被赋予了一种新的含义。根据这一含义，国家的整个活动不仅须以法律为基础，而且也须采取法律形式。因此，法治国在当下的意义，已不再涵盖国家的目的和国家能力的限度等问题了。"

然而，只是在第一次世界大战结束以后，法律实证主义理论才获得了最有效的形式，并开始将其影响扩及德国版图以外。这种新的理论由凯尔森教授（H. Kelsen）所阐释并以"纯粹法学"一名而著称于世，它标示着前此所有的有限政府的传统观点都已暗淡无光。的确，凯尔森的观点为下述两类改革者所热情接受，一类改革者视传统上对政府的各种限制为实现其抱负的重大障碍；另一类改革者则欲图否弃一切对多数所拥有的权力的限制。凯尔森本人先前就考察了下述问题，即"基本且不可替代的个人自由是如何逐渐退至后台，而社会集体的自由又是如何占据前台的"。此外，自由观念的这种变化还意味着"民主主义从自由主义中的解放"，而凯尔森本人对于这一变化也抱着热情欢迎的态度。凯尔森理论体系的基本观念，乃是将国家和法律秩序等而视之。因此，法治国变成了一个极端形式化的概念，成了所有国家的特性，甚至也成了专制国家的特性。在他的观点中，对立法者的权力不可能加以任何限制，也不存在"所谓的基本自由"，而且任何企图拒绝赋予武断的专制主义以法律秩序特性的努力，"都只是一种幼稚的表现，或者是一种源出于自然法思想的傲慢"。凯尔森不仅竭力混淆具有抽象且一般性规则那种实质意义上的真正的法律与仅具形式意义的法律（包括立法机构制定的所有的法规）之间的根本区别，而且还通过将这些法律和权力机构所颁布的各种命令都笼而统之地置于规范这个含混的术语之中，从而使命令（亦不论这些命令的内容为何）与法律无从区分。甚至司法管辖与行政措施间的区别，在凯尔森教授的理论中，实际上也遭否定。一言以蔽之，传统法治观念中的所有原则在他那里都被认定成了形而上的迷信。

根据这种在逻辑上自恰一致的法律实证主义所阐释的种种观念，在20世纪20年代以前就渐渐支配了德国人的思想，并且迅速传播到了世界其他各国。到了20世纪20年代末，这些观念完全征服了德国，"以致遵奉自然法理论亦成了一种罪过，甚至还是一种智识上的耻辱"。实际上，这种思想状况为实现一种无限的专制政制所提供的种种可能性，早在希特勒试图执掌大权之际就已经为一些敏锐的观察家所明确指出了。在1930年，一位德国的法律学者在其对"实现社会主义国家（与法治国相对）的努力所导致的种种结果"的详尽研究中指出，"这些理论上的发展已然扫清了否弃法治国的所有防御屏障，并打开了通向法西斯主义和布尔什维主义的国家意志的胜利大门"。对于日后由希特勒最终完成的上述发展，人们给予了越来越多的关注，不止一位学者在德国的宪法学者大会上表达了这种观点，然而却为时已晚。这是因为反对自由主义的各种势力在当时已经透彻地领悟了法律实证主义的要害，即国家绝不可以为法律所约束。在希特勒统治的德国和法西斯统治的意大利，也包括在苏联，人们渐渐认定，法治之下国家"无自由"，亦即国家是"法律的囚徒"，而且他们还认定，国家若要"正当"行事，就必须从抽象规则的枷锁中解放出来。一个"自由的"国家，就是要能够据其意志去对待其臣民。

人身自由与法治间的不可分割性，在推进现代专制主义最盛的国家中，因对法治的根本否定（甚至因在理论上对法治的否定）而得到了最为明确的彰显。法律理论在俄国共产主义早期阶段（亦即仍在严肃考虑社会主义理想和广泛讨论法律在社会主义制度中的作用的问题的时期）的发展历史，对我们就极具教益。俄国的社会主义法律理论家在这些讨论中所提出的种种论点，极富逻辑，而且较之西方社会主义者所采取的立场，我们甚至可以说，他们更为清楚地阐明了这个问题的性质，因为西方的论者通常都试图做到两全其美，既想否定法治，又想获得法治的裨益，而不能专注于对法治的否定。

在讨论初期，苏联的法律理论家经谨慎思考后，一开始就力图沿着他们所认可的在西欧久已确立的那种否定法治的方向发展。正如其中的一位法律理论家所言，法律观念本身已普遍消失，而且"重心也已从颁布一般性规范越来越多地转向了个别裁定和命令，以此调整、协助和协调各种行政活动"。同时另一位法律理论家也争辩说，"由于对法律与行政规章加以区别是不可能的，所以这两者间的区别只是资产阶级理论与实践的拟制而已"。对于此一发展的最佳叙述，乃是由一位非共产党员的苏联学者做出的；他指出，"苏联制度与所有其他专制政制的区别在于……前者表明了这样一种努力，即力图根据与法治原则相反对的诸原则建设国家……并且发展出了一种使统治者免负责任或不受限制的理论"。又如一位共产党的理论家所指出的那样，"我们立法的基本原则和私法的基本原则，尽管资产阶级理论家绝不会承认它们，乃是'非经特殊许可，任何情形都将被禁止'"。

最终，苏联的共产党人渐渐将抨击矛头转向了法律观念本身。1927年，苏联最高法院院长在一本官方出版的私法手册中解释说，"共产主义并不意味着社会主义的法律的胜利，而是意指社会主义对任何法律的胜利，因为伴随着具有敌对利益的阶级被消灭，法律亦将彻底消亡。"

一位苏联法律理论家最为明确地分析并解释了这一发展阶段的各种情况，他的论著曾一度在苏联国内外引起了广泛的关注，但他稍后便因失去了最高领导层的信任而失踪。他这样写道，"对于行政机关而言，将技术指导从属于一般的经济计划，乃是与在制定生产和分配规划时所采取的直接的、由技术决定的指导方法相一致的。此一取向的逐渐获胜，意味着法律的逐渐被消灭。"简而言之，"在社会主义的社会中，由于不存在自发的私的法律关系的余地，只存在着为了社会利益的管理的空间，所以一切法律都转换成了行政，所有的既定规则亦都转变成了自由裁量和种种基于社会功利的考虑。"

在英国，背离法治的发展虽早就开始，但在很长一段时间内却只限于实践的领域，而未受到理论上的关注。尽管在1915年前戴雪便指出,"在过去的三十年中,自古便受到尊奉的法治,在英国经历了明显的衰败",但是对此一原则的日益增多的侵犯,却并没有引起人们的关注。1929年,一本书名为《新专制主义》(The New Despotism)的著作出版了。该书作者一位上诉法院法官在该书中指出,晚近发展的情形与法治甚少相符之处,在那个时候,该书虽说因对时世的苛刻抨击而赢得了名声,但却无助于改变英国人的自满信念,即法治的传统极为安全地保障着他们的各项自由。该书在当时仅被视作一本反动的小册子,而且对它的谩骂,即使在四分之一世纪后的今天也极难令人理解,尽管在今天不仅如自由主义者的喉舌《经济学人》(The Economist),甚至连社会主义论者也都已同样的方式论及了这种事态的危险。《新专制主义》一书确实促成政府任命了一个官方的"大臣权力调查委员会",但该委员会的报告,尽管多少也重申了戴雪的论点,却在总体上最为轻描淡写地论及这方面的种种危险。我们需要明辨的是,这份报告的主要作用在于:它使法治的反对者得以用更加巧妙的方式炮制了更多的文字以阐释反法治的理论。

这一运动由一批团结在拉斯基(Harold J. Laski)教授周围的社会主义法学家和政治科学家所领导。詹宁斯(Jennings)博士在评论该调查委员会的报告和以其为基础所形成的各项文献时,首当其冲地对法治观念展开了批判。由于他完全接受了当时极为时髦的实证主义学说,所以他以这样的方式指出,"法治的观念,按照那个调查委员会的报告所赋予它的意义来讲,就是指人人在普通法院所实施的法律(亦即国家的法律)面前平等,从字面意义上看,这纯属无稽之谈"。他进一步论辩说,这种法治"要么各国都有,要么根本不存在"。尽管他不得不承认"法律的稳定性和确定性……乃是英国数个世纪传统的一部分",但是他之所以承认这一点,只是因为他对下述事实感到极不耐烦,即人们在打破这个传统时"还极为羞羞答答"。而对于那个"为该调查委员会大多数成员和大多数证人所持有的……关于法官职能与行政官员职能明确不同"的信念,詹宁斯则更是嗤之以鼻。

晚些时候,詹宁斯在一本为人们广为使用的教科书中详尽阐释了上述观点。在这本教科书中,他明确否认"法治与自由裁量权之间存在着冲突",还明确否认"'常规法律'与'行政权力'"之间存在着对立。他甚至认为,戴雪所谓的那项原则,例如公共当局不应当具有广泛自由裁量权的原则,乃是"辉格党人的行事规则,其他人可以不予理会"。尽管詹宁斯承认,"对于1870年,甚或1880年的宪法学者来讲,英国宪法根本上是以个人主义的法治为基础的,而且英国的国家也是以个人主义的政治理论和法律理论为基础的法治国",但是他却认为,这只意味着"英国宪法不赞成'自由裁量'权,除非这些权力由法官行使。当戴雪说英国人'受法律统治并且只受法律的统治'时,他意指的乃是'英国人受法官的统治并且只受法官的统治'。这实是一种夸张之言,但却是一种善的个人主义"。然而不无遗憾的是,詹宁斯似乎并没有意识到,之所以只有法律专家,而非其他专家,尤其不是关注特定目的的行政官员,才应当有权颁布采取强制性行动的命令,实乃是法治下的自由理想的一个必然结果。

需要补充指出的是,随着时间的推移,经验似乎在相当大的程度上促使詹宁斯修正了他的观点。他在晚近出版的一本极为畅销的著作中,在开篇及结尾的章节中都对法治给予了极高的赞扬,甚至对英国当下仍盛行的法治的程度给出了一幅多少有些理想化的图景。但是,在他改变观点之前,他对法治的种种抨击却早已产生了广泛的影响。例如,与詹宁斯这本书同属一套丛书但却早其一年出版的另一本书,即《政治学词汇》(*Vocabulary Politics*)便可以佐证此点。该书作者指出:"岂不怪哉:社会上居然有这样一种流行观点,认为法治乃是一种为某些人所有而为另一些人所不具有的东西,就像汽车和电话一般。那么,没有法治又意指什么呢?是否就指根本没有法律呢?"对于《政治学词汇》所提出的这个问题,我甚感担忧,如果这个问题所反映的,真的就是在实证主义的支配影响下成长起来的较年轻一代中大多数人的立场,如何得了。

拉斯基教授圈子中的另一成员罗布逊(W. A. Robson)教授,在其所著的一本极为流行的关于行政法的论著中对法治所做的讨论,也具有同样的重要性和影响力。他在讨论中注入了高度的热情,主张对控制行政行动的混乱状态进行整顿并使之规范化。为此,他对行政法庭的任务进行了解释，但是，如果行政法庭按照他所阐释的任务去行事，那么行政法庭在保护个人自由的方面，便会变得毫无作为。他的目的极为明确，即旨在加速"背离被已故教授戴雪视作英国宪政制度根本特征的法治"。他在开篇就抨击了"那种古老而破旧的摇摇晃晃的两轮马车"，即"传说般的权力分立制度"。他认为，将法律与政策加以区分"纯属谬误"，而且那种以为法官并不关注政府目的而只考虑实施法律的观点，亦属无稽之谈。他甚至认为，"行政法官能够实施某项不受法律规则和司法先例（judicial precedents）束缚的政策"，乃是行政法庭的主要优点之一。"在行政法的所有特征中，以能够恰当地服务于公共利益为条件，最具裨益的莫过于行政法庭有权推进某个特定领域内的社会改良政策，并有权根据这个公开宣称的目的去审理它所受理的案件，以及行政法庭为了满足这种社会政策的需求，有权调整自己对有关争议的态度"。

上述论点最为清楚地表明了我们这个时代的诸多"进步"观点是多么反动的真相！正因为如此，发生下述情形亦就不足为怪了：诸如罗布逊教授的这类观点很快就得到了保守主义者的赞同，而且一本新近出版的关于《法治》（Rule of Law）的保守党小册子也响应了罗布逊教授的观点，对行政法庭大加赞赏，因为行政法庭"具有灵活性且不受法律规则或司法先例的束缚，所以它们能够真正地有助于行政大臣执行其政策"。保守主义者对社会主义学说的接受，可能是此一发展中最令人惊讶的特征。保守主义者走得太远了，以致他们在关于"现代国家的自由"（Liberty in the Modern State）的专题讨论会中居然宣称，"关于英国人受法院保护而免遭政府及其官员的压迫的观点，我们久已否弃，以致本次研讨会上没有一位与会者认为我们现在有可能再回到那个19世纪的理想的立场上去了"。

关于这些观点会导致何种结果的问题，可从那个社会主义法律学家圈子中较不著名的人士的不太慎重的言论中见出。其中的一位成员在一本关于《计划的国家与法治》（The Planned state and the Rule of Law）的书籍中，一开篇就指出"要重新界定"法治。他劈头盖脸地抨击说，传统的法治观实际上是将作为最高立法者的议会的"所作所为视为法治"。这种论断致使这位作者"极为自信地断言，计划与法治的不相容合（此论最早由社会主义论者自己提出）乃是一则神话，只有偏见或无知才会认为它正确"。此一圈子中的另一位成员甚至认为，虽然有人提出了这样的问题，即希特勒如果是以一种合宪的方式获得其权力的话，那么纳粹德国是否可以被认为是法治国，但是这个问题并不难回答："答案是肯定的，多数总是正确的，因为如果多数选举他掌权，法治就在运行之中。多数可能是不明智的，也有可能是捣蛋的，但法治亦存。因为在一民主制度中，所谓正确，乃是由多数决定的。"在这里，我们见到了我们这个时代最为荒谬且最混淆视听的观点，然而令人惊奇的是，这种观点居然是以一种最坚定的口吻表达出来的。

在这类观点的影响下，英国在过去二三十年中发生如下这样的变化也就不足为怪了：行政机构在支配公民私人生活和私有财产方面的各种权力，得到了迅速增加，但对这些权力的限制措施却极不完善。新的社会立法和经济立法都赋予了行政机构以日益增大的自由裁量权，但只是偶尔提供救济措施，即使规定了某种救济方式，也存在着极大的缺陷，即当事人可以向人员构成混杂的行政法庭委员会提出上诉。在一些极端的事例中，法律居然授予行政机构以权力，以确立采取那些类似没收财产的行动所赖以为据的"一般性原则"，也正因为此，行政当局竟拒绝受任何硬性规则的束缚。只是在晚近，尤其是在一位富有却极具公共精神的人士经持续不断的努力而将一政府公然高压的行动置于众目睽睽之下并引起了人们的广泛关注之后，少数有识之士长期以来一直对这些发展所抱持的忧虑，才开始引起更多的人士的注意，并产生了新一轮的回应迹象。关于这些回应，我们将在下文中讨论。

美国沿此方向的发展，从诸多方面来看，并不亚于英国，这多少有些令我们感到惊讶。事实上，无论是法律理论中的种种现代思潮，还是那种鼓吹不需接受法律训练的"行政专家"（expert administrator）的观念，在美国的影响都要远远大于其在英国的影响；人们甚至可以说，我们在上文所论及的英国的社会主义法学家，通常更能从美国的法律哲学家而非英国的法律哲学家那里获得激励。促成此一情况发生的外部环境,甚至连美国人自己都不甚理解,所以值得我们更好地去把握它。

事实上,美国的情形是极为独特的,因为美国从欧洲的改革运动中所获致的激励和鼓舞,很早就在那里凝聚为此后渐渐为人们所知的公共行政运动。此一运动在美国的作用多少有些类似英国费边社运动的作用,或德国"社会主义者争取议席"运动的作用。由于美国的公共行政运动以政府效率为口号,所以它设计了非常精巧的手段去获得商业界或企业界人士的支持,企图实现那些经过包装但实质上未变的社会主义目的。此一运动的成员,从一般意义上讲,在"美国进步党人士"的同情性支持下,对个人自由的种种传统上的保障措施(如法治、宪法性限制、司法审查和"基本大法"等观念)展开了最为激烈的抨击。这些"行政专家"的特征乃是,他们既敌视(一般而言,他们在很大程度上是无视)法律领域中的专家,亦敌视经济领域中的专家。在他们努力创建一门行政"科学"的时候,指导他们的毋宁是一种极为幼稚的"科学的"程序观,他们不仅对传统甚至对原则都大加鄙视,而这正是极端的唯理主义者的特色。正是他们竭尽全力,才使下述观念得到了广泛的传播,即"为自由而自由,显然是一毫无意义的观念,因为所谓自由,一定是做某事和享有某物的自由。如果有更多的人购买汽车和去度假,那么也就意味着有更多的自由"。

主要是通过这些人的努力,才使得欧洲大陆的行政权观念输入美国较输入英国为早。因此,早在1921年,美国的一位最为杰出的法理学家便指出,"美国正在出现两股趋向:一是背离法院和法律的趋向,而第二种趋向则企图以复兴行政正义和立法正义的方式以及依赖政府的专断权力的方式,退回至无法正义的状况中去。"几年以后,一位法学家在其所著的一部关于行政法的权威著作中竟然宣称下述观点已成为公认的准则,该准则就是,"每一位政府官员根据法律的规定都具有一定的'管辖'领域。在这个管辖的领域中,他可以根据自己的自由裁量而自由地行事,而且法院也会将他的行动视作最终决定而加以尊重,甚至不会对其行动的正当性加以追究。但是,如果他逾越其管辖领域的界限,法院就将做出干预。法院据此对政府官员的行动进行审查的法律,便只是一种关于超越权限的法律。法院所关注的唯一问题就是管辖权的问题,而关于政府官员在其管辖范围内实施自由裁量权的问题,法院则无权施以控制。"

反对法院对行政行动和立法行动施以严格控制之传统的趋向,实际上早在第一次世界大战前就出现了。然而作为一个实际的政治问题,这种反对法院的主张最初则是在富莱特于1924年竞选总统时才开始变得特别重要的,当时这位参议员甚至将控制和削弱法院的权力作为其竞选纲领的一个重要部分。主要是基于富莱特所确立的这个反对法院的传统,进步党人士才得以在美国远甚于在其他国家成为主张扩大行政机构自由裁量权的主要倡导者。在20世纪30年代末,美国进步党人的这个特征愈已显著,以致连欧洲社会主义者"在首次面对美国自由主义者与美国保守主义者之间就行政法和行政自由裁量权等问题所展开的论战时",都倾向于"警告美国进步党人要注意行政自由裁量权的扩展所具有的内在危险,甚至还告诫他们,我们(即指欧洲社会主义者)在这个方面可以为美国保守主义者的立场的正确性作证"。但是,一当欧洲社会主义者发现美国进步党人的这种态度能够在很大程度上促使美国的制度渐渐地以一种不为人们注意的方式向着社会主义方向运动时,他们又很快停止了他们的抨击。

美国进步党人与保守主义者的上述冲突,当然是在罗斯福总统执政时期达到了最高峰,但是此前数年中盛行的智识思潮已为罗斯福时期的种种发展铺平了道路。20世纪20年代和30年代初,美国出版了一大批反法治的文献,势同浪潮,并对此后的发展造成了相当大的影响。此处我们仅举两个颇具特色的例子作为证明。对美国的"法治政府而非人治政府"的传统,发动正面攻击的积极人士中的代表人物,乃是查尔斯·海因斯(Charles G. Haines)教授,他不仅将这种传统理想视作一种幻想,而且还严肃地辩称:"美国人应当根据一种对公共官员的信任理论来建构政府"。要认识到海因斯的观点与构成美国宪法基础的整个观念彻底相悖,人们只需记住托马斯·杰斐逊总统的观点即可,杰斐逊总统指出,"自由政府乃是建立在慎防或忌妒而非信任基础之上的,正是根据慎防或忌妒而非根据信任才规定了限权宪法，以约束那些我们当授予其以权力的人……因此，我们的宪法确立了我们的信任可能所及的限度。就权力问题而言，希望不要再让我们听见所谓的对人的信任的言论，而是用宪法的种种限制措施去约束被授权之人，防止他们给我们带来伤害。"

更能反映当时智识趋向特征的，可能是已故法官杰里米·弗兰克（Judge Jerome Frank）所撰写的著作《法律与现代精神》（Law and the Modern Mind），该书首版于1930年，并获得了巨大的成功，但这种成功对于今天的读者来讲已是一件极不易理解的事情了。该书对法律确定性的理想进行了猛烈的抨击，弗兰克甚至将这种理想讥讽为"需要一个权威父亲的小儿科式的要求"的产物。该书以精神分析理论为基础，为那一代不愿意接受任何对集体行动进行限制的人对传统理想所采取的蔑视态度提供了理论根据。然而，正是在这些观念中成长起来的年轻人变成了推行新政这一父权式政策的工具。

到20世纪30年代末，人们对这类发展的忧虑和不安日益激增，结果成立了一个委员会专门调查此类问题，即"美国检察总长关于行政程序调查委员会"（the U. S. Attorney-General's Committee on Administrative Procedure），其任务与英国在十年前成立的"大臣权力调查委员会"的任务很相似。但是，该调查委员会的《多数报告》（Majority Report），与英国那个委员会的报告相比，则更是有过之而无不及，竟然将当时所发生的事态描述成既不可避免，亦无损害。哈佛大学法学院院长罗斯科·庞德（Dean Roscoe Pound）最为恰当地指出了该报告的大要，"虽说该调查委员会之多数很可能是无意为此，但他们实际上就是循着行政专制主义的路径在思考问题，而这种行政专制主义，则是全世界于当下日益兴盛的专制主义的一个方面。他们主张法律消亡的观念，认为社会将不会再有法律，或者只有一种法律，那就是行政命令。他们认为根本就不存在权力之类的东西，法律只是要实施国家强力的威胁，规则和原则只是迷信和宗教期望，权力分立原则乃是过时的18世纪的思想方式，法律至上这一普通法原则也已失效。他们甚至还认为，公法乃是一种'人们必须从属的法律'，亦即使个人的利益从属于政府官员的利益，并允许政府官员根据公共利益来裁量纠纷，从而给予公共利益以更大的价值，同时无视其他利益。最后他们形成了这样一种理论，即法律乃是官方所为，从而官方所为便是法律，而且不容法学家的批判——以上所述便是我们认识该调查委员会多数建议所必须正视的背景"。

颇为幸运的是，有种种明显的迹象表明，许多国家对于发生在过去半个多世纪中的反法治的取向采取了否定的态度，并且还做出了一系列强硬的回应。这些迹象可能在那些经历了极权政制从而深知放松对国家权力的限制所具有的危险的国家中最为明显。社会主义者在不久以前还在对个人自由的传统保障措施进行冷嘲热讽，但是现在，甚至他们当中的有些人士也开始改变了态度，这实在可敬可嘉。几乎没有人能够像著名的社会主义法律哲学家，已故的古斯塔夫·拉德布鲁赫（Gustav Radbruch）那般坦诚地表达了这种观点的转变过程。他在晚年所撰写的一部著作中指出，"尽管民主确是一颇值称道的价值，但法治国却像我们每日食用的面包、饮用的水和呼吸的空气，实是我们最基本的需要。民主的最大价值就在于民主仅凭自身的力量就能做出调适以维护法治国"。然而，从拉德布鲁赫对德国发展的描述中，我们可以清楚地看到，民主在德国事实上未必就能做到对法治国的维护。可能更为恰当的说法是，如果民主不维护法治，民主就不会存续多久。

在第二次世界大战爆发以后，司法审查原则的推进以及德国论者对自然法理论的关注的恢复，乃是上述发展趋向的又一象征。当时，在其他欧洲大陆国家，也正在开展类似方向的运动。在法国，雷坡（G. Ripert）通过对《法治的衰微》（*The Decline of Law*）的研究而对此做出了重大的贡献，他在这部论著中正确地得出结论认为，"总而言之，我们必须对这些法学家做出谴责。正是这些法学家在这半个世纪中的所作所为摧毁了个人权利的观念，他们甚至丝毫没有意识到，正是他们的所作所为将这些个人权利拱手交给了强大无比的政治国家。一些法学家想证明他们是进步的，而另一些法学家则相信他们重新发现了那个为19世纪的自由个人主义所遮蔽的传统原则。这些学者常常表现出某种程度的偏狭，而这阻碍了他们去认识其他学者从无偏见的学说中所可能推演出的真实的结论。"

在英国，许多人也提出了诸多类似的警告，而人们对这个问题的日益关注的第一个结果便是在晚近的立法中重新恢复了这样一种趋势，即恢复法院作为审理行政争议的终极权威。最近，从一个专门调查法院（即除普通法院以外的其他法院）上诉程序的委员会的报告中，人们也能发现这类极鼓舞人心的迹象。在该项报告中，这个调查委员会不仅提出了重要的建议，以消除现行制度中所存在的大量缺陷和失范现象，而且还颇令人赞赏地重新确认了"司法与行政的区别，以及法治与专断的区别"。该报告还强调指出，"法治支持这样一种观点，即应当根据众所周知的原则或法律做出裁定或判决。一般而言，这些裁定或判决是可以预见的，而且公民也知道他处于何种法律境地"。但是在英国，仍然存在着"相当大的行政领域未得到专门法院的管辖或规定"（这个问题并不属于该调查委员会所讨论的问题）。在这些领域，情况仍不能令人满意，而且公民实际上也依旧处于专断的行政裁定的支配之下。如果要扼制住这种侵蚀法治的趋向，似迫切需要建立某种独立的法院，由它来受理所有行政案件的上诉请求，一如各国人士所提出的建议那般。

最后，我们还需要论及一种国际性的努力，这就是1955年6月在国际法学家委员会的大会上所通过的"雅典条例"（Act of Athens），它以一种强硬的姿态重新肯定了法治的重要性。

然而，我们却很难说，在这种复兴原有传统的普遍愿望中，人们对于其间所可能涉及的问题也具有明确的意识。同样我们也很难说，人们在原有传统的诸原则成为实现某个可欲的目标的最为直接而显见的障碍时，会依旧坚持这些原则。这些原则在不久前似乎已是人所周知的常识，实无须重述，甚至在今天，人民大众似乎也要比那些当代的法学家更熟知这些原则。然而就是这些原则，已为当下的一些法学家所遗忘，所以极有必要对这些原则的历史及其特性给出详尽的阐释。只有在这个基础上，我们才能在本书的第三部分以更为详尽的方式，对在一自由社会的框架中实现各种现代的经济政策和社会政策的不同方式进行考察，亦能对这些政策之所以无从实现的各种缘由进行检讨。

三、福利国家中的自由

（一）国家与社会保障

> 社会安全网络之说，虽足以摄取命运多舛者之心，但对于我们当中那些能自强自立者而言，公平分享之说才具有真实意义。
>
> ——《经济学人》（*The Economist*）

在西方世界，向那些因自身无法控制的情势而蒙受极端贫困或饥馑的人提供某些救济，早已被视作社会的一项职责。自大都市兴起以及人口流动日益增长瓦解了旧有的邻里纽带以来，最初用以满足此类需求的地方性制度安排便已不敷需用了，而且（如果地方政府的职责不是阻碍人口流动）这些服务的供给也不得不在全国范围内加以组织，并由专门创设的特殊机构予以提供。我们在当下称之为公共援助或公共救济，尽管在各个国家所具有的形式不尽相同，但却都只是传统上的济贫法适应现代条件的变异而已。工业社会采取此种制度安排的必要性，可以说是毋庸置疑的——但这只是从保护那些贫困者避免堕入绝境的角度而言的。

在提供公共救济的过程中，下述两种情形很可能是不可避免的：一是社会不可能在一相当长的时间中只向那些无力自我保障的人（按照过去的称谓，他们是"法定贫困者"）提供这种公共救济；二是在一个比较富裕的社会里，现在所给予的救济量一定会多于维持生存和健康的绝对必需量。当然，我们也一定会希望，这种公共援助的可获得性，能够促使一些人在他们还能够自力维持供给时不去依赖这些本应在紧急境况下才提供的救济。由此看来，唯一合乎逻辑的便是，那些虽说可以主张这种救济的人，但凡处于尚有能力自我维持供给的境况下，都应当被要求自力维持。有一种观点认为，必须为那些因年迈、失业、疾病等原因而极度需求救济者提供救济，而不论其个人是否能够和是否应当自力维持供给，但是我们必须指出，这种做法一旦被公认为社会的职责，特别是当公共援助的获取已达到了促使个人放弃自我努力的程度，那么，显而易见，我们的逻辑结论就只能是强迫这些人参加保险（否则就不提供救济），以应付生活中常见的各类危险局面。这种做法的合理性并不在于大众应当被强迫去做符合其个人自身利益的事情，而在于如果没有这样的规定，他们便会成为社会公众的负担。与此相类似的是，我们要求汽车车主投保汽车对第三者的责任风险，决非是为了考虑汽车车主的利益，而是为了考虑那些可能会因驾车人的疏忽行动而蒙受损害的人的利益。

最后，一旦国家要求每个人都加入此前只有一些人加入的社会保险行列，那么人们完全有理由认为，国家也应当帮助推进适当的机构制度的发展以利其事。由于是国家的行动加速了相应机构制度的发展（否则它们的发展便会极为缓慢），所以开创和尝试这些新型制度机构的费用，也会像在其他事关公众利益之领域中从事研究或传播知识的费用一样，被认为应由公众或政府来承担。为推进制度的发展而用公共资金提供的援助，就其性质而言，应当是暂时的，是一种用于帮助推动公共决策认为必要的制度发展的补贴，而且只能用于此类制度的尝试和建构时期，一旦现行制度的发展足以满足新的需求，这种援助就应当终止。

就此而言，人们完全有理由赞同这种社会保障的设置，甚至连最坚定的自由倡导者也很可能会接受这种安排。尽管许多人会认为走到这一步是不明智的，但是我们却认为，这种制度性安排并不会与我们在前文所述的各项自由原则相抵触。上文论及的社会保障计划的实施，也许需要运用某种强制性措施，但是采取这种强制性措施的目的，只在于为了其他人的利益而以预先规定的方式阻止个人采取更大的强制。主张此一计划的根据;一方面是个人力图保护自己以免受其他人因极端贫困而导致的结果的牵累,另一方面则立基于要求个人采取更为有效的手段以自力地解决自身需求的愿望。

只是在社会保障的主张者由此再跨出一步的时候,才会导致事关要害的问题。甚至在19世纪80年代,亦即德国实施社会保险的最初阶段,个人就已不仅被要求加入社会保险以自行抵御一些风险(对于这些风险,如果人们不加入保险,国家就必须向他们提供救济),而且还被强迫通过政府统一管理的组织去获得这种保护。尽管这种新型组织的想法出自于工人自己的创意而建立的制度——在英国尤为明显,而且尽管在德国,这类由工人自己创设的制度在某些领域——尤其是在疾病保险领域——也已发展起来并且被允许继续存在,但是德国政府还是决定,在所有有必要提供保护的新领域(如对年迈、工伤事故、残疾、孤寡和失业等风险进行保障的领域),都应当采取统一组织的形式。它不仅是所有这些服务的唯一提供者,而且所有那些被保护的人也都必须隶属于这一组织。

因此,社会保险从一开始就不仅意味着强制性保险,而且还意味着强制个人加入由国家控制的统一组织。支持这一决策的主要理由,乃是人们假定这样一种统一的组织具有着更高的效率和更大的行政便利,也就是说比较经济。这种观点曾一度遭到人们的普遍反对,但现在却已被普遍视作无可争议。常常有人宣称,这种组织方式是确使所有需要援助者能同时获得充足救济的唯一途径。

这一论辩的确有一些道理,但绝非定论。就某一特定的时间来讲,由当局所能遴选到的最好的专家们所设计的这种统一组织,确有可能是人们能够创设的最有效能的组织。但是,如果试图使初始的构设成为其后一切发展的出发点,又如果最初负责此一构设的人士可以成为裁断何为必要的变革的唯一仲裁者,那么欲使这种统一组织的效能维持长久而不变,就是根本不可能的。如果有人以为做事的最佳且最经济的方式,可以通过事先的设计永久获致,而无需通过随时对可用资源的即时性重估的方式来获得,那一定是大错特错了。一切不受竞争挑战的垄断都会随着时间流逝而导致低效,这一原则在此一领域，如同在其他领域一样都适用无误。

诚然，如果我们在任何时候都想尽快地实现已经被明确认为是可能的目的，那么，经由审慎思考而对所有用于这一目的的资源加以组织和运用，实可以说是一最佳途径。然而，在社会保障领域，人们所依赖的往往是适当制度的逐步进化和发展，而这无疑意味着一个由中央集中控制的组织所能够立即加以关注的某些个人需求，有的时候往往得不到充分的关注。对于那些只醉心于一举扫荡所有可以避免之弊端的毫无耐心的改革者而言，创设一个单一的并拥有全权去做即刻可做之事的机构，似乎是唯一恰当的方法。然而，就长远的角度来看，我们却不得不为这种做法付出高昂的代价，即使是依据某一特定领域所取得的成就来衡量，其代价也是极为昂贵的。如果我们只是因为一种单一的综合性组织能够即刻提供大额保障费用而盲目地致力于创设并固守这种组织，那么我们就完全有可能因此而阻止其他类型的组织的进化和发展，而恰恰是这些组织有可能最终对人们的福利做出更大的贡献。

虽说起初为支持这种单一的强制性组织而强调的主要理由乃是效率问题，但是在这些主张单一的强制性组织的人士的心目中，实际上一开始就还有着一些其他的打算。他们认为，事实上，一个拥有强制性权力的政府组织可以同时实现两个虽则相互勾连但却截然不同的目标，然而这两个目标的实现，却绝不是那些按照商业规则运作的组织所能及者。私人组织所能够提供的只是那些以契约为基础的具体的服务，也就是说，它们所能够保障供给的并不是那类仅出自于受益人经由审慎思考而单方导致的需求，而是那些可以根据客观标准加以确定的需求；再者，它们采用的方式也决定了它们只能对那些可预见的需求提供救济。在这种前提下，无论我们将一种保险体系扩展至什么样的领域，受益人所能得到的救济都不可能超过有关契约的规定，例如，受益人所可能得到的救济，不可能是人们根据受益人的实际境遇而判断出的他所需要的那些救济。相反，由政府组织所提供的垄断性的服务，则完全可以立基于"按需分配"的原则，而不考虑契约的规定。因此这些论者认为，只有这样一种拥有自由裁量权的组织，才

三、福利国家中的自由

能够给予个人以他们"应当"拥有的东西,或者说,才能够使他们去做他们"应当"去做的事情,以实现一种划一的"社会标准"。以上所述乃是具有强制性权力的组织所能达致的第一个目标,而其所能达致的第二个主要目标,即这样一种政府组织还能够对个人或群体的收入做似乎合理的重新分配。尽管所有的保险都会涉及风险统筹的问题,但是私人的竞争性保险机构却无论如何不可能经由刻意的安排而将一个预先指定的群体的收入转移给另一个群体。

这样一种收入再分配的安排,在当下业已变成了那种仍被称之为社会"保险"制度的主要目的——尽管此处所用的"保险"称谓,名不符实,甚至在这类方案实施之初,它便是一个选用不当的名称。1935年美国采用此类计划时,规划者之所以采用"保险"一词,只是为了使这一计划显得更加美好,因此这一术语乃是被人"灵机一动"而保留了下来。其实从一开始,它就与保险无甚关涉,而且此后又进一步丧失了它可能有过的某种与保险相类似的东西。尽管大多数国家在初期实行的此类计划都与保险有些许相似之处,但是此后的发展情况,却与美国的情形大体相似,可谓是与保险风马牛不相及。

尽管收入再分配从来就不是社会保障机构在一开始就公然宣称的目标,但是现在,"收入再分配"已在各个国家变成了社会保障的实际的且公认的目标。任何垄断性的强制保险制度都无法抗拒这种异化,这即是说,它们最终只能变成一种对收入进行强制性再分配的工具。在这种制度下,并不是由给予者的多数决定应当给不幸的少数以什么东西,而是由接受者的多数决定他们将从比较富有的少数那里获得什么。关于这一制度的伦理问题,我们将在下一节做专门的讨论,而在本节中我们将只关注那些原本旨在救济贫困的机构普遍转变成为平均主义再分配的工具的过程。对于许多人来说,由于福利国家是一种对个人收入实现社会化的工具,是一种创建家族式国家的工具(它将各式福利用金钱或其他形式分配给那些它认为最值得拥有它们的人),所以它已经变成了传统社会主义的替代物。尽管福利国家被认为是一种替代直接管制生产的方法的制度性安排,然而值得我们注意的是,由于福利国家乃是一种试图按照它所认为适当的比例和形式分配收入以实现"公正的分配"的方法，所以它事实上只是一种追求传统社会主义目标的新方法而已。而较之于传统社会主义，福利国家之所以能够获得更为广泛的认可，其原因无非是它在最初被提出来的时候，仿佛只是一种救济特别贫困者的有效方法。但是，对这种似乎合理的福利组织方案的接受，却很快就被解释成是对一种与济贫完全不同的目标的信奉。正是通过那些在大多数人看来只关涉微不足道的技术细节的一系列决定，济贫制度终于实现了向收入再分配制度的转变，这是因为在这些似乎不重要的决定中，救济贫困与收入再分配这两种目的之间的关键区别，常常为不断推出的且技巧高超的宣传手法所刻意掩盖了。最为重要的是，我们越来越明确地意识到，在一个社会将消灭贫困和保障最低限度的福利视作自身职责的事态，与一个社会认为自己有权确定每个人之"公正"地位并向其分配它所认定的个人应得之物的事态之间，实存在着天壤之别。当政府被授予提供某些服务的排他性权力的时候，自由就会受到极为严重的威胁，因为政府为了实现其设定的目标，必定会运用这种权力对个人施以强制。

　　社会保障制度极为复杂，从而也很难为人们所理解，因此它给民主制度造成了一个严重的问题。我们可以毫不夸张地说，尽管庞大的社会保障机构的发展已经成为促使我们经济生活发生转变的一个主要因素，但是人们对其实质却知之甚少。这个问题可以在下述两个方面见出：一方面是人们长期以来一直认为，个别受益人对于享用社会保障服务具有一种道德上的主张权，因为他已为此类服务做出过贡献；另一方面则是这样一种怪异的事实，即人们在把主要的社会保障法案提交给立法机构批准时，常常采取的是一种置立法机构于毫无作为之境地的方式，要么全盘接受要么彻底反对，毫无修改之余地。这种情况明显造成了一种悖论：一方面，社会保障制度以大众中的多数无力为自己做出明智的选择为借口而主张为其管理大部分收入，但另一方面却又要求依照这一多数的集体能力来决定个人收入应当如何使用的方式。

　　然而需要指出的是，还不仅仅是那些社会公众中的一般人士视社会保障的复杂程度直如神话一般，就连当下那些一般的经济学者、社

三、福利国家中的自由

会学者或法律人士也对这一复杂且变化不定的制度的诸多细节茫然无知。结果，专家渐渐在这一领域中占据了支配地位，如同在其他领域一般。

这种新型的专家，如同我们能在诸如劳动、农业、住房建筑和教育等领域所见到的专家一样，乃是一些对于某一特定制度框架具有专门知识的人士，或者说是一些置身于某一特定制度框架中的专家。我们在这些领域里所创设的各种组织日益庞大复杂，以致一个人必须耗用其全部时间方能做到完全了解和认识这些组织的复杂性。制度性专家，未必是那些掌握了所有使之能够判断该制度价值所在的知识的人士。而往往只是一些全面理解其组织构造并因此而变得不可或缺的人士；制度性专家之所以对某一特定制度感兴趣且表示赞赏的理由，实与任何专家资格条件无关。但是，这类新型专家却几乎无一例外地都有一个极为凸显的特征，即他们会毫不犹豫地拥戴或赞同他们据以成为专家的那个制度。情况之所以变成这样，不仅是因为唯有赞同此一制度之目标的人才会有兴趣、有耐心去掌握该制度的细节，而且更是因为不赞同该制度目标的人不值得做这样的努力。众所周知，任何不愿意接受现行制度之原则的人，其观点不可能得到认真的考虑，而且在确定现行政策的讨论中也将被视为无足轻重。

这一事态发展的结果就是，在越来越多的政策领域，几乎所有那些被公认为"专家"的人，从定义上来讲，都是些对现行政策所赖以为基础的诸原则持赞同意见的人士。我们可以说，这样一个事实具有颇为重要的意义，因为这是导致当代许多发展不论是否合理都趋于自我膨胀的诸因素之一。政治家在主张进一步推进现行政策的时候，往往会宣称"所有的专家都支持这一主张"；在很多情形下，作如此宣称的政治家确实是诚实的，因为只有那些支持这一发展的人士才能成为这一制度的专家，而那些反对且不信奉这种发展的经济学家或法学家却不会被视作此一制度的专家。机构或制度一旦建立，那么其未来的发展就会受制于那些被决定为其服务的人的观点，并按他们认为的该机构或制度的需要进行规划，因为这些制度专家的观点对于这种机构或制度的发展来讲是最为重要的。

今天，在一个较之其他领域更为明显地表现出新的制度安排乃出自于渐进且进化的过程而非出自人为设计的领域中，国家却竟然不顾事实地宣称，那种依凭权威方能推进的排他性单轨发展在其间具有优越性，这实在是咄咄怪事。我们当今通过保险而抵御风险的观念，绝非是某个人洞见有此需求从而设计出一种合理的解决方案的产物。由于我们对保险的运作太过熟悉，所以我们完全有可能想当然地认为，任何有智识的人稍经思考就能迅速发现其中的各项原则。事实上，保险制度演化发展的道路本身，便对下述主张做出了最为有力的批判，因为这种主张竟然试图将保险制度的未来发展仅限于由权威所强制推行的单一轨道之中。有论者曾经恰当地指出，"与晚些时候创设的社会保险制度不同，当时并没有人拥有明确的目的要去创设什么海上保险制度"，而且，我们今天在此一保险领域所拥有的技术亦源出于一种渐进的发展，在这个过程中，每一持续的进步都可以说是"无数的无名氏或历史上无数个人所做的巨大贡献的结果。正是这些逐渐的发展最终造就出了这样一种尽善尽美的制度，而且从整体上与这种制度的完美相比较，所有那些仅依凭权威智识而产生的充满了小智慧的观念，实难望其项背"。

我们难道真的敢妄称我们已穷尽了一切智慧？为了更为迅速地达致某些现已可见的目标，我们是否仅凭现有智慧就已足够了？我们是否因此可以不再需要在过去从无计划的发展中所获得的各种帮助？我们是否也因此不再需要在过去从我们逐渐调整旧的制度安排以适应新的目的的过程中所获得的各种帮助？以下事实足以说明这些问题：在国家威胁施以垄断的两个主要领域——对于老年人的保障领域和对于医疗的保障领域中，我们目睹了一些新的方法正在国家尚未实现完全控制的场合所获得的极为迅猛的自发性发展，而且我们可以说，这些新方法的各种各样的实验，几乎肯定会对当下的需求做出新的回答，而这些回答绝非是那些预先计划者所能设想的。此外，我们还需要追问的是，就长远来看，我们的生活在国家的垄断控制下真的能够变得更好吗？如果有人试图将某一特定时候的所谓最佳的知识视作规范所有未来努力的强制性标准，那么我们可以确定无疑地说，这种做法只会阻碍新知识的产生，而别无他效。

众所周知，目前实施的措施乃是那种用公共资金救济那些急需之人并配之以强迫人们加入保险以解决这些需求而使之不至于成为他人之负担的做法，然而，这样一种双管齐下的做法的结果，却是在几乎所有的地方都形成了一种与它们完全不同的第三类制度，在这种制度下，处于特定境况中的人们，如年届老迈或身罹疾病，都会得到救助，而不论其需求与否，亦不论其是否先已给自己做了安排。在这种制度下，所有的人都会得到被认为是他们应当享有的福利水准的救济，而不论其能否自力救助自己，亦不问其已经做出了什么贡献，甚或不论其是否仍有能力做出进一步的贡献。

一般而论，上述双管措施向这种第三类制度的转换，乃是通过下述做法实现的：首先是用公共资金来补充由强制性保险所获得的钱款，然后用它们来救济所需之人，并且认为这些人有权获得这种救助，但是，这些人先已支付的费用却只占他们获得救助当中的很小一部分。当然，把这种强制性的收入转移视作一种法律上的权利的做法，并不能改变这样一个事实，即这种收入转移只能根据特别需要的程度而被证明为正当，因此它们仍是一种施舍措施，而并不是什么法律权利。但是，强制性的收入转移所具有的这一特性，却常常因为下述做法而被掩盖了起来，这种做法就是一方面将这一权利授予所有的人或几乎所有的人，而另一方面又从那些较富裕者的钱袋中拿走数倍于其能从福利中所获得的东西。一些人宣称，大多数人都厌恶接受自己知道并不是通过其劳动所挣得的而仅仅是根据个人需求而被给予的东西，而且他们也不喜欢资产调查之类的做法。的确，就是这样一些说法，成了遮掩整个安排之内幕并使其成为黑箱作业的借口，从而个人也无从知道自己已经支付了什么和没有支付什么。所有这些观点的目的，都在于用蒙蔽的方法诱使公众舆论接受一种新的收入分配方法，然而，这种新机制的管理者似乎一开始就只是将这种新的分配方法视作一种过渡性的折中措施，他们的真正目的乃是使其发展成为一种旨在直接实现收入再分配的安排。如果人们想阻止这种发展，就必须从一开始就对下述两种救济做出明确的区分：一是受益者因为在事先已做出了充分的偿付从而在道德上和法律上享有权利而获得的救济，二是受益者仅根据需求并因而依赖于对需求的证明的方式而获得的救济。

与此相关的是，我们还必须指出上述由国家单一控制的社会保障机构所具有的另一特性：它有权使用经由强制性手段而征集起来的资金，为扩张这一强制性制度进行宣传。一个多数规定自己交纳税款，竟然是为了维持一个宣传机构旨在说服多数不顾自己的意愿而一味沿此途发展下去，这种做法之荒谬，当毋庸赘言。在一些国家，至少在美国，尽管公共机构使用那些原本只在私人企业中合法的"公关"（public relations）手段的做法，逐渐得到了广泛的认可，但是我们必须质疑的是，在一个民主制度下，这类公共机构将公共资金用于有利于扩展它们自身活动的宣传的做法是否确当。需要强调指出的是，无论是在一国范围还是在国际范围，这种做法在社会保障领域都已经成为一种极为普遍的现象，其滥用程度实在是任何其他领域所无法比拟的。我们可以毫不夸张地说，这种做法无异于允许一小撮对某一特定制度的发展抱有兴趣的专家运用公共资金，以达成操纵公众舆论做有利于自己活动的目的。这种做法的结果极为明显，就是造成选民和立法者都只能从那些专家的宣传中接受信息，然而那些专家所从事的活动本来却是应当受选民和立法者指导的。如果人们能够获得其他信息，那么上述专家炮制的信息究竟能在多大程度上有助于加速这种制度的发展，而同时又不遭到人们的反对，恐怕很难高估。这样一种由一个单一的只靠税收维系的组织加以运作的补贴性宣传，绝不能与竞争性广告相提并论。这是因为这种补贴性宣传赋予了这种组织以一种支配人们心智的权力，我们可以说，这种权力与那些垄断着所有信息供应手段的全权性国家所拥有的权力毫无二致。

尽管从形式上来看，现行的社会保障制度是经由民主决策而创建的，但是人们完全有理由怀疑，如果受益人中的多数充分意识到了他们所陷入的境地，他们是否还会真的继续赞同这些制度。在那些相对贫困的国家中，由于允许国家征收大众收入的一部分用于实现国家所选定的目标，所以人们因此而承受的负担沉重不堪，因为在这些国家中，物质生产力的提高可以说是最为紧迫的首务。有谁会真的相信这样的事情：意大利的半熟练工人因其雇主将本应付给他的全部劳动报酬中的44%交给了国家而会生活得更好！我们或可以用具体的数字来说明这个问题：一位半熟练工人为其雇主做工1小时，该雇主本应向他支付49美分，但他却只能得到27美分，而另外22美分却要由国家为他来花费，在这样的情况下，他会生活得更好吗？换言之，如果这个半熟练工人在了解了他所处的境况以后还可以在这一境况与没有社会保障则会使他可支配的收入增长一倍的境况之间进行选择的话，他还会选择前者吗？再以法国的情形为例，全部工人的保险费用，相当于全部工人平均费用的三分之一，此一比例难道真的是工人为了得到国家所提供的服务而心甘情愿地交给国家的比例吗？又如德国，国民总收入中大约有20%交由社会保障机构掌握，这难道还不是一种远远超出了人们愿意承受的限度的强制性收入转移吗？据上所述，那些主张由国家单一推行强制性社会保障制度的人还能有什么一本正经的理由来否认这样一点呢：亦即如果把钱交给人们自己使用并由他们自由地向私营机构购买保险，那么他们当中的大多数人一定会生活得更好。

在这里，我们只能对社会保障中的一些主要领域做较为详尽的考察，即对老年人的救济，对因非天生原因而终身残疾者的救济、对缺乏劳动力的家庭的救济；提供医疗和住院的保障；以及对因失业而丧失收入的人进行保护。不同国家所提供的大量其他服务（或是上述主要服务的一部分，或为一种单独的服务，比如孕妇津贴和儿童津贴），由于往往被看成是所谓的人口政策的一部分，所以也产生了一系列独特的问题，然而对于现代政策的这个方面，本书将不予讨论。

绝大多数国家承诺最多因而也可能导致了最为严重的问题的领域，乃是供养老年人和救济受抚养者的领域（可能只有大不列颠除外，但是一种免费的"国民健康服务"体制在英国的建立，也已产生了同样多的问题）。老年人的问题特别严重，因为在当今西方世界的绝大多数国家中，正是政府的错误使得老年人被剥夺了他们本可以用来供养自己的谋生手段。各国政府由于未能兑现诺言而且也未能很好地履行维持稳定通货的职责,所以导致了这样一种情势,即那些将在20世纪第三个二十五年中迈入退休年龄的那一代人被剥夺了绝大部分他们原本为其退休而准备的储蓄,而且远比本应有的多得多的人正在面临着他们不应面临的贫困,尽管他们早年曾致力于避免在晚年跌入此一困境,然而也无济于事。毋庸置疑,我们无论如何宣称都不会过分,即通货膨胀绝不是一种不可避免的自然灾害,它实际上始终是那些掌管货币政策的人的无知或他们所犯错误的结果——尽管职责分工已被推行得如此之广,以至于我们不能简单地责怪任何单独的个人。权力当局完全有可能认为,它们通过通货膨胀而全力预防的东西一定是更大的罪恶。由此可见,恰恰是他们的政策选择,导致了通货膨胀。

然而,即使一如我们应当做的那样,我们应当在充分意识到政府负有特别责任的情况下来讨论供养老年人这个问题,我们仍旧能够追问,对一代人造成的侵害(对于这种侵害,归根究底,这一代人自己也要分担部分责任),是否能够证明国家把一种制度安排永远地强加给其民众为正当:在这种制度下,超过一定年龄的人所获得的正常收入乃是一种从政治上决定的退休金,而这种退休金的来源则是即时的税收。不无遗憾的是,整个西方世界都正在向着这种制度迈进,而这种制度注定会导致一系列支配未来政策的问题,尽管这些问题将在多大程度上支配未来的政策,尚未被大多数人所认识。在我们致力于救济一种灾祸的过程中,我们有可能会把一种远比我们的后代所愿意承受的更沉重的负担强加给他们,进而束缚他们的手脚;而他们在为解救他们自己而做出众多的努力之后,最终在无他途可循的情况下也极可能通过违背承诺的方式而将更为沉重的负担强加给他们的后人,其程度甚至有可能远远超过我们的所作所为。

如果政府致力于对所有的老年人不仅发放一种最低限度的津贴而且还力图提供"适当的"津贴,而不论个人的需求为何,亦不论其所做的贡献为何,那么这种做法立刻就会产生非常严重的问题。一旦国家获致了提供这种保障的垄断权,它就势必会采取下述两个至关重要的步骤:第一,国家不仅会给予那些凭其贡献而获得了对这种保护的要求权的人以保护，而且还会给予那些还没有来得及做出这种贡献的人以保护；第二，当退休金应予支付时，这笔退休金并不是从为此目的而积累起来的资金所带来的收益中支出的，从而也不是从受益人因努力而获得的额外收入部分中支出的，相反，它们乃是从那些当前正在从事生产的人的工作收入中转移出来的一部分。这种判断在下述两种情况中也同样正确：一种情况是政府在名义上建立一种储备基金并将它"投入"公债之中（亦即政府将资金贷给自己而且事实上当时就开始花费这笔钱），另一种情况是政府公开地用即时的税收来偿付其当下的债务。（有人甚至提出了一种主张政府将储备基金投入生产资本之中的替代方案，但是这种方案会迅速导致政府日益加强它对工业资本的控制，所幸的是，这种方案从未付诸实施过。）需要指出的是，由国家提供老年退休金所造成的上述两种通常的后果，一般也是政府坚持这类组织方式的主要原因。

显而易见，像这样完全摒弃这种安排原有的保险特性的做法，同时又伴之以承认所有超过一定年龄的人（以及所有的受抚养者或残疾者）都有权利获得由即时多数（受益人构成了此一多数的绝大部分）决定的"适当的"收入的做法，必定会使整个保险制度演变为一种政治工具，亦即蛊惑民心的政客为拉选票而使用的一种筹码。如果有人相信下述情况，那亦纯属愚昧：客观的公正标准能从年龄上限定应获特权的人数，而这些特权者只要到了所规定的年龄（即使这是个还能够继续工作的年龄），就都可以要求那些仍在工作的人士"适当地"供养他们——这些仍在工作的人反过来也只能通过想象在未来的某个时候他们也将获得此种权利的方式而找到一点慰藉。这即是说，当他们的人数占有更大的比例而且相应地拥有更为强大的选举力量的时候，他们也能够使后来的工作者更好地满足他们的需要。

政府和制度专家所掀起的一浪高过一浪的宣传攻势，已完全掩盖了这样一个事实，即这一向所有的人都提供适当的退休金的方案必定意味着：许多最终到了盼望已久的退休年龄的人士本来是可以凭其储蓄而安度晚年生活的，但是在这样一种制度下，这些本可以自力生活的人亦将以那些还未达到退休年龄的人——如果保证给予他们以同等的收入，他们中的许多人也会立即退休——为代价而成为退休金的领取者。这种方案还必定意味着：在一个未遭到通货膨胀侵袭的富裕社会，大多数退休者通常要比那些仍在工作的人过得更舒适。政府及那些制度专家经由刻意安排而严重地误导了公众舆论对这一问题的看法，其严重程度则可以通过那个经常被引证的说法而得到极佳的说明（美国最高法院也已接受了这一主张），这个主张声称，在1935年的美国，"65岁以上（含65岁）的人中有接近3/4的人的生计，部分依赖于或完全依赖于他人的救济"。此项以统计数据为基础的主张还明确意味着，在美国，老年夫妇所有的财产已全为丈夫所占有，而作为结果，所有的妻子变成了"受赡养者"！

这种情况所具有的一个不可避免的结果是，每个大选年度一开始，就会出现大量的关于社会保障福利又将提高多少的推测和议论。这种情况在其他国家与在美国相同，居然变成了一种一般性的特征。众所周知，人想实现的欲求是没有什么限度可言的，这一点已经由英国工党晚近的一份公告得到了最明确的说明，该项公告指出，一份真正适当的退休金，"意味着有权继续生活于原来的邻里关系之中，有权维续原有的爱好，也有权出入于原有的朋友圈之中"。我估计要不了多久，就很可能会有人提出下述论点，即由于退休人员有较多的时间去花费金钱，所以给予他们的金钱必须多于那些仍在工作的人士，而且就年龄分布而言，人们也没有理由说40岁以上的多数就不可以即刻让那些比他们岁数小的人成为他们的苦役。事态如果真的发展至此，那么身体较为强壮的年轻人就会起而造反并将老年人的政治权利连同他们应当得到保障的法律权利统统剥夺掉。

上文提及的英国工党的公告之所以至关重要，除了它反映出了工党人士帮助老年人的欲求以外，还因为它明确地表现出了其欲使老年人不能自助并使他们只能依赖于政府救济的期求。这份公告充满了对私人保险机构提出的各类退休金方案和其他与此相类似的制度安排的敌意，而更值得人们关注的乃是此一规划方案中的数据所赖以为基础的冷酷假设：价格将在1960—1980年的二十年间翻番。如果这就是先已确定的通货膨胀幅度，那么事实上就有可能导致这样的结果：

绝大多数将在20世纪末退休的人，都将依赖于年轻一代的赈济或施舍。而最终的结果却是，人们不会再根据道德伦理而只会依凭年轻人供养着警察和军队这个事实来解决这个问题，由于老一代人的收入完全依赖于对年轻一代的强制，所以这些无法自养的老年人最终被安排进集中营，就很可能是他们的命运之所在。

疾病保险不仅引发了我们在上文所考察的大多数问题，而且还导致了其自身特有的问题。这些问题的产生，基于这样一个事实：人们无法以下述方式［即认为需求问题对于所有符合某项客观标准（例如年龄）的人来说都是相同的的方式］来解决"需求"的问题，这是因为疾病问题纯属个案性需求，它所产生的紧迫性和重要性的问题，必须根据满足此项需求的费用来加以权衡，亦即是说，这些问题的解决方式只有两途可循：一是必须由个人自己来决定，另一是必须由他人替他做出决定。

毋庸置疑，健康保险的发展是可欲的，而且主张将此项保险发展成强制性保险也可能是有道理的，因为有了这项制度，许多人便能够救济自己，而没有此项制度，他们则可能成为一种公共负担。但是，人们也有充分的理由反对单一的国家健康保险方案，而对于为所有的人提供免费健康服务的方案，人们似乎有着更为充分的理由予以反对。从我们已见到的这类方案的实施情况来看，这类方案所具有的各种棘手问题已在那些采纳它们的国家中得到了充分的表现，尽管政治情势的发展很难使人们在采纳这类方案以后再否弃它们。事实上，人们可用来反对这类方案的最强有力的一个理由是，这些方案的采纳，乃是一种在政治上不可撤销的举措，这即是说这种措施一旦实施，就必须执行下去，而不论这种措施是否已被证明为一种失误之举。

支持免费健康服务的主张，通常所依据的乃是下述两种基本认识，但却是对此一问题的错误认识。首先，相信医疗需求通常都具有一种可在客观上加以确定的特征，因此这些需求在每一个案中都能够而且也应当得到充分的满足，而无须考虑经济因素；其次，满足这种医疗需求在经济上也是可能的，因为业经改善的医疗服务通常会导致经济效益的提高或盈利能力的恢复，从而也就能够使医院自负盈亏。

这两个论点均误解了大多数有关维持健康和保护生命的决策所牵涉的问题的性质。实际上，在判定某一特定情形究竟需要多少照顾和需要付出多少努力的问题上，并没有什么客观的标准可以依循。此外，随着医学的进步，人们也越来越清楚地认识到，如果要做客观上所有有可能的事情，那么所需花费的资金量就是没有限度的。更有进者，即使从我们个人的评价来看，那种认为为了确保健康和生命而去做人们有可能做的一切事情都绝对优先于其他需求的观点，也并不一定正确。一如在所有其他决策中所表现出来的情况那样，我们在保护健康和维续生命的决策中所必须面对的并不是确定性，而是或然性和偶然性，所以在这种决策中，我们也会不断地面临风险，从而必须根据经济的考虑去决定采取某种预防措施是否值得，亦即通过对这种风险与其他需求加以权衡的方式来决定这个问题。甚至是最富有的人通常也不会去做医疗知识认为有可能的一切事情以保护他的健康，这可能是因为他所关注的其他事务也极需他的时间和精力，还有一些人则不得不对在医疗方面是否再需要做出额外的努力和追加额外的费用等问题进行决策。这里的真正问题在于：是否应当由需求者自己来决定通过牺牲其他时间和精力而获得更多的照顾和更好的治疗，或者说是否应当由其他人来为他做出这项决定。尽管我们都讨厌对物质利益与健康和生命这类非物质价值进行权衡，甚至不希望在它们之间进行选择，但是必须指出的是，由于我们无法变更这些事实，所以我们还是不得不对此进行抉择。

一如上述，一些人认为我们能够而且应当向所有的人提供医疗服务，因为在这个领域中存在着一项客观且确定的标准可供人们遵循，这种观点后来成了贝弗里奇方案（Beveridge Report）以及整个"英国国民健康服务"体制的基础，但它却与现实不相符合。众所周知，在一个正经历着迅速变化的领域，一如当下的医学领域，人们能够平等地向所有的人提供的服务，充其量亦只是那种水平较差的平均服务。然而我们必须指出的是，由于在所有不断发展的领域中，关于在客观上有可能向所有的人提供什么样的服务的问题，必须根据我们先已为一些人士提供的服务加以评断，所以，如果我们将这些超出平均水平的服务的价格定得太高，从而使大多数人无力获得超出平均水平的服务，那么这种做法用不了多少时间就必定会导致这样一个结果，即此种平均服务的水平将变得低于不采取这种做法的时候的水平。

免费健康服务所导致的上述问题，因下述事实而变得更为棘手，这些事实就是医学进步所产生的成就，主要并不旨在恢复病人的工作能力，而是愈来愈倾向于减轻病人的痛苦和延长病人的生命。当然，这些做法并不能在经济上被证明为合理，而只有根据人道主义的立场才能被证明为正当。然而，与那些会使某些人丧失能力的严重疾病做斗争，相对来讲只是一项有限的任务，但是我们所有的人都必定面临死亡，因此如何延长我们的生命乃是一项无尽的任务。后者所提出的问题，在可以想象的条件下，并不能通过提供无限的医疗服务而得到解决，因而这个问题也就必定会继续要求人们在彼此冲突的目标之间做出痛苦的抉择。在国家控制医疗的制度下，这种抉择一定是由当局机构强加给个人的。而在自由的制度下，那些具有充分工作能力的人所得的不具危险的暂时伤病，通常都会得到迅速的医治，并在一定程度上以忽视老年人的疾病和绝症的医治为代价。这种做法看上去颇为残酷，但却很可能会符合所有人的利益。在实行国家医疗制度的地方，我们通常都会发现，那些本能够通过及时医治而使全部工作能力得以迅速恢复的人不得不等待很久而无法工作，其原因只是那些不可能再对所有其他人的需求做出贡献的人占用了医院设备。

医疗国有化所导致的严重问题如此繁多，以至于我们甚至无法对一些更为重要的问题进行讨论。然而我们还是要对其中的一个核心问题进行讨论，其严重性虽说鲜为公众所觉察，但它却可能是一个最重要的问题。这个问题便是，医疗国有化的措施，不可避免地要把那些作为对病人负有完全责任的自由职业人员的医生吸纳入国家机构之中，成为领薪的公务人员。然而作为国家的领薪公务人员，他们又必须听从于当局的指令而且不能向当局保密其所知道的情况。经验表明，此一方面的新发展所具有的最大的危险很可能在于：每当医学知识的发展趋向于赋予那些拥有这种知识的人以越来越多的支配他人心智的力量的时候，国家便会把他们归属于某个受单一指导的统一组织之中，并根据国家用以决定政策的理由来指导或命令他们。这种制度的前景实在令人可怕，医生一方面是个人之不可或缺的帮助者，另一方面又是国家的代理人员。这种制度既使医生可以洞察到病人最具私性的事情，同时也规定了种种条件，迫使医生不得不将他所知道的事情泄露给上级领导并且将这些情报用于实现当局所决定的目标。在苏联，国家医疗被用作实施工厂纪律的一种手段，已向我们预示了这种制度所可能具有的用途。

为失业者提供救济，似乎是第二次世界大战以前的那段时期中社会保障之最为重要的一个分支，可是在晚近却显得相对不重要了。尽管防止大规模失业无疑要比为失业者提供救济的方法更为重要，但是我们仍不能确信无疑地说，我们已经彻底永远地解决了前一个问题，所以后一个问题也就不再具有重大意义了。同样，我们也不能确信无疑地宣称，我们为失业者提供救济的特定做法，就不会被证明是决定失业规模的最重要的因素之一。

在这个方面，我们也会想当然地认为，我们已经建立起了一种为各种业经证明的需求提供统一的最低限度救济的公共救济制度，而这种制度足以使社会中的所有成员都不再为温饱问题感到忧虑。但是，由失业者所引起的特殊问题乃是应当以什么样的方法和由谁来根据失业者的正常收入对他们提供额外的援助，除此之外，人们尤可以追问，这种需求的存在是否便能证明那种根据某一公正原则对收入进行强制性再分配的做法为正当。

赞成确保所有的人都能获得最低限度以上之救济的论点，所根据的主要理由如下：造成劳动力需求方面突然且不可预见的变化的种种情势，不仅是工人自己无法预见的，而且也是他们本人所无法控制的。就经济大萧条期间的大规模失业而言，这个理由是颇为充分的。但是，失业还有许多其他种种原因，不可一概而论。在大多数季节性行业中，便会反复发生一些可预见的失业状况，当然，在这些行业中，采取下述两种措施显然是符合一般大众利益的：一是限制劳动供给，从而使一个工人的季节性收入能够维持其一年的生活；另一是通过职业间的周期性流动来维持劳动力的流动。除此以外，某一特定行业中的工资过高，也会直接造成失业，这或者是因为工资被工会行动抬得过高，或者是因为有关产业的衰败，这可以说是失业的另一种重要情况。在上述两种情况中，要消除失业，就必须做到两点：一是工资必须具有弹性；二是工人本身也必须具有流动性。但是不无遗憾的是，那种确保所有的失业者都能够根据其原有所得获得一定比例的救济的制度，却不仅减低了工资的弹性，而且还阻碍了工人的流动性。

毋庸置疑，我们有理由在各种可行的境况中针对失业的风险确立真正意义上的保险制度，在这种保险制度中，各种行业的不同风险会在所支付的保险费中得到反映。如果某一行业因特别不稳定而需要在大多数时候储备有失业人员待用，那么对于这样一种行业来讲，它就可以通过提供足够高的工资以救济这种特别的风险，而使足够多的人能够自己养活自己，并随时准备应聘参加工作，由于各种各样的原因，这种保险制度在某些职业（例如农业劳动和家庭服务）中，似乎还不能立刻付诸实施，而且在很大程度上也正是这个原因，使得人们在这些领域中采纳了国家"保险"这类方案，然而事实上，这类国家"保险"方案，却是运用从其他领域的工人那里征集到的款项或从大众那里课征到的一般性税收来救济这些领域中的失业者的。然而我们需要指出的是，当某一特定行业所特有的失业风险并不是用此行业中的收益而是用此行业之外的收益来救济时，它将意味着，由于对此类行业中的劳动供给所提供的补贴来自其他行业，所以只能说明这种行业的扩展已超出了其在经济上可欲的程度。

然而，所有西方国家所推行的全面的失业救济制度，其主要意义在于，这些制度是在由工会的强制性行动所支配的劳动力市场中进行运作的，而且它们也是在工会的强大影响下被设计出来的，而工会的目标很明确，即希望这些制度有助于它们的工资政策。在这样一种制度下，只要某个工人所申请工作的公司或行业中的工人正在罢工，那么这个工人就可以被认为无法找到就业机会从而也就有权要求救济，显而易见，这种制度必然会成为工会在工资方面施压的主要支撑者。由于这种制度一方面解除了工会对其政策造成的失业所应承担的责任，而在另一方面又迫使政府承担起维续那些因工会的缘故而失业的工人的生活并使这些工人感到满意的责任，所以从长期来看，这种制度只能使就业问题更趋尖锐复杂。

在一个自由的社会中，解决这些问题的合理办法似乎只有一途，即一方面，国家为所有因失业而无法自食其力者只提供一统一的最低限度的补贴，并且努力通过采取恰当的货币政策尽可能地减少周期性失业；而另一方面，维持通常生活水平所需要的进一步的补贴，则应当交由那些竞争性企业和自愿提供救济的企业来实现。正是在此一领域中，工会一旦被剥夺了所有的强制性权力，便能够做出最为有益的贡献。的确，当国家在很大程度上解除了工会的强制性权力的时候，工会实际上已经是在发挥正面作用并在满足需求了。但是，所谓强制性的失业保险方案的用途，却始终在于"矫正"不同群体间的相对报酬，以稳定的行业为代价去补贴不稳定的行业，并支持与高就业水平不相协调的工资需求。因此，从长期来看，这种强制性的失业保险方案只可能恶化它原本力图救治的弊病，而不可能对这种弊端做出整治。

社会保险制度在各个领域所遭遇的各种棘手问题，已成为人们反复讨论"社会保障的危机"的根本原因。然而我们却需要明辨，这些棘手问题本身并不是根本要害之所在，因为它们乃是由下述事实造成的，即为救济贫困而设计的制度性安排，已逐渐演变成了一种对收入进行再分配的手段。这种再分配在表面上所依据的乃是某些人认为的社会正义原则（现实中并不存在这种社会正义原则），然而在实质上却是由特定的决策所决定的。当然，即使是为所有无法自食其力的人提供统一的最低限度的救济，也必定会关涉到对收入进行某种再分配的问题。但是，在这二者（一是根据那些无法自食其力者在正常运作的市场上所能得到的收益来为他们提供一种统一的最低限度的救济；二是为了"公正地"酬报较为重要的职业而进行的再分配）之间却存在着天壤之别，因为前者是一种绝大多数能够自力谋生的人所同意的给予那些无法生存的人以救济的再分配，而后者则是一种多数因为少数拥有更多的财富而从少数那儿取走其部分收入的再分配。更有进者，前者所维护的乃是一种非人格的调整方法，而根据这样的调整方法，人们能够自行选择自己的职业，而后者却会使我们越来越趋近这样一种制度，在这种制度下，人们将不得不根据当局的指令去行事。

提供这类救济服务的方案，如果只受政治统一的指导，那么其命运就似乎只此一途，即被迅速地转变成那种决定绝大多数人的相对收入的手段，进而转变成那种对经济活动实行普遍控制的手段。实际上，贝弗里奇方案的起草者并不曾将它看成是一种对收入进行再分配的手段，而是那些政治家们迅速地使之变成了收入再分配的手段。当然，贝弗里奇方案仅是众多这类事例中最著名的一个罢了。但是我们需要指出的是，尽管自由社会有可能为所有的人提供一种最低限度的福利，然而这种社会却与那种根据某一先入为主的正义观来平均分配收入的制度不相融合。确使所有的贫困者都能够获得某种同等的最低限度的福利，不仅预设了只有在需求者能够就其需求提出证据的基础上才能提供这一最低限度的福利，并且还预设，没有这类证据，便不能提供这一救济，因为这种救济不是根据个人交纳的款项给付的。为了确使所提供的救济真正以需求为根据，我们就必须进行"资产调查"，但是有人却对此类调查持完全不可理喻的反对态度。正是这种反对态度，一而再、再而三地导使一些人提出了这样一种荒唐至极的要求，即为了使那些真正需要帮助的人不至感到卑微低下，应当给予所有的人以救助，而不考虑其是否需求救济的问题。这种论点造成了这样一种境况，即一般来说，它不仅要求人们努力救助贫困者，而且与此同时还要求人们努力使那些贫困者感到他们所获得的一切均是其自身努力或主观努力的产物。

尽管传统自由主义者反对权力当局拥有任何形式的自由裁量权，并在限制政府自由裁量权的过程中起到了一定的作用，但是我们仍然需要指出的是，反对自由裁量性的强制，却绝不能为那种允许所有有责任能力的人可以无条件地主张救助并且允许其有权成为自己需求的终极裁判者的做法提供正当理由。在自由的社会中，并不存在这样一种正义原则，即它会在不要求人们提供需求证明的情况下而赋予那些反对"威慑性权力"或"自由裁量性权力"的人士以某种获得救济的权利。如果这类主张是在"社会保险"的幌子下并通过公然蒙骗公众的方式而为人们所采纳的（这种蒙骗乃是其制造者引以为豪的资本），那么它们便显然与法治下的平等正义原则不相符合。

现今的自由人士有时会以这样一种方式来表达他们的希望，即"整个福利国家的构设，必须被看成是一种过渡现象"，被看成是长期进化中的一个过渡阶段，而随着财富的全面增长，这个过渡阶段很快就会变得毫无必要。然而，这种希望必定会遭到人们的质疑。对此，人们完全有理由从下述两个方面进行追问：首先，是否真的存在着这样一个独特的进化阶段，在这个阶段中，哪些为国家垄断的制度的效果可能是颇具裨益的；其次，一旦这些垄断的制度被创建出来，那么再将它们否弃掉，在政治上是否仍有可能。在贫困的国家里，国家垄断机构日益膨胀的势头所导致的负担，可能会在相当的程度上减缓财富的增长（姑且不论它所具有的加重人口过剩之问题的倾向），因而也可能会无限期地拖延这些垄断性制度的寿命。这样，那些自由人士所认为的会使这种制度变得毫无必要的"时刻"，就有可能根本不会到来，即使在较富裕的国家中，这种负担也会阻碍那些能够替代垄断性制度某些功能的新制度安排的出现。

把疾病和失业救济制度逐渐转变成具有真正保险性质的制度，可能并不存在无法克服的障碍。在这种真正的保险制度下，个人可以自由地向彼此竞争的保险机构购买保险。较为困难的是我们无法确信是否可能放弃那种为老年人提供救济的制度，因为在那种制度下，每一代人由于满足了上一代人的需求从而也就获得了同样要求下一代人予以救助的权利，所以这种制度一经采用，似乎就必须持久地维续下去，否则整个制度就会彻底崩溃。从这个角度看，这种制度的采用，显然会束缚演化的进程，而且还会给社会添加一项日益沉重的负担，而这种负担则极可能是社会在将来要反复通过通货膨胀而全力摆脱的东西。然而，不论是通过通货膨胀的方式规避责任，还是故意不去履行已产生的义务，都不是恰当的选择，它们都不可能为一个文明的社会提供基础。在我们能够希望切实可行地解决这些问题之前，民主政制必须首先认识到，它必须为自己的愚昧支付学费，而且也绝不能为了解决当下的问题就对未来大开无限额支票。

人们业已恰当地指出，在过去，我们是因社会弊病而蒙受诸多痛苦，但是在今天，我们却是因对这些社会弊病的矫正或救济而蒙受着同样的痛苦。这两者间的不同之处在于，先前的社会弊病会伴随着财富的增长而逐渐消失，而如今我们所采用的矫正方案却正在威胁着未来各项改进措施所赖以为基础的财富的持续增长。当年，贝弗里奇报告设计的福利国家所要打击的乃是"五大巨魔"，然而我们在现今所面对的却已不再是这些巨魔，因为我们正在制造五大新恶魔，而且这些新恶魔完全有可能被证明是我们文明生活的更大的敌人。尽管我们历经各种努力而在克服贪欲、疾病、无知、贫穷以及懒惰五大旧恶魔的方面只取得了些许成就，但是当我们的主要危险来自于通货膨胀、积重难返的税制、具有强制力的工会、在教育中日益起支配作用的政府，以及社会服务机构开始具有极大的专断权的时候，我们在未来与这些新恶魔进行的斗争中却可能会表现得更糟，因为在这场斗争中，个人仅凭其自身的努力是无从摆脱这些危险的，而且政府机构的过度膨胀势头也只可能加剧而绝不可能减缓这些危险。

（二）税制与再分配

> 事物的本质是：其发端总是微不足道的，但是如果人们对其掉以轻心、不加戒备，则其发展速度将迅速加快，最终将达致一种没有人能够预见的状态。
>
> ——贵希阿迪尼（F. Guicciardini）（ca. 1538）

从许多方面来讲，我都希望能在本书中略去对本章内容的讨论，因为本章所提出的论点直接指向那些为人们所广泛接受的信念，所以它注定会触犯许多人。甚至那些至今关注我的论点甚或认为我的观点在总体上讲颇有道理的人士，也可能会认为我关于税制（taxation）的观点太过教条、过于极端且不具有可行性。许多人可能愿意恢复我一直致力于为之辩护的那种自由状态，但却主张以下述做法为条件，即社会上的不公正现象（他们认为是这种自由所导致的）应当通过采取恰当的税收措施而加以纠正。经由累进税制进行再分配的做法，渐渐地也被人们普遍认为是一种正当之举。然而，我却不能不对这个问题展开讨论，因为故意回避讨论这一问题，在我看来，是不坦诚的。再者，采取回避的做法，还会无视更为重要的问题，因为在我看来，这种经由累进税制进行收入再分配的做法，不仅是产生不负责任的民主行动的主要根源，而且还涉及未来社会之整体特性所赖以为基础的至关重要的问题。尽管一个人欲否弃这个问题中已成为教条的观点，需要做出相当程度的努力，然而一旦这个问题得到明确的阐释，我们便会发现，正是在税收这个领域，政府政策的专断趋势，要比在其他领域更为凸显。

在过去的很长一段时间中，人们实际上根本就没有对累进税制的原则提出过质疑，也罕有较具新意的讨论，只是到了晚近，才出现了对此一问题的较具批判性的研究取向。然而，对于整个论题，仍亟需给出一更富洞见性的评论。不无遗憾的是，在本章中我们只能对我们反对累进税制的观点做一简要的概述。

这里首先需要说明的是，我们在本章中，只关注这样一种累进制——我们认为，从长远的角度来看，它与自由制度不相容——即整个税制的累进安排，换言之，是在通盘考虑各种税收以后，对较高收入者课以较比例重税更多税收的做法。个别税种，特别是所得税，被分成等级，似有很充分的理由——因为这种安排可以对许多间接税种趋于从较低收入者那里课以较高的比例税的负担的做法进行补偿。毋庸置疑，这也是支持累进税制的唯一有效的论辩。然而，这种论辩只适用于作为某一特定税收结构之一部分的特别税种，而不能扩展适用于整个税收制度。在这里，我们将主要讨论累进所得税的各种影响，因为晚近以来，它一直被当作推进整个税收制度更趋累进化的主要手段。对于一特定税收制度内部的不同税种应当以何种恰当的方式进行相互协调的问题，我们将不予考虑。

我们必须承认，累进税制虽说在今天已成为对收入进行再分配的主要手段，但是它却并不是唯一的对收入进行再分配的手段。然而出

三、福利国家中的自由

于种种原因,我们在这里也不对其他会导向收入再分配的方法所产生的问题进行专门的讨论。显而易见,在比例税制下,也可能达成相当程度的再分配。这是因为所谓收入再分配,其必要条件无外乎下述二者:一是用一大部分财政收入来提供那些主要有利于某一特定阶级的服务;二是用此收入直接给予这个阶级以补贴。然而,令人颇感疑惑的却是,处于较低收入等级的人,在何种程度上愿意让税收来降低他们原可自由支配的收入以换取免费服务。同样,比例税制这种手段又如何能在实质上改变较高收入群体间的差异,也是一个极令人难解的问题。当然,比例税制完全可能导致相当一部分收入从整个富有阶级转向整个贫困阶级,然而,它却并不能铲除收入金字塔的顶层,而铲除收入金字塔的顶层则恰恰是累进税制的主要功用所在。对那些比较富裕的人来说,比例税制很可能意味着,尽管他们的全部收入都会根据比例而被课税,但他们所获得的服务方面的差异却是微不足道的。然而,由累进税制所导致的相对收入的种种变化,却会对这个富有阶级产生极其重大的影响。累进税制对技术的进步、资源的配置、激励的提供、社会的流动、竞争和投资等方面的种种影响,可以说主要都是通过对这个富有阶级的影响而实现的。不论将来可能会发生什么,仅就现在而言,累进税制无论如何都是对收入进行再分配的主要手段,而且如果没有这样一种手段,则对收入进行再分配这类政策的范围亦会受到极大的限制。

一如许多与此相似的措施那样,累进税制之所以能够获致其在当下的重要性,乃是一些人在欺诈手段等障眼法下将其蒙混过关的一个结果。先在法国大革命时期,此后又在1848年革命前夕的社会主义运动期间,累进税制都被明确地宣称为一项对收入进行再分配的手段,但却遭到人们断然地否弃。"人们应当处决该计划的草拟者,而不应当枪毙这一方案",这就是自由主义者杜尔哥对此类早期的建议所做的愤慨回应。在19世纪30年代,当人们较为普遍地倡导累进税制的主张时,麦克库洛赫(J. R. McCulloch)以下述经常被引证的文字表达了他反对这类主张的主要观点,即"一旦你放弃了对所有个人的收入或财产按相同比例课税这一基本原则,你就会一如在航海时丧失方向舵或罗盘而不知所措,你就可能干出种种不公正的和愚蠢的事情"。1848年,马克思和恩格斯曾坦言建议,"高额累进或递进所得税"应是在革命第一阶段以后所采取的诸项措施之一,根据这一税制,"无产阶级运用自己的政治统治,一步一步地夺取资产阶级的全部资本,并把一切生产工具集中在国家手里"。他们将这些措施描述为"对财产权和资产阶级生产条件实行暴力的干涉……即采取这样一些措施……它们在经济上似乎是没有效力和不具根据的,但是在运动进程中它们却会超越自身,必须进一步侵袭旧的社会秩序,成为彻底变革生产方式所不可或缺的手段"。但是,人们在当时对这一措施的一般态度仍在梯也尔(A. Thiers)的论述中得到了较好的总结,即"比例税制是一项原则,而累进税制却只是一可恶的专断安排",或如约翰·斯图尔特·穆勒所持的那种观点,他将累进税制描述为"一种温和的抢劫形式"。

但是,在累进税制的第一次冲击被击退之后,鼓动实行累进税制的运动却又以一种新的形式表现出来。社会改良者,尽管一般来说都不承认他们具有任何欲求改变收入分配制度的企图,但却一开始就论辩说,全部的税收负担——曾经被认为应由其他因素来决定——应当依支付能力来分配,以求获致平等的牺牲,而依累进税率课收所得税的方法能够最好地达致这个目的。在支持此项措施的众多论点(我们仍能从当今公共财政的教科书中看到这些观点)中,有一种看似最为科学的论点获得了支配地位并被人们广为传播。我们需要对这一论点做一些简要的考察,因为仍有些人相信它为累进税制提供了一种科学上的证明。这个观点的基本要点是,持续性的消费行为会使边际效用递减。撇开此一论点的抽象性质不论,或许也正由于此,它在把那些先前被公认为以专断观点为基础的措施说成是具有科学依据从而应当得到尊重的方面,产生了巨大的影响力。

然而,效用分析领域本身在现代的发展,却完全摧毁了前述论点的基础。此一论点之所以丧失了解释的效力,部分是因为人们已普遍否弃了那种认为有可能对不同个人的效用进行比较的观点,部分则是因为人们已从根本上开始怀疑边际效用递减的论点是否能够被恰当地适用于对全部收入的分析,这即是说,如果我们将某个人从利用其资源中所获得的各种益处都视为收入,那么这种边际效用递减的论点是否还具有意义。人们现今普遍接受的观点是,效用乃是一纯粹相对的概念(这就意味着我们只能说,同其他事物相比较,某物具有较大的、相同的或较小的效用,然而仅从某物本身出发,就说它具有某种程度的效用,则毫无意义可言),因此根据这个论点,我们便可以从逻辑上推论说,只有当我们根据某种其他可欲的利益,比如闲暇(或不需费力工作),来表达收入的效用时,我们才能讨论收入的效用问题(以及这一效用递减的问题)。但是,如果我们根据另一种论辩的要点来进行思考,即依据获得收入的"努力"来说收入效用正在递减,那么我们将会得出荒谬的结论。事实上这意味着,随着个人收入的增加,为诱导同样的边际努力所必需的对额外收入的激励也将增加。这可能会导致我们主张累退税制,而绝不是累进税制。然而,循此思路再做进一步的分析已毫无意义。在今天看来,毋庸置疑的是,在税收理论中运用效用分析,全然是一个令人遗憾的错误(它之所以是一种遗憾,乃是因为当时的一些最杰出的经济学家也都犯了这个错误),而且我们如能更快地摆脱由其所导致的思想混乱,我们就能更好地把握这个问题的实质。

　　19世纪晚期主张实行累进税制的那些人,一般而言都强调他们的目标只在于达到牺牲的平等,而不在于对收入进行再分配。再者,他们一般也都认为,这一仅旨在达致牺牲的平等的目标,只能证明一种适中的累进税制为正当,而对累进税制的过度使用——如在15世纪的佛罗伦萨,累进税率竟达到了50%——则当然应受到谴责。尽管试图为适当的累进税率提供一客观标准的所有努力都已宣告失败,尽管这种累进税制的倡导者并未对其他人的质疑做出回答(这种质疑的观点认为,一旦此项原则被接受,那么人们就根本无从确定出一种明确无争的限度:超出这个限度,累进税率的实施就会丧失它原本所依赖的根据),但是我们却仍有必要强调指出,当时的有关讨论完全是在那种设计适中的累进税率的范围中展开的,从而亦就完全忽略了这种税制对收入分配的影响的重要性。此外,那些主张适中累进税率的人还认为，那种认定累进税率不会维持在前述适中限度之内的观点，乃是对主张累进税制的论点的蓄意歪曲，而且也是对民主政府的智慧毫无信任的表现，应当受到谴责。

正是在当时处于社会改革领先地位的德国，累进税制的倡导者们首次压倒了反对者，从此累进税制步上了现代发展的征程。1891年，德国采用了累进所得税制，其税率从最初的0.67%上升到了4%。鲁道夫·冯·戈内斯特（Rudolf von Gneist）这位在"法治国"运动中令人们大为尊敬的领袖（此一运动至当时已达到顶点），曾在议会中宣称，采取这种累进所得税制的做法，意味着对法律面前人人平等这一基本原则的放弃，亦即对"最为神圣的平等原则"的否弃，然而只有这一原则才能防止对财产的侵犯，但是他的呼吁却徒劳无效，并未引起人们的觉悟。由于当时所采取的新方案所涉及的税赋非常低，所以这在某种程度上也使任何试图把它作为一个原则问题加以反对的企图变得无甚意义了。

尽管欧洲大陆的一些其他国家很快开始步德国之后尘，纷纷采取了累进所得税制，但是此项运动拓展至诸盎格鲁撒克逊等国却花了将近二十年的时间。只是到了1910年和1913年，大不列颠和美国才分别采纳了递进所得税制，税率分别达到了在当时令人惊异的数字：8.25%和7%。然而在此后的三十年里，这些数字却又分别激增至97.5%和91%。

这样，只在一代人的时间内，就实现了几乎所有的累进税制支持者倡导了半个世纪却未能实现的目标。绝对税率发生的这种变化，当然彻底改变了这个问题的性质，使其不仅在程度上发生了变化，而且在性质上也发生了变化。结果，人们很快就放弃了基于支付能力来证明累进税率为正当的一切努力，而累进税制的支持者们也开始转向诉诸最早对它的那种证明，亦即视其为一种能使收入得到更加公正分配的手段。然而值得我们注意的是，这种理由却是他们长期以来一直避免采用的。渐渐地，人们再度普遍接受了这样一种观点，即捍卫对全部税收实行累进等级制所能依据的唯一理由就是改变收入分配的可欲性，而且此种论辩也不需要有任何科学的论证，相反它必须被视为一种明确的政治要求，这即是说，它必须被看成是一种企图把一种由多数决策所决定的分配模式强加给社会的努力。

关于累进税制的上述发展进程，人们通常提供的一项解释是，如果不诉诸累进税率的急剧上升，过去四十年里公共开支的大幅度增加就不能得到支撑，或者至少可以说，如果不诉诸累进所得税制，则贫穷者就不得不承担其无法承受的负担，而且一旦承认有必要减轻穷苦人的负担，则采取一定程度的累进税制就会变得不可或缺。但是，经过认真的考察，我们却可以发现，上述解释实为一纯粹的神话。向高收入者（特别是那些收入最高阶层的人士）课征高额累进税率所获得的财政收入，在全部财政收入中只占极小的比例，因此可以说它并不足以减缓其他人所承受的负担。问题还不止于此，因为在采用累进所得税制后的很长一段时期内，实际上并不是最贫困者能从中获益，相反却是那些构成最大多数选民的经济境况较好的劳动阶级与中产阶级中的较低收入阶层成了受惠者。从另一方面来看，事实也可能的确如此，即那种以为可以通过累进税制而在很大程度上将税收负担转由富裕者承受的幻想，构成了税收得以迅速增加而未遭抗阻的主要原因，而且在此种幻想的影响下，大众也渐渐接受了比原本更为沉重的税负。此项政策之唯一的重要后果，乃是它严格限制了那些在经济上最具成就的人士有可能赚得的收入，因此也满足了那些不太富裕的人对富有者的妒忌感。

累进税率特别是对最高收入者所征收的高额惩罚性税率对一国财政总收入的贡献极小，这或许可以从美国和大不列颠的一些数据中得到说明。就美国而言，有数据表明，在1956年，"对社会上流阶层所征得的全部累进税收仅占对个人收入所征全部税收的17%"——或约占联邦财政总收入的8.5%——而且在那些税收中，"有一半是征自须纳税的收入等级，即收入在16000～18000美元的那些人，就他们而言，税率已高达50%，而另一半则来自更高的收入等级，税率也相应更高"。至于大不列颠，其累进等级上行跨度更大，也持有更高额的比例税负，有关统计数据表明，"所有的附加税（包括劳动赚得收入附加税和非劳动赚得收入附加税）仅占全部公共财政收入的

2.5%；如果我们对每年收入超出2000英镑（5600美元）以上的每一英镑计税，则对于财政总收入来讲，我们仅净征收1.5%的额外税收……事实上，所得税和附加税的主要来源是收入每年在750~3000英镑（2100~8400美元）的那些人，即恰恰是那些居于一般管理人员与经理等级之间的人，或居于最低级别的公务管理人员与行政机构及其他机构之部门领导人之间的那些人"。

一般而言，以及从上述英美两国两种税制的累进的总体性质来看，这两个国家累进税制所做的贡献似乎在全部财政收入的2.5%~8.5%之间，对国民总收入的贡献则为0.5%~2%。这些数字显然无法表明累进税制是国家获致所需财政收入的唯一方法。在现实中，极有可能发生的却是这样一种情况（尽管任何人都没有把握这么说），即在累进税制下，利于公共财政收入者少，导致实际收入的减少则大。

如果那种认为对富人所课征的高税率乃是财政总收入之不可或缺的来源的观点已成为虚幻之见，那么我们也因此可以说，累进税制主要有助于减轻最贫困阶层的负担的观点，实是民主国家在采用累进税制以后的很长一段时期中发生的情况所造成的一种误解。在美国、大不列颠、法国和德国等国所完成的各自独立的研究一致表明，一般来讲，正是那些收入居中的人士占据了选民中的最大多数，因此他们所承受的税负最轻，而与此同时，真正承担全部税收中较大比例的税额重负者，却只是那些收入较多的人士和那些收入较少的人士。这在第二次世界大战以前可以说是一种较为普遍的情况。对英国情况所做的一项详尽研究的种种结果为此提供了最好的说明：在1936—1937年的英国，有两个小孩的双职工家庭就其全部劳动赚得收入所承担的全部税负是：每年收入为100英镑者，每年承担的税负达18%；然后税负比率逐渐降至最低点，即每年收入为350英镑者，承担税负仅为其收入的11%；接着税负比率又再度升高，每年收入为1000英镑者，承担税负高至19%。这些数字（以及表明其他国家情况的相似数据）明确表明，一旦否弃了比例税原则，受惠者未必就是那些具有最大需要的人，相反，受惠者更可能是那些拥有最强大的选举力量的阶层。

这些数字还明确指出，由累进税制所获致的财政收入，毋庸置疑也能通过对拥有适中收入的大众课以与对最贫困者所课征的一样高额的税收予以实现。

诚然，英国自第二次世界大战结束以来的发展（也可能包括其他国家或地区的发展），极大地强化了所得税的累进性质，以致使整个税负都具有了累进性质。此外，在补贴和服务方面，通过对公共开支所做的再分配，使得社会最低阶层的所得（这是就这些所得可以进行度量而言的，因为从一般意义上讲，这些数据所能表明的只是所提供的服务的成本，而非这些服务的价值）也增加了22%，但是我们需要指出的是，后者的发展实际上并不是当时推行高额累进税率的结果，而主要得益于中产阶级中的中上层人士所提供的其他资助。

累进所得税制主张者对这种税率将保持适中限度所做的各种保证，之所以最终被证明为是欺人之谈，以及累进所得税制的发展之所以远比其论敌所做的较为悲观的预言更糟，其真正的原因乃在于，所有支持累进税制的论点，也同样可以被用来证明任何程度的累进税率为正当。累进税制的倡导者也可能已经认识到，累进税率一旦超过某一限度，便会对经济制度之效率造成极为严重的负面影响，因此进一步推进累进税制的做法，显为不明智之举。但是，在超过特定额度的收入遭全部没收以及对低于此额度的收入并未课以税负以前，那些以假想的累进税制能够确保公平为基础的论点却并未提供任何限定，这一点也已常为此论点的支持者们所承认。与比例税制不同，累进税制并未提出任何可以确定不同个人的相对税负应为多少的原则。这无异于对比例税制原则的否弃，亦就是在没有确立任何限制歧视程度的标准的情况下赞成歧视富有者的做法。由于"并不存在可由某种程式加以明确表明的理想的累进税率"，所以只有凭靠原则的更新才能阻止累进税率即刻达致惩罚性税率的水平。但是在这种情况下，人们实际上也没有充分的理由可以认为"比过去略多一点"就应当永远是不公平且不合理的。

然而我们认为，一旦民主国家实行了这样一种政策，那么它就注定会比原初设想的走得更远。当然，我们的观点毫无诋毁民主制度之意,也丝毫没有鄙视或不信任民主政府之智慧的想法。换言之,这并不是说"自由的和代议的制度是一项失败之举",也不是说它必将导致"人民对民主政府的完全不信任",而是意指民主政府必须认识到,为了达致公正,它的行动就必须受到一般性原则的指导。个人行动必须受原则指导,集体行动也不能不受原则指导,这是因为多数较之个人,可能更难做到明确把握其决策的长远意义,从而也就更需要用原则来指导其行动。一般来讲,在累进税制的情形中,多数所采纳的那种所谓原则,无异于对歧视的公然主张,更为糟糕的是,它实则是对多数歧视少数那种做法的公然主张。在这种境况下,假冒的正义原则也就必定成为真正专断的托词。此处所需要的毋宁是这样一项规则,即它不允许多数把它自己所认为正当的一切负担强加给少数,尽管它可以保留多数通过自身纳税以帮助少数的可能性。那种认为多数(也仅仅因为他们是多数)应当有权对少数实行某项并不适用于其自身的规则的观点,实是对一项比民主更为根本的原则的侵犯,亦即是对一项民主的正当性所赖以为基础的原则的侵犯。正如前文所述,如果法律必须对人们进行类分,而又不想导致特权,也不想导致歧视,那么这些类分就必须以那些被类分出的群体中的人和该群体外的人共同承认的特征为依据。

比例税制的主要优点在于,它提供了一项可能会得到那些将缴纳绝对意义上较多税款的人士以及那些将缴纳绝对意义上较少税款的人士一致赞同的规则,而且此项规则一旦被接受,就不会再产生只适用于少数的特殊规则的问题。即使累进税制并未明确指定谁应当成为较高税率的承担者,但是它通过采用一种旨在将税负从决定累进税率的那些人身上转嫁至他人肩上的差别待遇的方法,却导致了歧视。不论从何种意义上讲,累进税级都不能被视为一项可以平等地适用于所有人的一般性规则——而且不论从何种意义上讲,我们也绝不可能认为对某个人的收入课征20%的税与对另一个拥有较多收入的人课征75%的税这二者是平等的。累进税制并未就什么应被视为公正以及什么不应被视为公正的问题给出任何可以依凭的标准。就累进税制的具体应用而言,它也未规定任何最高限度。此种制度的捍卫者通常只是把人们的善意判断作为其唯一的防御措施,然而人们的这种善意判断,其实只是由过去的政策所逐渐形成的人们于当下的一般舆论而已。

累进税率之所以能在事实上增长得如此迅速,还有一个特别的原因,即通货膨胀——这个因素在过去的四十年中一直在起着很重要的作用。人们现在已经充分地认识到,即使他们的实际收入仍保持原有水平,总现金收入的增加依旧趋向于将所有的人都提升入一较高的税收等级。这种发展的结果是,"多数"之成员一次又一次地且出乎意料地发现,他们自己竟成了他们投票赞成的带有歧视性的累进税率的受害者,然而他们在投票赞成这种税制的时候,本以为他们自己是不会受到这种税率的影响的。

累进税制所具有的这种功效,通常被视为一种优点,因为它有助于使通货膨胀(和通货紧缩)在某种程度上得以自我调控。如果预算赤字是通货膨胀的根源,那么财政收入以超过个人收入的比例增加,便有可能因此而弥补预算赤字;如果预算盈余导致了通货紧缩,那么因此而导致的收入下降也将迅速导致财政收入更大幅度地削减,从而也就消除了预算盈余。然而,当下盛行的却是赞成通货膨胀的偏激看法,因此在这种境况下,累进税制所具有的上述作用是否还属于一种优点,便颇令人怀疑了。甚至在没有累进税制这种影响的情况下,预算需求在过去也一直是周期性通货膨胀的主要根源,而且长期以来,也只有那种关于通货膨胀一旦开始就很难停止的知识,在某种程度上起着制约通货膨胀的作用。但是值得我们注意的是,如果说存在着这样一种税收体制——在这种税制下,通货膨胀能够通过那种并不需要立法机关批准的变相增加税收的做法而使财政收入获得超比例的增加,那么我们可以说,这种税制手段便可能会产生一种几乎完全无法抗拒的诱惑力。

一些论者有时也争辩说,比例税制同累进税制一样都是一种专断的原则,而且除了其在数学上所具有的较为显见的明晰及精确性之外,比例税制亦无甚其他可取之处。然而,除了我们在上文提及的理由(即比例税制提供了一项缴纳不同税额的人有可能都同意的统一原则)以外,我们还有其他一些充分的理由可以用来支持此一税制。人们在早些时候提出的一种论辩就极有道理:既然几乎所有的经济活动都得益于政府所提供的基本服务,那么这些服务就多少构成了我们所消费和享受之所有项目的必要的组成部分,正是在这个意义上讲,一个控制较多社会资源的人也将相应地从政府所提供的服务中获益较多。因此,人们就应当按这种比例进行纳税。

更具重要意义的是这样一种观点,即比例税制能使不同种类工作的净报酬之间的关系保持不变。这里需要注意的是,这种观点同下述那种传统原则并不完全相同,该传统原则认为,"除非税收能使个人仍处于其原有的相对位置,否则它就绝不是什么善良之税"。这两种观点之所以并不完全相同,乃是因为前者所关注的并不是税制对个人收入间关系的影响,而是对提供特定服务所获净报酬间关系的影响,而且也正是这种影响才是经济上的相关因素。此外,前述观点也没有提出不同收入的比例税额不应当发生变化这样的假设,然而那种传统原则却提出了这种假设,不过它所采取的方式则是那种"用未经证明的问题来设问"的方式。

当两种收入按同等的数额或同等的比例被减少时,它们之间的关系是否仍保持原样呢?对于这个问题,人们可能会有不同的看法。然而毋庸置疑的是,两种服务在征税之前所获得的同等的净报酬,在税款按比例被扣除之后无论如何仍会保持原来的关系。而这就是累进税制之影响与比例税制之影响的重要区别之所在。对特定资源的使用,取决于所提供服务的净收益,而且如果要有效地利用这些资源,那么至关重要的就是,税制要像市场决定回报一样,让特定的服务自行决定其相对补偿的问题。然而累进税制却会使这种关系发生实质性的变化,因为它使提供某一特定服务的净报酬取决于有关个人在一定时期内(通常是一年)所获得的其他收入。如果一名外科医生动一次手术的所得在征税之前与一位建筑师设计一幢房宅的所得一样多,或者如果一位销售员卖十辆轿车的收入与一位摄影师照四十张照片的收入一样多,那么按照比例税率将他们的收入扣除税款后,他们收入间的关系无疑仍会保持原样。但是若对他们的收入采用累进税制,则他们间的那种关系就可能会在很大程度上被改变,不仅税前获致同等报酬的服务会在税后发生极大的变化,而且某一因提供一项服务而获致相对较高报酬的人,其经累进税后所剩下的实际报酬,最终还会比那些获致较低报酬的人更少。

这意味着累进税制必然会与同工同酬原则相抵触,而同工同酬原则却很可能是唯一得到普遍公认的经济公正原则。如果两个律师都被允许从他们所受理的完全相同案件的律师费中截留一部分为其收入,但是截留的数额却要取决于各自在一年中的其他收入的数额,那么事实上他们在代理的案件中尽管付出了相同的努力,然而收益却常常会截然不同。在这种税制下,一个工作非常努力的人(其工作由于某种缘故在社会上具有较大的需求),尽管比一个懒惰的人(其工作在社会上具有较少的需求)付出了更大的努力,却可能会比后者获益更少。而且在这种税制下,一个人的服务越是为消费者所珍视,他也就越不值得做出进一步的努力。

累进税制对激励(就"激励"这个术语的一般意义而言)的这种负面影响,尽管严重且经常为人们所强调,但却绝不是这种税制所具有的最危害的影响。反对累进税制的理由,与其说是这种税制的结果,即人们可能不会像他们在没有这种税制时那样努力地工作,而毋宁说是这样一种境况,即不同活动之净报酬的变化经常会使人们将其精力转移至他们作用较小的那些活动之中。因此,在累进税制下,一切服务之净报酬都会随着收益增加的时率的变化而变化的事实,不仅构成了不公正的根源,而且也成了误用资源的缘由。

在人们的努力(或支出)与其所产生之报酬不能立刻趋近一致的各种情况中,亦即人们为达致一长远且不确定的结果的预期而进行努力的各种境况中——简而言之,也就是在人们的努力表现为一种长期且具风险的投资形式的各种境况中,累进税制导致了种种为人们所共知但却无从解决的棘手问题。囿于篇幅,我们在这里也不打算对这些问题进行详考。众所周知,任何对收入做平均化处理的实施方案,都不可能公平地对待作家或发明者,艺术家或演艺家,因为他们在几年之内所获致的报酬,可能是数十年之努力的结果。高额的累进税制还扼杀了人们从事有风险的资本投资活动的欲图,这一点也已为人们所周知,因此此处不赘。显而易见的是,这种税制会对那些具有风险的进取性投资大加歧视,但是正是这类投资对社会有着极为重要的价值,因为只要它们获得成功,它们就会带来巨大的回报,足以补偿其全部亏损的重大风险。所谓投资机会的耗竭,其真正的含义更可能是指,政府的财政政策强有力地扼杀了私人资本可以从事的有利可图的投资的广泛领域。

关于累进税制对激励和投资所具有的上述有害影响,我们只能粗略地讨论至此,这并不是因为它们不重要,而是因为人们在整体上对它们已经有了较为透彻的认识。因此,我们将在下面有限的篇幅中,集中检讨累进税制所具有的其他一些为人们不甚了解但却至少具有同等重要意义的负面影响。在这些影响中,有一种影响可能值得我们在这里予以特别强调,这就是累进税制频繁地对劳动分工施以的限制或阻碍。在专业工作并不是依照商业途径加以组织的领域以及在事实上有助于增进人们的生产力的大部分支出并不计入成本的领域,累进税制的负面影响尤为凸显。举例来讲,一个期望专门从事创造性较高的活动的人,在累进税制下,或许为了能够雇佣一个人为他做一个小时的其他琐碎之事并能够偿付他的服务费,而不得不在一小时内挣得超过其须支付的服务费二十倍甚至四十倍的收入,否则他便无力偿付这笔较低的服务费。如果事实真是如此,这个人就必须自己动手去干这些琐碎之事,进而影响他的创造性活动,并阻碍了劳动分工,这便是累进税制促成的"凡事自己动手干"的趋势所造成的最为荒唐的结果。

在这里我们也只能简单地提及累进税制对储蓄所产生的极为严重的影响。如果在二十五年前,那种认为储蓄太多从而应当减少的论点还具有某些道理的话,那么大凡有责任心的人在今天就都不会怀疑:如果我们欲完成我们为自己设定的任务,甚至想完成的只是其中的部分任务,那么我们就会期望人们尽可能地提供高储蓄率。一些论者就累进税制对储蓄所具有的这种负面影响提出了严肃的批评。对于这种批评,社会主义者虽说也做出了自己的回应,但是这些社会主义者在回应的过程中,实际上已偷换了论题,它已不再是说这些储蓄是不需要的,而是说它们应当由社会来供给,亦即应当从所课征的税收中支出。然而我们需要指出的是,只有当人们的长远目标是实现旧式的社会主义(即政府占有生产资料)时,前述社会主义者的回答才能被证明是正当的。

累进税制之所以渐渐为人们广泛接受,其主要原因之一乃是绝大多数人把适当收入视作是唯一合法的报酬形式,而且对社会而言也是唯一可欲的报酬形式。他们认为,收入同所提供的服务的价值并不相关,而是授予人们的某种被认为是适当社会身份的东西。这种观点极为明显地见之于下述那种常常被用来支持累进税制的论辩,即"任何人的工作都不值每年10000英镑的收入,而且在我们当前的贫困状态下,绝大多数人每周所赚的钱不到6英镑,因此年薪值得超过2000英镑者",亦只能是极个别非常特殊的人士。当我们明白了此一论辩所意指的乃是任何个人在一年中的努力,对于社会来讲,其价值都不能超过10000英镑(28000美元)的时候,上述论辩便即刻表现出毫无根据可言,而且所诉诸的也只是情绪和偏见。事实上,个人行动的价值,能够而且有时候确实应当数倍于那种价值。在一项行动所花费的时间与社会从此行动中所获致的利益之间,并不存在什么必然的联系。

这种将高额收入看成是不必要的且对社会来讲也是不可欲的态度,实是持这些观点的人的心态所决定的,因为他们习惯于根据一固定的薪水或固定的工资来出卖其时间,从而亦就将每一时间单位的这个固定报酬视作是正常之事。但是值得人们注意的是,尽管此种酬报的方式在日益增多的领域中已占据主导地位,但也只有在人们所出卖的时间被根据另一人的指令用于他途时或其行动至少是代表或实现他人的意志时,这种酬报方式才是恰当的。然而,这种酬报方式对于另一些人士来说,却是毫无意义的,因为他们的任务是在自己承担风险和责任的基础上来管理并使用资源,而且他们的主要目标也在于用他们自己的收益来增加他们所控制的资源。对于这些人来讲,对资源的控制构成了从事他们职业的前提条件,一如拥有某种技术或特定知识是从事各种行业工作的前提条件那般。赢利和亏损乃是这些人彼此进行资本再分配的一个主要机制,而不是为他们提供眼下生计的手段。那种认为现时的净收益通常是为了支付当前的消费的观点,尽管对于领薪人员来说是很自然的,但却与那些将目标定为成就一番事业的人士的想法大相径庭。对他们来讲,甚至连"收入"这个概念本身,在很大程度上也是其他人通过所得税而强加于他们的一个毫无意义的抽象概念。从他们的预期和计划来看,收入概念只是对他们所能承担的费用所做的一种估计,从而使他们在未来的支付能力不致低于当下的水平。一个主要由自营职业的个人所组成的社会,是否会像我们这样在毫不思考的情况下就将"收入"概念视作当然,是否就会像我们这样根据某段时间中累积的收入比率而对人们提供某种服务所获得的收益予以课税,对此我甚为怀疑。

有的社会除了承认其多数认为适当的收入以外不承认任何其他酬报形式,也不把在相对较短的时间内便获致大量财富的现象看成是从事特定类型活动的合法报酬形式。这样一种社会能否长期维续私有企业制度,颇令人怀疑。尽管将一发展良好的企业的所有权广泛地分散给大量的小所有者并没有什么困难,尽管由那些位居于企业主和领薪雇员这两者之间的经理人员来管理和经营这类企业也不会有什么困难,但是需要指出的是,新企业的创建却在很大程度上依旧且可能永远是由那些控制着相当资源的个人的事情。而且从一般的情况来看,种种新的发展亦仍须依赖于少数特别熟知特定机会并能把握这些机会的人士的支持。此外,我们也不能期望所有未来的演进都依附于久已确立的老牌金融公司和工业公司。

与上述问题紧密相关的是,累进税制对资本形成之另一方面的影响,它与我们在上文业已讨论过的储蓄问题不尽相同。竞争制度的优点之一在于,成功的新的风险投资极可能在短期内就获得极丰厚的利润,从而开发所需的资本将由那些拥有使用这种资本的最佳机会的个人来形成。成功的创新者所获取的丰厚利润在过去意指的是,由于他展示了他拥有以新的投资方式来利用资本并获利的能力,所以他很快就会有能力以更多的资产来支持他的判断。大多数由个人投资所形成的新资本,由于它是以前人或他人的资本损失作为其成功基础的,所以应当被实事求是地视作是企业主之间资本再分配之持续过程的一部分。因此,根据那种或多或少达到了没收程度的税率对这类利润课以税收,实质上就是以重税的方式对上述资本周转进程设置障碍,而这一资本周转过程恰恰是一个进步社会得以发展的部分驱动力。

然而在存在着赚取丰厚利润的瞬间机会的场合,以这种方式阻遏个人资本形成所会导致的最为严重的后果,就是对竞争造成限制。一般来说,这种税制都有助于支持公司的发展而无益于个人储蓄之累积,特别有助于强化老牌公司的地位而无助于新兴公司的发展,从而也就会造成种种准垄断的情形。由于税收在今天吞食掉了新兴公司之相当一大部分的超额利润,所以一如某位论者所正确指出的那样,这些新兴公司无力"进行资本积累,它们亦无力拓展自己的商务事业,它们永远不会成为大企业,也永远无法与既得利益群体相匹敌。老牌商号或企业不必担忧这些新兴公司的竞争,因为它们受着课税者的庇护。这些老牌商号或企业可以耽迷于成规而泰然自得,它们可以蔑视公众的期望而变得保守。的确,所得税会阻碍这些老字号去积累新的资本,但是对它们来说更具重要意义的却是,所得税在同时也阻碍了那些充满挑战性从而对它们构成威胁的新兴公司积累任何资本。事实上,它们由于税收制度而成了特权者。正是在此种意义上讲,累进税制不仅阻碍了经济的发展,而且还致使经济趋于僵化"。

累进税制所具有的一个更具自相矛盾的且对社会侵损更为严重的影响是,尽管累进税制原本旨在减少不平等的现象,但事实上却反而致使现存的不平等现象得以长期存在下去。的确,一个推行自由企业制度的社会,不可避免地会具有不平等的现象,然而累进税制却根除了自由社会所具有的对这种不平等现象进行补救的最为重要的机制。自由企业制度原本具有一种自我补救或救济的机制,其特征乃是富有者并不是一个封闭性的群体,而且任何人只要获得成功,就都有可能在较短的时间里获得大量的资源。但是在时下的一些国家,比如说大不列颠,升入富有者阶层的机会却已变得越来越少,很可能是人类社会步入现代以来最少的时期。这种影响所造成的一个具有深远意义的后果是，对世界上越来越多的资本的管理或运用，渐渐为这样一些人所控制：他们享有着极丰厚的收入以及由此而确保的愉快舒适之设施或便利，但是他们控制和掌握大量的财产却不是为了自己的利益，更不需要用他们自己的财产去冒风险。这种状况究竟是否就是一种社会福音，仍有待探讨。

的确，人们越是不可能获得新的财富，现存之财富对于他们而言，也就越会表现为毫无正当理由的特权。因此，政府政策也就有了充分的理由将这些财富从这些私人手中拿走，其实现的方式无非两种：一是通过对遗产继承课以重税的缓慢过程，二是通过直接采取没收措施这一更为迅捷的方式。以私有财产权和生产资料私人控制权为基础的制度，其基本预设乃是：任何人只要获得成功，就能够获得这种私有财产权和生产资料控制权。如果这一预设无法兑现，即使是那些原本会成为新一代中最杰出的资产者的人士，也注定会成为既得富裕者的敌人。

在那些所得税率非常高的国家中，所谓较高程度的平等，事实上是通过对所有人都能挣取的净收入加以限制的方式来实现的。大不列颠在第二次世界大战期间，税后最高的净收入约5000英镑或约14000美元——尽管这在某种程度上因资本收益未被视作收入这个事实而有所缓和。我们已在上文中指出，由于累进税制对较高收入阶层的课税对公共财政收入所做的贡献太过微小，所以累进税制只能根据那种任何人都不应当拥有高额收入的观点来证明其为正当。但是，何谓高额收入的问题，却取决于特定社会所持的特定看法，而最终则取决于有关社会的平均财富水平。因此，一个国家越贫困，它所允许的最高收入也就越低，而且其国民要达至"较富裕国家内仅为中等的收入水准也就越困难"。这种观点将会导致的结果，可由印度国家计划委员会 (the National Planning Commission of India) 于晚近提出的一项建议得到说明，尽管它最终因微弱多数而遭否决。根据这项建议，各种收入的最高限额被规定为每年6300美元（而且工薪收入的最高限额只为4300美元）。我们只需设想一下人们把与此相同的一项原则适用于一个国家中不同的地区或适用于世界上不同的国家时所会导致的结果，我们也就不难理解其间的底蕴了。当然，这些结果无异于对那种认为某一群体中的多数应当有权对收入的适当限度做出规定的信念的道德基础所做的一项注解，甚至也是对那些相信这种方式将有助于大众之福祉的人士的智慧所做的一项注解。贫困国家经由阻碍个人致富也将减缓其财富的普遍增进，难道这一点还有什么疑问吗？更有进者，那些对于贫困国家的道理，也同样可以适用于富裕国家，难道这一点不是不证自明的吗？

当然，累进税制的问题，最终是一个伦理问题，而且在民主制度中，真正的问题乃在于，如果人们充分理解了累进税制原则的运作方式，那么它在当下所获得的支持是否还能维续。如果人们将累进税制之实践所依据的那些观点明确且概括地阐发出来，那么大多数人就很可能不会赞成这些观点：(1) 多数应当可以自由地把一种不公平的或歧视性的税负强加给少数；(2) 同样的服务却应当得不到同等的报酬；(3) 某个阶层的全体成员仅因为其收入未能达致其他阶层的收入水平，就应当在实践中摧毁正常的激励因素。所有这些均是不可能根据公正或正义而加以辩护的原则。此外，如果我们再对累进税制在众多方面所导致的对人的精力和努力的浪费做出检讨，那么欲使通情达理的人士相信这种税制的不可欲性，应当是有可能的。然而值得我们注意的是，此一领域的实际经验却表明，习惯会以极为迅捷的速度摧毁正义感或公正观，甚至将那种在事实上仅以妒忌为根据的观点提升为某种原则。

如果要确立一合理的税收制度，人们就必须将下述观念作为一项原则予以承认，即决定税收总量应为多少的多数人，也必须按照最高的税率来承担税负。如果该多数决定以一种在比例上较低的税率形式给予经济贫困的少数以某种救济，则当然无可反对。为了防止滥用累进税制，我们必须建构起一防御性的屏障，但是这项任务的实施却因这样一个事实而变得复杂了，这个事实就是，一如上文所述，对个人所得税采取某种累进制，很可能可以被证明为是一种对间接税制之影响进行补偿的途径。我们需要设问的是，是否存在着这样一项原则呢，它既有望被众人所接受，而同时又能有效地防止人们滥用累进税制所固有的那些诱惑？就我个人而言，我绝不相信确定一个累进税制所不能超越的上限，就能达到上述目的，因为这样确立的百分数将会与累进原则一样专断，而且在国家需要增加财政收入的时候，国家也可以像改变累进原则一样，轻易地改变这种百分数。

我们所需要的毋宁是这样一项原则，它将根据总税负来限定最高的直接税率。就此种做法而言，最为合理的规则似乎是，它将根据政府对国民总收入所课征税收之百分比来确定直接税制之最高许可（边际）税率。这将意味着，如果政府从国民收入中课征25%的税，那么25%也将是对任何个人收入所课征的最高直接税率。如果国家发生紧急状况，有必要提高上述税收比例，那么最高许可税率也将提高至同一水平，而当总税负被降低的时候，最高许可税率也将相应下降。确立这样一项原则，税制仍会具有些许累进性质，因为那些就其收入支付最高税率的人士，还将支付某些间接税，而这将使他们的总税负比例超过国民的平均税负。然而，坚奉这项原则，会产生颇为有益的后果，因为每一项预算都必须以估计政府计划从国民收入中课征的税额比例为条件。此一百分比将提供一标准的直接所得税率，而这一标准税率对于较低收入者来说，则会依据他们所被课收的间接所得税比例而降低。当然，这样做的最终结果将是推行一种全面的低额累进税制，其中最高收入者的边际税率虽高，但就平均所得税率而言，不会超过多于间接税率的总额。

（三）住房与城镇规划

如果政府在废除住房补贴的同时，又根据与住房补贴完全相同的费用削减劳工阶级的税收，那么劳工阶级的经济状况就不致变得更糟，但毋庸置疑，这样做的结果是，劳工阶级宁愿将钱花在其他方面而不花费在住房条件的改善方面，并继续居住在过度拥挤的、设备极差的住房中。一些人之所以这样做，乃是因为他们并不知道较好的住房条件所具有的裨益，而另一些人之所以如此行事，乃是因为他们在将住房方面的投资同其他的消费途径作比较时低估了其价值。这就是主张发放住房补贴的理由,也是其唯一的理由,我们在这里之所以以一种最为直白的方式提出这个问题,实是因为左翼文献常常是在无视现实的情况下讨论这个问题的。

——刘易斯(W. A. Lewis)

一如我们所知,文明与都市生活紧密关联,不可分割。几乎所有使文明社会与初民社会(primitive society)得以区别的因素,都与我们称之为城市的大规模人口聚集密切相关,而且当我们言及文雅、礼貌或有教养的时候,我们所意指的也是那种城市中的生活方式或行为举止。甚至农村人的现今生活与初民生活之间的大多数差异,也是由城市所提供的一切所致。此外,由于在今天,人们即使生活在乡村也完全有可能享用到城市的丰富产品,所以在高度文明的国家中,这种现象也常常使得乡村的悠闲生活演变成了一种高雅文明生活的理想境界。

然而,城市生活的优势,特别是城市工业的发展所实现的生产力的大幅度的提高(它们可以使一小部分仍旧生活在农村的人口得到优良高质的农具装备并生产出足够多的粮食以供养所有的其他人),却是付出巨大的代价而实现的。城市生活不仅比农村生活更为多产,而且也比后者需要更多的花费。只有那些因生活在城市而使其生产能力得到大幅度增进的人,才有可能在支付城市生活所附加的费用以后获致净收益。伴随城市生活而来的娱乐活动的名目与费用,是如此的繁多和昂贵,以至于在城市中过上体面生活所需的最低收入标准也会远远高于农村地区的收入标准。那种在乡村中仍能为人们所承受的贫困线上的生活,在城市中已极难为人所忍受,而且因贫困而造成的邋遢贫穷之外在形象也会令其周围的人大为震惊和厌恶。因此我们说,城市既赋予了文明以价值,也已为追求科学和艺术、追求物质享受提供了各种手段,但是与此同时,我们有必要指出,城市也必须对它给这种文明所造成的最为肮脏的阴暗面负责。

再者,大量的人口因居住于特别稠密的地区而导致的花费不仅非常高,而且在很大程度上讲这种费用也是公共的,这即是说,这些费用并不一定会或不会自动由那些导致这些花费的人来承担，而可能必须由所有的人来共同承担。从许多方面来看，城市生活的紧密纷繁，使得原有的种种构成简单划分地产权之基础的假说归于无效了。在城市生活的情况下，那种认为地产所有者不管如何处理他的地产都只会影响他自己而不会影响其他人的观点，只能在极为有限的程度上被认为是正确的。经济学家所谓的相邻效应，即一人因对自己地产的处理或使用而对他人的地产所造成的种种影响，在此具有了重要意义。城市中几乎任何一块地产的用途，事实上都将在某种程度上依赖于此块地产所有者的近邻的所作所为，而且也将在某种程度上依赖于公共的服务——如果没有此种公共的服务，则分立的土地所有者就几乎不可能有效地使用这块土地。

因此，私有财产权或契约自由的一般原则，并不能够为城市生活所导致的种种复杂问题提供直截了当的答案。值得我们注意的是，即使在当时不存在拥有强制性权力的权威当局，较大规模的土地单位所具有的较大优势仍有可能促成新的法律制度的发展——亦即依照某种方式把控制权在下述两者间进行分割，即一方持有决定一有待开发的大区域之性质的优越权；另一方则持有决定较小土地单位之用途的次要权，然而后者在前者所决定的框架中可以自由地决定一些特殊具体的问题。从许多方面来看，当今有组织的市政公司所学习实施的功能，乃与前述优越权持有者所具有的功能相符合。

我们必须承认，就是在不久以前，经济学家还很少关注城市发展中各个不同方面的协调合作问题，此事令人甚感遗憾。尽管一些经济学家也激烈抨击城市住房条件恶劣（大约在五十年前，一份以讽刺著称的德文周刊甚至建议，应当把经济学家界定为一种巡察且丈量工人住房面积并指出住房太小的人），但是，就都市生活中的那些重要问题而言，他们长期以来则一直效法亚当·斯密，然而他对于这些问题所采取的基本上是一种不屑一顾的态度。亚当·斯密曾经在其讲演中这样解释说，城市整洁与治安问题，"即是清除街道污物的正确方法与执行法律的问题，它们虽说与预防犯罪的规定或维护城市治安的方法有关，但由于太平常无奇而不能以此种论述方式在本演讲中对它们进行考虑"。

经济学家既然忽略了对这样一个高度重要论题的研究,所以也就没有什么理由抱怨说,这个问题仍未得到应有的关注和解决。事实上,此一研究领域的某些发展,几乎完全是由那些专门处理和解决具体问题的人士促成的,然而关于各方的努力如何得以相互协调这个核心问题,却在很大程度上仍未引起足够的重视。但是需要强调指出的是,如何使个人所有者所具有的知识和技术的有效运用与有关行动"不得损人利己"这样一项原则相符合的问题,在本书的讨论中具有特别重要的意义。我们不可忽视这样一个事实,即一方面,从整体上看,市场在引导城市发展的方面虽不能说完美无瑕,但却比人们通常所认识到的要成功得多,而另一方面,大多数致力于改善此种不完善境况的主张——其方法并不是使市场运作得更好,而是要在市场之上强加一个中央指导或管理系统——却极少意识到这种中央管制系统将成就什么结果,甚至也没有追问这种管制系统是否能够达致市场的效力。的确,许多政府由于对那些支配着城市发展的力量根本就没有清醒的认识,所以在处理这些棘手的问题时所采取的一般都是极其随意的方式。在我们了解了政府处理这些问题的方式以后,我们当然不会再对这种随意方式所导致的"愈是治理城市弊端或恶行,它们愈是猖獗的结果感到奇怪了"。许多原本旨在同那些具体的恶行或危害做斗争的政策,实际上并没有解决那些问题,反而使情况变得更糟了。更为重要的是,较之其他任何政策领域可见到的发展,晚近的经验表明,这个领域中的某些发展,为当局直接控制个人的私性生活(private life)创造了更大的可能性。

我们必须首先考虑这样一项措施:这就是对住房的租金进行限制的措施或对住房租金施以"封顶"的措施。一般而言,这种措施只是在应付某种即时的紧急情况时为政府所采取的一种手段,而且从来也没有人将它当作一项持久性的制度安排加以捍卫,但是,事实上它却变成了一种具有永久性质的安排,而且在西欧的许多国家或地区,这项措施在限制自由和阻碍繁荣等方面所起的作用,很可能已超过了其他任何措施,当然通货膨胀政策除外。最初实施住房租金限制措施的目的,乃是为了阻止住房租金在第一次世界大战期间上涨,但是在许多国家,虽经过多次重大的通货膨胀,这项措施却并没因为大战的结束而遭废弃,相反,它却持续实施了四十多年。更为糟糕的是,在这四十多年的岁月中,这些国家虽经历了多次重大的通货膨胀,但是住房租金限制措施并没有发生任何变化,其结果是住房租金被降至比它在自由市场中所应获得的价格低得多的水平。因此,房产权事实上被剥夺了。较之任何其他同类措施,从长期来看,这项措施很可能更加恶化了它原本旨在整治的恶行或弊端,也使行政当局获得了控制人口迁徙或人口流动的高度专断的权力。再者,这种住房租金限制措施还在很大程度上造成了对财产权的蔑视和个人责任感的降低。对于那些并不曾受到这项措施长期影响的人来讲,我们在这里所做的论断可能过分严重了。然而,不论对于谁来说,只要他注意到住房条件的不断恶化,注意到这种住房条件的恶化对巴黎人、维也纳人、伦敦人的一般生活方式的影响,他就能够洞见到这项措施对经济的整体性质——甚至对一个民族的整体特性——所造成的致命影响。

我们必须首先强调指出的是,任何将住房租金限定在低于市场价格的措施,都必定会使住房短缺的状况持久地维续下去。如此,需求就会持续地超过供给,而且如果限价封顶也得到了有效的实施(即"溢价"的情况得到了禁止),那么就必须建立一种由当局来分配住房的机制。因此之故,人口流动的频率在很大程度上也被降低了,而且随着时间的推移,不同街区和不同类型住宅之间的人口分布状况也不再与需求或欲求相符合。正常的循环流动,亦被中止了。所谓正常的循环流动,在这里是指一个家庭在其家长具有挣取最多收入能力的时期,会比一对年轻的夫妇或已老迈退休的夫妻占据更大的住房空间,因此住房空间往往会随着挣取收入能力的变化而变化,这就是住房空间的正常的循环流动。在住房租金被限制的情形下,由于政府不得命令人们到处迁移,所以人们就会固守他们原有的住所,这样,原本租用的房屋也就变成了一个家庭所具有的一种不可剥夺的财产,它经由一代传递给下一代,而不论其需求与否。那些继承了租用住房的人,常常会比那些租不到住房的人要过得舒适,然而需要指出的是,在住房租金被限制的情形下，越来越多的人却要么根本不可能租到独立分住的住房，要么只有在官方的恩惠下，或者承受他们极难偿付的费用或者通过某些非法的或不正当的手段，才能租到独立分住的住房。

与此同时，房产所有者在住房维修方面也完全丧失了投资兴趣，即使不得已而为之，也只是在法律规定他们能从房屋租用者那里获得修缮住房的费用的限度内行事。一如在巴黎这样的城市中，通货膨胀已使租金的实际价值降至它们原来价值的二十分之一或者更少。房屋损坏或破损的速率已达历史之最，以至于试图在未来几十年里将它们维修或重建完毕，似无可能。

不过，物质方面的毁损还不是最重要的问题。在我看来，更重要的问题是，住房租金的限制措施，使得西方国家中的大多数人在其日常事务中愈来愈受制于当局的专断决定，甚至在做个人生活的重大决策的时候也习惯于寻求当局的许可和指导。这些人已渐渐将下述现象视为理所当然，即花费于他们住房方面的资金应当由其他人无偿提供，而且个人的经济福利也应当依赖于执政党的恩惠，而执政党也常常运用它对住房的控制去帮助它的支持者。

当局不断地被要求对人们的各种需求的相对价值做出裁定，对基本的服务项目进行配置，并根据当局自己对不同个人需求的急迫性所做的判断来处理那些在名义上仍属于私有产权的问题。这样的事例在当今的西方国家可以说比比皆是，然而正是这些事例极大地摧毁了人们对产权、法律和法院的尊重。例如，一所住房的所有者，有一个身患残疾的妻子和三个年幼的孩子，他希望收回出租的房屋。当他的要求遭到拒绝时，他的境况一定很糟，但是当他的请求获得同意时，他在其请求遭到拒绝时的境况是否就比此房屋的租用者（他只有一个孩子但却有一位病魔缠身并卧床不起的岳母）于此时的境况更痛苦呢？这个问题并不能通过诉诸任何已获公认的法律原则而获致解决，而只有通过当局的专断干预才能得到解决。这种对人们私生活中最重要的决策进行控制的做法，赋予了当局以极大的权力，这一点可以经由德国行政上诉法院（the Geman Administrative Court of Appeal）在晚近做出的一项判决见出。该判决的事实情况如下:由于一位在甲地生活居住的人先前并未获得房管当局对其迁徙的许可,也未曾得到分配居处的承诺,所以乙地的地方政府的劳工介绍所就拒绝为他在此地寻找工作。德国行政上诉法院认为这种做法必须被宣布为违法——这并不是因为有关当局没有权力拒绝他的要求,而是因为有关当局的这种拒绝实际上是因"原本分立的行政管理机构之间的共谋所致,而这是不能允许的"。事实上,不同当局活动之间的协调合作,乃是规划者们热衷于寻求的结果,然而需要强调指出的是,正是这种所谓的合作,却极易使那些本来只是特定决策中的专断性,渐渐转变成了对整个个人生活的专断控制权。

尽管住房租金限制这种措施(一如大多数人所知,即使在最早实施此种措施的地方亦复如此),长期以来一直被视为是一项在政治上不可否弃的紧急措施,直到今天情况亦无多大变化,但是,力图通过提供公房或建筑补贴来降低人口中较贫困者的住房费用的种种努力,却逐渐被人们视为了福利国家的永久性政策的一部分。然而不无遗憾的是,极少有人认识到,如果不对这些福利性措施在实施范围和适用方法等方面施以极为谨慎的限制,那么它们所导致的结果就很可能会与住房租金限制措施所导致的结果别无二致。首先需要指出的是,政府力图通过提供公房以帮助的任何一群人,只有在政府能够向他们当中所有的人都提供他们欲获得的新住房的情形下,才会受益。如果当局只提供部分住房,那么这种做法实际上就不是对私人建筑活动所提供的住房的一个补充,而是对它的一种替代。第二,政府所提供的较廉价的住房,必定严格限于它所旨在帮助的那个阶级,而且为了在较低租金的水平上满足这个阶级的要求,政府还不得不提供比这个阶级原本可能获得的更多的住房,还是因为租金便宜,所以这些人可以租用更大面积的房屋。第三,这种规定公房只能提供由那些最贫困家庭享受的措施,从一般意义上来讲,只有当政府并不企图提供既廉价又在实质上比他们原先所拥有的住房的条件为好的住房时,才是可行的。要不然那些因此得到帮助的人,就会比那些经济生活条件稍优于他们的人住得更好,如果事实真是这样,那么那些经济生活条件较好的人也定会要求将他们也纳入政府帮助的方案之中，显而易见，这个过程又会不断地重复往环并逐步升级，渐渐地把越来越多的人拉入这个过程之中。

一如住房改革者所反复强调的那样，试图通过政府行动以实现住房条件的普遍改观，只有当相关城市的全部住房问题在实际上都被视为一种公共服务且由公共资金来偿付的时候，才能做到，采取提供公房或建筑补贴的措施，所导致的结果就是如此。然而，这种力图使住房成为一项公共服务项目的努力，不仅意味着一般大众将被迫在住房方面支付比他们愿意支付者为多的费用，而且还意味着他们的人身自由或个人自由将受到严重的威胁。除非权力当局能够成功地按照私人住房租金的价格提供较舒适的和较廉价的住房，否则就不得不确立起一种由权力当局来分配住房的长期制度。在这种分配制度下，人们应当支付多少房费以及每一家庭或每个个人应当分得何种住房等问题，都将由权力当局来决定。如果连获得公寓或住房都须由权力当局来决定，那么我们便不难发现权力当局对个人生活拥有着何等的控制权。

此外，我们还应当认识到，那种力图使住房成为一项公共服务项目的努力，由于遏制了那些力图逐渐降低建筑成本的各种力量，因而从许多方面来看，已经变成了住房条件得以普遍改善的主要障碍。众所周知，所有的垄断者均是不经济的，而政府的官僚机器则更是如此，遏制竞争机制并替之以中央指导发展，不仅会使经济日趋僵化，而且还将注定阻碍那种可欲的且在技术上并非不可能实现的目标的实现——这个目标就是逐渐地且实质性地将建筑成本降低到所有的住房需求都能得到满足的水平。

因此，公房和补贴住房等措施充其量只能是一种帮助贫困者的手段，但其不可避免的结果却是它将使那些接受这种帮助的人依附于权力当局，尤其需要指出的是，如果这些人构成了人口中的多数，那么它还将导致极为严重的政治问题。当然，一如其他给予某些不幸的少数以帮助的措施那样，这样一种措施也并不是不能与一般的自由制度相容合的。但是值得我们注意的是，这种措施的确产生了一些非常严重的问题，因此，如果我们不希望这种措施导致危险的后果，那么我们就应当以一种严肃的态度正视它所产生的那些严重的问题。

城市生活所提供的较大的获利或收益机会以及其他的一些有利条件，在相当大的程度上被这种生活所需要的较高费用所抵消，而且一般来讲，城市生活费用还会随着城市规模的扩大而增加。值得注意的是，那些因在城市工作而大大提高了其生产能力的人，尽管必须为他们狭小的居住陋室付出较多的房租，而且还可能必须为每日的长距离交通支付费用，却仍将获得一些净收益。然而，其他一些人的情况就不是如此了，他们只有在满足下述条件的情况下方能获得一些净收益，即他们不必支付交通费用，亦不必租用昂贵的住房，或者他们只要有略多的钱购买其他东西就不会在意拥挤不堪的住房条件。在城市发展的大多数阶段，旧建筑楼群一般都位于城市的中心区，由于人们极想把城市中心区用以满足其他的目的，因此在这些地区建造新的住宿区就不是有利可图的选择。尽管这些旧建筑住宅为富裕者所不求，然而它们却可以为那些只具较低生产能力的人提供一种获得净收益的机会，因为他们可以通过居住在这些房租非常低廉当然也非常拥挤的楼房中而节省许多费用。只要贫困者准备在这些旧建筑楼群中居住，那么让这些旧建筑仍旧保存下去，通常就是利用这片土地的最为有利可图的方式。因此，这就造成了一种极为矛盾的现象：城市中最贫困的居民往往住在地价非常昂贵的街区，而土地所有者却从城市中可能最贫困的地区赚取非常高的收入。在此种境况下，这类房产之所以可以继续被用于居住而获利，一是因为这些旧建筑不需要花费什么修缮或维修的费用；二是因为它们可以为人们充分居住。如果这些旧楼群不能以这种方式为人们所利用，或者不能被用来供人们充分居住，那么对于居住在这些旧建筑中的大多数人来说，本可以用来增加其收入并足以抵消生活于城市的附加费用的种种机会就不复存在了。

大多数城市在发展期间，都以某种集中的方式形成了这类贫民区，它们的存在，向人们提出了两组应当加以区分但却经常被混淆的问题。毋庸置疑，这些极其肮脏因而有碍健康的贫民区的存在，不仅导致了一般居住条件的悲惨，而且也常常会导致违反法纪事件的发生，这种状况无疑会对城市的其他地区产生有害的影响，也将迫使该城市的行政管理机构或其他居民去承担那些居住在这些贫民区的人自己并不加以考虑的费用。贫民区居民之所以认为居住在城市的中心区对他们有利，乃是因为他们不用偿付由他们的决定所导致的所有费用，仅就这一点而言，人们便完全有理由主张通过对贫民区的房产课收费用来支付上述所有费用以改变这种状况——当然，这种做法很可能会导致这样的结果，即贫民区将会消失，并被那些用于商业目的或工业目的的建筑所取代，然而这种结果显然会不利于贫民区的居民。因此，主张对贫民区采取这种行动的观点，并不是以这些贫民区居民的利益为出发点的，这些问题乃是由地产权所具有的"相邻效应"所致，且属于城市规划的问题，对此我们将在后文中讨论。

与前述主张明显不同的是这样一些论辩，这些论辩主张根据他们所认定的贫民区居民的利益或需求来清除贫民区。这些论点导致了一种真正的两难困境。一般来讲，正是因为这些贫民居住于拥挤不堪的旧建筑楼群之中，他们才能够从城市所提供的额外挣钱机会中获致某种收益。如果我们想清除这些贫民区，那么我们就只有在下述两种选择方案中择其一：一是我们必须通过把廉价但却肮脏的住宿区从贫民区居民认为存有挣钱机会的地方迁移出去的方式，来阻止他们利用在他们看来构成其部分机会的条件，并且通过坚持所有城镇住房必须满足某些最低标准的方式，有效地将他们挤出城市；另一种选择是我们必须按照某种并不足以偿付成本的价格向他们提供较好的住房条件，从而也就必须既为这些待在城市中的人提供补贴，同时又必须为更多迁入城市中的贫困者提供相同的补贴。这种做法无异于激励城市以其经济无法承受的负担进行发展，亦无异于经由主观安排的方式创造出一个依赖于整个社会为他们提供需求之物的阶级。当然，他们的需求之物乃是由当局所认定的，就此而论，我们几乎不可能在权力当局不要求拥有决定谁应当或谁不应当被允许迁入某一特定城市的权利的情况下，期求政府当局能够长期地提供此类服务。

一如在众多领域所发生的情况那样，政府在住房领域所推行的各项政策，一开始也都旨在为一定数量的人提供服务或便利，但是政府却未能考虑到推行这种政策的结果，即它必定会使政府不得不为更多的人提供同样的服务或便利。的确，在大多数城市中，贫民区的部分人口是由那些只具有城市生活经验的老城居民构成的。这些人如果去农村生活，可能更无力维续生计。但是，更为棘手且尖锐的问题却是由大批大批的从较贫困的农村地区涌入城市的贫民所带来的。对于这些人来说，城市中陈旧且失修的建筑中的廉价住房，为他们在通向更富裕境地的阶梯上提供了一个立足点。尽管他们必须在拥挤且肮脏的环境中居住，但他们仍然认为迁入城市对他们有利。因此之故，政府所采取的那种以同样较低的价格为迁入城市的人提供相对较好的住房的措施，无疑会吸引更多的人涌入城市。对于这样一个问题，一般也只有两种解决办法：一是让经济制约因素起作用；另一是直接控制人口的涌入。而信奉自由的人士，将会认为前一种解决办法负面较少。

住房问题并不是一个能够单独加以解决的独立问题，相反它是一般贫困问题的一个部分，而且也只有通过收入的普遍提高方能逐步解决。然而，如果我们为人们提供补贴以使他们从其生产能力高于其生活费用的地区迁至其生产能力低于其生活费用的地区，如果我们阻止那些相信通过迁入城市便能以较差的居住条件为代价（尽管在我们看来这样的居住条件太过悲惨）而改善其生活前途的人迁入城市，那么这个问题仍将得不到解决。

我们需要指出的是，许多其他市政措施的原初目的尽管也在于满足一定人口的需要，但是这些措施的结果在事实上却趋于推进大城市以超出其所能适当承受的经济压力的方式进行发展。然而，囿于本书的篇幅，我们不可能在这里对所有这类市政措施进行探讨。大多数关于公用事业率的政策，其直接目的都在于通过提供低于成本的服务来缓解城市的拥挤程度，并促进城市郊区或边沿区的发展，但是从长远的眼光来看，这类政策只能使事情变得更糟。上文对当今英国住房政策的讨论，也同样适用于大多数其他国家的情况，"我们在不知不觉中已为这样一种做法所困扰并深深地陷于其中，这种做法就是用从全国人民那里征集到的税收，从财政上支撑并维持那种过度发展且过度集中的城市结构。而就大城市仍在继续发展而言，我们实际上是在用财政手段延续一种在本质上不经济的发展。"

在城市繁忙的生活和频仍的交往中，价格机制并不能够充分地反映地产所有者的行动所可能导致的对其他人的益处或害处。这个事实提出了与上述问题不尽相同的另一组问题。与动产所具有的一般情况——使用动产所产生的利益或危害通常只发生在控制该动产的人身上——不同，对一块土地的使用则常常会影响到相邻土地的用途。在城市生活条件下，这种情况不仅适用于私人地产所有者的行动，甚至更适用于公共土地的使用，例如那些被用来建造对城市生活而言至关重要的街道和公共娱乐场所的土地。为了使市场能够促成个别努力间的有效协调及合作，无论是个人所有者，还是控制公有地产的权力当局，都应当被置于某种地位，至少使他们考虑到他们的行动对其他地产所会产生的那些较为严重的影响。只有当个人的地产价值和城市当局的地产价值反映了他们使用其地产所产生的各种影响的时候，价格机制才会像它本应发挥的作用那样起作用。如果没有特殊的制度安排，则价格机制只能发挥极为有限的作用。此外需要我们注意的是，任何一份地产的价值也将受到邻人使用其地产的方式的影响，甚至更会受到权力当局所提供的服务和所实施的管理规定的影响，除非公私各方的决策都能够考虑到这些影响，否则总收益超过总成本就无甚可能。

尽管价格机制对城市土地的使用来说，只是一项不尽完善的导引机制，但是需要强调的是，如果土地的开发有待私人的创见，如果欲使分散于人人的知识和预见得到有效的运用，那么价格机制仍不失为一项不可或缺的导引机制。人们有充分的理由主张采取一切可行的措施，只要它们能够通过促使土地所有者考虑其决策所可能具有的各种影响而使价格机制得到较为有效的运作。因此，在城市土地使用的领域中，有关规则框架——在这种框架中，私产所有者的决策有可能与公众利益保持一致——必须比其他类型的财产所需要的规则框架更详尽，更适合于有关地方的特殊环境。这类城镇规划，在很大程度上是经由其对市场的影响和经由确立一个地区或邻区之全面开发所必须遵循的一般性条件而得以有效运作的，但是，在这些条件下，这类城镇规划必须允许个别所有者自行决策。可以说，只有这样的城镇规划才能使市场机制变得更为有效,当然,这只是此一方面诸多努力中的一部分。

然而,还有一种极为不同的控制形式,它也以城镇规划的名义进行运作。与上述那种城镇规划的控制形式不同,此种控制乃由废除价格机制并以中央指令替代价格机制的欲求所致。事实上,大多数城镇规划,特别是那些由一些根本不知道价格在协调个人活动关系方面具有重要作用的建筑学家和工程师们所执行的城镇规划,都属于此类控制。甚至在城镇规划的目的并不在于将未来的发展都束缚于那种规定了每一块土地之用途的预先设想的计划的情况下,这类城镇规划亦能通过致使市场机制日趋失效的方式而趋于达致这种控制状态。

因此这里的关键问题,并不在于人们是否应当赞成城镇规划,而在于所采纳的措施是补充和有助于市场,以及废止了市场机制并以中央指令来替代它。在这个领域,政策所引发的实际问题极为复杂,因此也不可能期求这些问题会得到彻底的解决。一项措施是否具有助益,乃取决于它是否有助于某种可欲的发展,然而,这些发展的细节,却又在很大程度上是不可预知的。

主要的实际困难源于这样一个事实,即大多数城镇规划的措施在增进某些个人地产的价值的同时,却降低了其他一些个人地产的价值。如果城镇规划要成为有助益的措施,那么它们就必须使收益总额超出亏损总额。如果要使损益达致有效的抵消,那么有关计划当局就必须能够承担这样一种责任,即对那些地产价值得到增益的个别所有者课收费用(即使那些课收费用的措施被认为是违背了某些所有者的意志),并对那些地产价值蒙遭损失的地产所有者进行补偿。要达成这个目标,只需授予权力当局以基于公平市场价值进行征收费用的权力即可,而无须授予它以专断且不受控制的权力。一般而言,这种解决办法已足以使权力当局既能够获取因其行动所致的地产增值部分,又能够买下那些借口这项措施减损了其地产价值而反对此项措施的人的全部产权。在实践中,权力当局通常无须购买产权,但是由于它有强制购买权作为后盾,所以它能够与有关所有者经由协商而达成双方同意的支付额或补偿额。只要基于市场价值的征收费用权力是政府当局唯一的强制性权力，那么所有的合法利益就都会得到保护。既然在这类情形中，"市场价值"并非一明确无争的数值，而且人们关于何谓"公平市场价值"的问题也可能仁者见仁、智者见智，因而它依然只是一项不尽完善的手段。然而，关键的问题乃在于，这类纠纷最终可以由独立的法院来裁定，而无须交由制定规划的当局进行自由裁量。

当然这里也存在着种种危险，而这些危险在很大程度上来自于许多规划者所具有的这样一种欲求，即他们根本就不打算对他们所提出的方案的各种成本进行核算，然而这本来应当是一必要的程序。他们常常借口说，如果他们被要求根据市场价值进行补偿，那么他们就必须执行某些改进措施，而执行这种计划的成本太高，实无从落实。然而需要强调指出的是，如果情况真是如此，那就意味着他们提出的这项计划有问题，因此不应当加以执行。最令人怀疑的乃是下述一些论点，即城镇规划者用以证明其根据低于公平市场价值的标准征收土地的做法为正当的那类论点。坦率而言，那些论点通常所依据的乃是这样一种极为荒谬的理由，即他们据此能够降低其规划方案的社会成本。这样一种规划方案，无异于是在说它将不考虑某些成本。规划者之所以能够使其规划看似有利可图，其原因乃是他们已将一些成本强加给了私人，实际上是置这些私人的利益于不顾。

支持城镇规划的论辩中，最有道理的实际上是这样一种论点，即为了实现某些目的，人们有必要创建大于个人所拥有的地产单位之通常规模的规划单位。规划的某些目标，可以通过分割地产权的权项来实现，其分割方式就是让优越权的享有者进行某些决策，亦即让某个代表整个地区或地方的并拥有估算个人次级所有者的利益及征缴费用的权力的市政公司进行某些决策。在房地产的开发中，房产开发者经常会对一些个别的小片土地的用途保有某种永久性控制权。我们可以说，这种做法至少对由当局实施此类控制的做法提供了另一种选择性方案。此外，这种论辩还有一个优点，即较大的规划单位只是众多的规划单位之一，从而它在执行其权力的过程中，必定会因与其他类似的单位间的竞争而受到制约。

当然，在某种程度上讲，即使是市政当局之间或者其他的政治附属部门之间的竞争，也会产生类似的制约性影响。然而，城镇规划者们的欲求并不止于此，他们还经常要求对区域范围甚或全国范围做城镇规划。的确，在规划中始终存在着一些只能由较大的单位加以考虑的因素。然而更为真确的是，由于统一规划区域的扩展，有关地方环境的特殊知识就势必不能得到充分有效的利用。全国范围的规划所意指的并不是竞争单位越来越大，而是指竞争将被彻底地根除。这当然不是一种可欲的解决办法。由于这个问题本身就极为复杂，因此就它所导致的种种实际困难而言，目前还很难找到一种尽如人意的解决办法。但是，既然任何其他方法都不能像市场那样，能使分散于个人的有关地产开发前景及其可能性的知识得到充分的利用，那么也就只有市场这种方法——主要通过向私人所有者提供激励因素和基本信息资料的方式起作用，并使私人所有者自由地使用某块特定的土地——可能会产生令人满意的结果。

此外，一些有组织的群体则坚持认为，前述的所有困难都可以通过采纳"单一税"计划而得到解决，这即是说，将全部土地的所有权都让渡给社会公有并且根据市场决定的租金额租赁给私人开发商。这种使土地社会化的方案，从其逻辑来看，可能是所有的社会主义规划中最富吸引力且似最合理的方案。如果这种方案所依据的事实性假设是正确的，这即是说，如果它能够对土地所具有的"永久性和不可毁灭性"这种价值与土地因两类不同的改良投资措施（一为社会共同努力，另一为个别所有者的努力）而产生的价值做出明确的区分，那么人们就有极其充分的理由去支持采纳此种方案。然而，上文论及的几乎所有的困难，都出自于这样一个事实，即我们不可能对上述两种价值做出明确无误的区分。为了提供必要的范围以供私人开发土地之用，那种必需根据一固定的租金额所提供的租约，就必须是一种长期的租约（也必须是可以自由转让的租约），并使其同私有地产权无甚差异，否则私人开发商不敢着手开发此地产，这样，私人地产权方面的各种问题又会随之重新出现。尽管我们常常会希望事情都像单一税方案所假定的那么简单，但是通过认真的思考，我们却发现，这种方案对于我们所关注的问题不可能提供任何解决办法。

城镇规划者倾向于将整个经济都置于行政管制下的事例，已在《1947年英国城镇和乡村规划法》（*The British Town and Country Planning Act of* 1947）所规定的一系列严苛条款中得到了明证。尽管这些条款在几年之后就不得不被废除，但是它们在其他国家仍不乏颂扬者，甚至在美国还一直被作为一应予效仿的范例。这些条款所规定的严苛办法，无异于完全没收城市地产所有者因其土地用途发生重要变化而赚取的全部收益——而且收益也被界定为超出土地用途禁止变更时所具价值的一切增加值，尽管在土地用途不发生变化时，此土地可能毫无价值。然而，对这种没收所有开发收益权所采取的补偿措施，只是使有关地产所有者在供此土地开发之用的一笔款项中享有一股份。

构成此方案基础的乃是这样一种观点，即人们只能根据一种价格自由地买卖土地，而这种价格所依据的假设是任何一块特定的土地的当下用途都不得变更。变更该土地用途所获得的任何收益都要作为准许变更其用途的代价而交给规划当局，而固守该土地用途时其价值的下跌以及导致的一切亏损，却只由该土地所有者自己承担。在一块土地的当下用途已不再能带来任何回报的情况下，开发费用，一如所谓的征收费用，将因此而等同于该土地在新的用途中所能达致的全部价值。

为实施《1947年英国城镇和乡村规划法》所规定的那些条款而专门成立的机构，被赋予了对非农业用地之用途的一切变化的全面控制权，所以该机构事实上被赋予了决定英国土地用途在新工业或新商业开发方面的垄断权，还被赋予了运用此项权力对所有这类用地的开发进行有效控制的绝对权威。这种权力，就其性质而言，乃是一种不受规则限制的权力，而且享有这项权力的中央土地委员会从其成立一开始就明确指出，它不能自己制定一项它必须一贯遵循的加于自身的规则来限制自身。中央土地委员会在执行此项职责一开始所颁布的《实施细则》（*Practice Notes*），也以一种直言不讳的方式指出了这一点。这些细则明确规定，"由于特殊缘故，当正常规则不能适用时"，该机构可以保留不遵守其业已颁布的工作规则的权利,以及"随时变更其政策"的权利。它还明确指出,"如果某项一般性工作规则不适用于某一特殊情形",则它有权将"该项规则视为可变更的规则"。

《1947年英国城镇和乡村规划法》的上述特点,在实践中渐渐被认为毫不可行,因而不得不于七年以后在未对任何土地之"开发价值国有化"作任何补偿之前就被废除,这当然不会令人感到惊讶。该项法律被废除以后,留存下来的情形是所有土地的开发须由规划当局批准,然而,规划当局认为,只有当这种开发不违背业已宣布的总体计划时,才可以获得批准。因此,个人所有者再次对如何更好地利用其土地发生了兴趣。只要上述实施《1947年英国城镇和乡村规划法》的整个实验过程,在事实上并不是人们普遍持有的观念的逻辑结果,那么我们就可以将其视为一荒谬的历史插曲,亦可视之为对考虑不善的立法蠢行的一次明证。显而易见,任何力图终止市场机制于土地交易领域中的作用并替之以中央指导的努力,都注定会导致某种类似于此的控制制度,亦即那种授予权力当局以完全控制一切开发的权力的制度。但是值得我们注意的是,英国此次注定流产的实验却并未引起人们广泛的关注,其原因比较复杂,但主要是因为在《1947年英国城镇和乡村规划法》自被宣布有效的七年中,实施该法所必需的机制并未得到充分运转。这部法律以及实施该法所必需的司法机构太过复杂,除了极少数陷入其间的不幸者以外,根本没有人能够理解其间的实际情况及其可能导致的后果。

建筑管理规定的问题,在许多方面同一般的城镇规划问题相类似。尽管它们并未产生重大的原则性问题,但我仍认为有必要在这里对它们做一简要的探讨。准许对城市中的建筑进行某种管理之所以被认为是完全可欲的,主要有下述两项理由:第一,当下的人都具有这样一种忧虑,即城市建筑物可以说是引起火灾或危害健康的隐患因素,因此有可能对其他人造成侵害,在现代社会的条件下,所谓的"其他人",包括某一栋建筑物的邻人以及所有使用此建筑物的人。这些人并不是该建筑物的居住者或占用者,而只是该建筑物的占用者的客人或消费者,他们需要有人对他们所进入的建筑做某种安全的保证（或至少是某种能证实安全的保证）。第二，就建筑而言，实施一定的建筑标准，可能是防止建筑者进行诈欺和蒙骗的唯一有效的方式，因为建筑条例所规定的建筑标准，不仅为解释建筑契约提供了可资依凭的根据，也向人们保证了建筑者将在建筑过程中使用人们通常所认为的那种适当的建筑材料和建造技术，除非有关建筑契约对此做了其他的明文规定。

尽管对建筑做此种管理的可欲性已无须论证，但在其间的少数领域中，政府的管理措施仍存在着被滥用的可能性，或者在事实上已被滥用，并对建筑业的发展施加了有损害的或完全没有道理的限制，因此，政府的管理措施也常常被用来强化地方生产者的准垄断地位。每当这种管理超过了最低标准的要求时，特别是当它们倾向于使某种在一特定时空中实施的标准方法成为唯一准许采用的方法时，它们也就变成了可欲的经济发展的严重障碍。据此我们认为，由于政府在建筑管理方面阻止人们尝试新方法，也由于它支持地方对企业和劳工进行垄断，所以政府就应当在许多事例中对建筑的高昂成本承担部分责任，也应当对住房短缺和居住拥挤负主要的责任。当政府的管理措施不仅要求建筑物符合某些条件或检验标准（即技术规章），而且还规定应当采用某些特定技术（即实施规章）的时候，政府就更应当对上述结果承担责任。特别需要强调指出的是，前一类技术规章对自发性开发所设定的限制比实施规章要小，因此人们在同时面对这两类规章的时候往往会倾向于选择前者。然而，只需做一简单的分析，我们就能发现，恰恰是技术规章更符合我们的原则，因为它们授予了权力当局较少的自由裁量权，而，实施规章所授予当局的自由裁量权则是那种不能反对的自由裁量权。在技术规章的情形下，某一特定的技术是否符合一项规则所规定的实施标准，可以由独立的专家所确定，如果发生争议，甚至还可以由法院加以裁定。

另一个相当重要且棘手的问题是，应当由地方当局还是应当由中央当局来制定建筑管理规定。事实可能确实如此，即地方性建筑管理规定在地方垄断者的影响下较容易被滥用，而且在其他情况下也较可能对建筑业起阻碍作用。人们或许有较为充分的理由支持经由深思熟虑而确立起来的全国统一的建筑标准或模式,对于这类标准或模式,各地方当局在采纳的时候可以根据地方情形而对这些标准或模式进行在它们看来适当的修正。然而,从一般的意义上讲,如果由地方当局来决定建筑管理规章,那么较之那种通过法律为整个国家或某一大区域而统一制定这些建筑管理规定的做法,地方当局之间的竞争能更为迅速地根除掉那些起阻碍作用且不合理的限制。

城镇规划所提出的那些问题,可能会因为与全国范围内的工业选址问题相关联,而在将来具有更为重要的意义。这个论题已开始引起规划者越来越多的关注,而且也正是在此一领域中,我们现在经常可以听到这样一种说法,即自由竞争的结果是不合理的,而且也是有害的。

面对那种断言工业实际选址不合理的观点以及那种假定经由中央规划可以对这种状况做出改善的观点,我们必须追问的是其间究竟存在着何种不合理,还须追问的是中央规划在改善这种状况的方面究竟有多大的可能性,以及这种做法本身究竟是否合理?的确,如果人们在过去就能够正确地预见当下的种种发展,那么许多关于工厂选址的决策当然也会大不相同,而且也正是在这个意义上,如果我们回顾过去所发生的一切,它们确实显得极不明智。然而,这并不意味着,我们可以期望人们根据当时可获致的知识,便能够做出一种不同的决策,而且这也绝不意味着,如果当时的发展为国家当局所控制,其结果就会更令人满意。尽管在这一领域我们必须再一次面对价格机制并非完美无缺的问题(需要指出的是,价格机制的运作的确不能尽如人意,而且也未能考虑到我们期望它考虑的许多事情),但是我们是否据此就能够推断说一个中央规划者能像市场一样成功地引导发展,这实令人感到怀疑。众所周知,市场通过使个人考虑到他们并不直接了解但却为价格所反映的那些因素而在此一方面获得了极为显著的成就。罗希(A. Losch)先生对这些问题所做的最为著名的批判性考察,足以使他得出如下结论,即"拙作的最为重要的一个结果,很可能是证明了这样一个问题,即自由力量所具有的有助益的作用达到了令人惊奇的程度"。他接着指出,市场"尊重人类的所有希望——即未知的状况——而不论它们是有益的还是无益的",而且"自由市场机制对于公益所具有的助益作用,也远比人们一般所猜想的要大,尽管存在着一些例外"。

（四）教育与研究

> 一般的国家教育（state education），仅是一项将人们模塑成完全相似的人的人为设计,而通过此种教育强加于人们的模型,则又定是那些能令政府中的支配性力量——不管它是君主、牧师、贵族还是当今社会的多数——感到满意的东西。随着这种国家教育的效率及成功程度的提高,它将渐渐确立起一种控制人们心智的专制,而这也势必会导致确立一种对人身的专制。
>
> ——约翰·斯图尔特·穆勒

大凡能以极高的代价获得之财富,知识可能是其间的最为重要者,然而那些并不拥有知识的人却时常不能认识到知识的用途。更为重要的是,现代社会的有效运作,须依赖于知识资源的获得,然而知识的获得,又首先须以掌握一定的技术——其中首要的乃是阅读的技术——为前提条件。换言之,人们在能恰当地为自己做出何者对自己有益的判断之前,就必须获致这些技术。尽管我们赞成自由的理由在很大程度上基于这样一种观点,即对于知识传播来说,竞争乃是最强有力的工具之一,而且竞争这种工具通常也能向那些并不拥有知识的人表明知识的价值,但是,毋庸置疑,对知识的运用也可以经由刻意的努力而得到极大的增进。人们的努力之所以常常未被导向有益于他们的同胞,其主要原因之一就是无知。当然,我们还有种种其他理由认为,把知识传授给那些没有多大兴趣去寻求知识的人或没有多大兴趣去为获得知识而做出一定牺牲的人,乃是整个社会的利益所在。这些理由在儿童的事例中特别具有说服力,而其中的某些论点对成年人也同样具有很强的说服力。就儿童而言,值得我们注意的一个重要的事实当然是,他们并不是那种自由的主张可以完全适用的具有责任能力的个人。尽管在一般意义上讲,把儿童身体方面的和精神方面的福利交由他们的父母或监护人去负责,乃是儿童的最大利益之所在,但是这绝不意味着父母双亲应当享有不受限制的自由,可以按其所愿去对待他们的孩子。社会的其他成员当然也与儿童的福利问题利害攸关。要求父母或监护人为他们所养育或照管的儿童提供某种最低程度的教育所依据的理由,显然非常充分。

在当代社会,主张义务教育要达到一定的最低标准,有两个方面的理由,具有双重含义。一方面,人们普遍认为,如果我们的同胞与我们共享一定的基础知识和信念,那么我们大家都将面临较少的风险,同时也将从我们的同胞那里获得较多的益处。另一方面,需进一步考虑的一个重要问题是,在实行民主制度的国家中,如果有一部分人为文盲,那么民主就不可能有效地运行,除非这种民主制度在一极小的区域内推行。

此处必须强调指出的是,普通教育并非只是一个——甚至有可能并不主要是一个——传播知识的问题。这是因为在一个社会中,人们需要确立一些共同的价值标准,而且尽管过多地强调此种必要性有可能会导致非常不自由的后果,但是,倘若没有那些共同的价值标准,那么人们便显然不可能和平共处。在那些久已形成的并由绝大多数本地人组成的社会中,上文所论不可能成为一个严重的问题,但是这个问题在其他一些社会中则可能非常重要,对此我们可以举出诸多实例为证,比如大移民时期的美国就可能是一个极佳的例子。似乎可以肯定地说,如果美国没有借公立学校制度在其社会中刻意推行那种"美国化"(Americanization)的政策,那么美国就不可能成为这样一个有效的"种族大熔炉",同时也很可能会面临种种极为棘手的问题。

然而,所有的教育都必须且应当根据某些明确的价值观念加以指导的事实,却也是公共教育制度会产生真正危险的根源。人们必须承认,就这一点而言,大多数19世纪的自由主义者对于那些由知识传播所能达致的成就有着一种天真幼稚的信赖。他们根据唯理式的自由主义观,常常主张普通教育并为之提供理由,似乎知识的传播可以解决所有的重要问题,似乎只要将那种受过教育的人多余出来的少许知识传播给大众，就能够实现"对无知的征服"（conquest of ignorance），并且经由这种征服而可以开创一个新时代。然而，我们实在没有多少理由可以相信，一些人所获致的最优知识如果在某个时候能为所有的人都拥有，那么我们就可以实现一个更完美的社会了。知识和无知都是相对的概念，而且我们也没有什么证据可以证明，一个社会中受过较多教育的人与受过较少教育的人于某个时候所存在的知识上的差异，会对社会的特性产生如此这般的决定性影响。

如果我们接受那些主张义务教育的一般性理由，则仍存在着下述重要问题需要考虑：应当以何种方式提供义务教育？应当为所有的人提供多高程度的义务教育？享受较高程度义务教育的人又应当如何挑选，以及由谁来承担这部分开支？对于那些支付教育费用将是一项沉重负担的家庭来说，教育费用应当由公共资金来支付，这很可能是采用义务教育的必然后果之一。然而，这里还有一个问题需要解决，即多高程度的教育应当由公共资金来提供以及以何种方式来提供。诚然，从历史上来看，在推行义务教育之前，政府通常都是通过建立国立学校的方式来增加各种教育机会的。使教育发展成义务教育的最早试验——实行于18世纪初期的普鲁士——事实上仅限于政府已建立学校的那些地区。毋庸置疑的是，正是通过此种方式，在很大的程度上加速了教育成为普通教育的进程。众所周知，将普通教育强加给一个在很大程度上并不熟悉这种教育制度及其益处的民族，事实上是很困难的。然而这绝不意味着，现今推行的义务教育甚或由政府资助的普通教育，就应当以政府来建立或管理这些教育机构为必要条件。

一个颇令人费解的事实是，最早的且极具效率的教育制度之———亦即那种将义务教育同政府所提供的大多数教育机构相结合的教育制度——乃是由一位伟大的个人自由的倡导者，即冯·洪堡（Wilhelm von Humboldt）所缔造的，然而，仅在他创建这一制度的十五年以前，他甚至还论辩说，公立教育（public education）是有危害的和不必要的，公立教育之所以是有危害的，乃是因为它阻碍了成就的多样性，而它之所以是不必要的，乃是因为自由的国度绝不可能没有教育机构。"教育"他曾经指出，"在我看来，完全超出了政治机构应当受到恰当限制的范围。"正是普鲁士在拿破仑战争时期所面临的困境以及国防的需要,致使洪堡放弃了他此前的立场。当他对强大的、组织化的国家的追求,致使他将其后半生中的大部分时间专注于建构一种国家教育制度——此种教育制度后来成了世界其他国家和地区的范式——的时候,曾经激发他早期的努力和撰写论著的那种使"个人人格得到最为多样化的发展"的欲求,也就退居次要地位了。人们很难否认普鲁士因此而达致的一般的教育水平,乃是促使普鲁士经济得以迅速崛起以及后来全德意志的经济得以迅速发展的主要原因之一。然而,人们仍有理由追问,此种成功难道不是以一种极高的代价而获得的吗?在此后几代人的时间中,普鲁士所扮演的角色完全有可能使人们怀疑,那种曾经倍受赞誉的由普鲁士国家主管的教育制度,对于世界,甚或对于普鲁士本身来讲,是否就属一纯粹的幸事。

正是那种高度集权化的且由政府支配的教育制度,将控制人们心智的巨大权力置于了权力机构的操握之中。这种境况当会使人们不致贸然地接受这种制度。证明义务教育为正当的论点,在一定程度上也主张政府对这种义务教育的部分内容加以规定。如前所述,在一定的情势下,人们有极为充分的理由主张由权力当局为所有的公民提供一种共同的文化背景。然而,我们必须牢记,正是政府提供教育这种制度产生了诸如在美国发生的隔离黑人这类令人棘手的问题——在政府控制了文化传播的主要工具的地方,注定会产生这类颇为棘手的种族的或宗教的少数派问题。在多民族的国家中,应当由谁来控制学校制度这个问题,已逐渐成为民族之间摩擦的主要根源。对于那些目睹了发生在奥匈帝国这类国家中的种种冲突的人来说,下述论点具有相当强的说服力,与其让一些孩子在争夺谁应当控制正规教育的权力的战斗中被杀死,不如根本不让他们接受这种正规教育。

然而,甚至在那些单一民族的国家,人们也有极为充分的理由反对赋予政府以控制教育内容的权力,亦即政府通过直接管理大多数民众就读的学校便能拥有的那种控制权力。即使教育是一种为我们提供了实现某些目标的最佳方法的科学手段,我们亦不可能期望那些最新的方法应当得到普遍的运用并在同时完全排除其他方法的适用——更何况人们所追求的目标亦不应当是一致的。然而，如果所谓科学问题乃是指它们可以根据客观的检验标准加以判定，那么我们可以说，几乎没有什么教育问题属于科学问题。教育上的问题多半为彻头彻尾的价值问题，或者至少是这样一类问题，就它们而言，相信某些人的判断而不相信另一些人的判断的唯一根据，是前者在其他方面表现得更好。事实上，在国家教育制度下，所有基础教育都有可能被某一特定的群体所持有的理论观点所支配，亦即那种想当然地以为其拥有着解决那些问题的科学答案的群体（在过去的三十年里，美国所发生的情况在很大程度上就是如此）。特定群体支配教育这种可能性的存在，应足以警告我们：将整个教育制度置于国家管理或指导之下，切切实实地隐含着种种危险。

事实上，人们对教育所能拥有的对人的心智的控制力评价越高，则人们就越应当相信将此一控制权置于任何单一权力机构支配之下所具有的危险。但是，即使我们对教育的这种力量所给予的评价，不如一些19世纪唯理式的自由主义者所给予的评价那么高，然而只要我们承认教育具有这种力量，我们就会得出与这些自由主义者几乎完全相反的结论。此外，我们之所以应当提供最为丰富多样的教育机会，其原因之一，从现在的角度来看，如果我们实际上对不同的教育技巧所能达致的成就还知之甚少的话，那么在我们越来越了解产生某些类型之结果的教育方法以后（按现在的发展趋势看，这是迟早的事），主张提供多种教育机会的论点就会具有更大的说服力。

在教育领域中，对自由的最大威胁可能来自于心理技术的发展，因为这些心理技术可以赋予人们以某种前所未有的能力，以蓄意地型塑人们的心智，毋庸讳言，这个问题在教育领域要比它在其他任何领域都严重得多。诚然，我们要控制人类发展的基本条件，我们就必须拥有能够洞察人类发展条件的知识——尽管这会提供一种可怕的诱惑，然而我们必须清醒地认识到，纵使如此也未必意味着，我们只要通过对这种知识的运用，就能够对长期以来一直是自由发展的人类的状况做出改善。有人认为，如果我们能够通过教育而型构并生产出为人们普遍认为需要的各种类型的人，则将是一项有益之举。实际上，这种观点绝非是无疑不争的。因此,在我们看来,教育领域中的重大问题,或许很快就会转变成一个如何防止人们滥用其已确实拥有的能力的问题,而且尤其值得我们注意的是,这种能力的运用,对于那些认为一种受控制的结果必定要优于那种失控的结果的人来讲,恰恰具有最大的诱惑力。事实上,我们很快就能发现,真正能够解决这个问题的方案乃在于,政府不再充当教育的主要管理者和提供者,而应当成为个人的公正保护者以防阻一切滥用此类新近发现的能力的做法。

反对政府管理学校的理由,可以说在今天要比在以前任何时候都更加充分,而且不仅如此,甚至人们在过去所提出的大多数用以支持政府管理学校的理由现在也已经消逝不存了。不管当时的情况如何,现在已无人怀疑,教育不仅须由政府资助而且须由政府来提供的这种状况已不再成为必要,因为普通教育的传统和制度在今天已经牢固地建立起来了,而且现代交通运输的发展也已解决了大多数因学校与学生住家相距太远而导致的种种棘手的交通问题。

诚如弥尔顿·弗里德曼(Milton Friedman)教授业已指出的,通过向双亲提供保证负担每个孩子教育费用的凭证——他们可以将这种凭证交给他们为孩子所选择的学校——的做法,现今在无需维系政府开办的学校的状况下,用公共资金来支付普通教育的费用在实践上已完全可行。当然,由政府直接为少数偏僻的社区提供学校教育仍然是可欲的,因为在这些地方,学龄儿童的人数非常少,从而教育的平均成本也就非常高,所以不适合开办私立学校。然而,对于绝大多数人的教育而言,毋庸置疑,完全由私人致力于教育组织和教育管理,而政府仅提供基本的资助并为所有的学校确立担保之费用的最低标准,是完全有可能的。此一方案的一个重要益处在于,孩子的父母无需再面临下述抉择:要么必须接受政府所提供的任何教育,要么自己为一种不同的、稍微昂贵的教育偿付全部费用。此外,此一方案的另一个重要益处在于,如果他们选择一所公私共管的特殊学校,那么他们也只需支付基本费用以外的费用便足够了。

在教育领域中,一个更为棘手的问题是,多高程度的教育应当由公费来支付,而且在所有人都能获得的最低限度的教育之外,应当由谁来获享上述那种较高程度的教育。几乎毋庸置疑的是，教育虽说能够增加人们对公共需求的贡献，然而超过一定时段而加以延长的教育必须证明就此所付成本为正当，所以享有这种较高程度教育的人将始终只能是全部人口中的一小部分。此外，可能还有一个不可否认的事实是，我们并不拥有某种可靠的方法，可以预先确定年轻人中谁将从高等教育中获致最大裨益。再者，不论我们采取什么样的措施，下述情况似乎都无从避免，即许多获致高等教育的人，后来都将享受超出其同辈人所能享有的物质利益，其原因只是社会上的其他人士认为值得对他们的教育做更多的投资，而不是因为他们比其他人具有更高的天赋能力或者比其他人做出了更大的努力。

在这里，我们不准备对下述问题进行讨论：应当为所有的人提供多高程度的教育，或者应当要求所有的孩子上多长时间的学。关于这些问题的答案，在一定程度上讲，必须视特定的情形而论，如有关社会的总财富、该社会经济的性质，甚至还有可能包括影响青少年成熟年龄的气候条件等，都是必须认真考虑的因素。这乃是因为在比较富裕的社会中，它的问题通常已不再是何种教育训练将增进经济绩效的问题，而毋宁是这样一个问题，即如何以一种能在将来帮助孩子们更好地利用自己的闲暇时间的方式，使他们在得以自己谋生之前合理地支配他们的时间。

此处真正重要的问题乃是方式问题，亦即应当以一种什么样的方式从那些接受一般的最低限度之教育的人当中，挑选出一些接受较高程度教育的人。无论是从物质资源的角度来看，还是从人力资源的角度来看，延长教育时间所需的费用，即使对于一个富裕的国家来说也是相当大的，因此为大部分人提供高等教育的欲求在某种程度上将始终与为所有的人延长教育年限的欲求发生冲突。当然，一个社会如果希望从有限的教育经费中获致最大程度的经济回报，那么它就应当为相对少量的精英集中提供较高程度的教育，而这在今天则意味着，应当增加接受最高程度教育的那部分精英人数，而不应当为大部分人延长教育年限。然而，如果那种试图增加接受高等教育的精英人数的做法以政府管理教育为依托，那么这种做法在一个实行民主制度的国家中显然是不可行的,而且应当由权力当局来决定谁可以获致此种教育的做法,也是不可欲的。

一如在所有其他的领域那般,主张对高等教育(和研究)进行补贴的理由,一定不是这种补贴能给接受者带去利益,而肯定是这种教育或研究能为整个社会带来种种益处。因此,我们似没有什么理由主张对各种形式的职业培训也进行补贴,因为在职业培训中,较为熟练地把握一门职业技术将在受训者获得的更强的收益能力中得到反映,而这一点已构成了判断投资此种职业培训是否可欲的相当恰当的标准。在需要这类培训的职业中,大部分所增加的收益,只是对投资于此种职业培训的资本的一种回报。对这个问题的最佳的解决办法似乎是,应当使那些似乎能够对其所做的投资做出最大回报的人获得信贷,然后再由这些人在将来用其增加的收益偿还这部分借贷,尽管这样一种安排会在实践中遇到相当程度的困难。

当然,高等教育的情势与这种职业培训略有不同,因为对高等教育投入高昂费用,并不可能导致受过较好教育的人士在将其服务出售给其他个人时获得相应较高的报酬(医疗、法律、工程等行业的情况即是如此),但是需要指出的是,高等教育的目标在于使知识在整个社会内得到进一步的传播和增进。一个社会从它所培养的科学家和学者那儿获致的收益,是不能根据这些人出售其特定服务所标明的价格来衡量的,这是因为他们的大多数贡献对于该社会所有的人来说,均是免费可得的和可资利用的。因此人们有极为充分的理由主张,社会应当资助那些有指望并倾向于从事这类研究的人士,至少是对他们中的部分人士提供资助。

然而,认定所有在智力上能够获致高等教育的人都有权要求享受高等教育,则是一个完全不同的问题。有人认为,使所有具有特别才能的人士都成为博学之士,会有益于整个社会,也有人认为,所有具有特别才能的人士由于接受了此种高等教育,所以就应当获得富足的物质利益,甚至还有人认为,高等教育只应当由那些对接受这种教育拥有无可置疑之能力的人士享有,而且也应当成为人们迈向更高地位的正常的(甚或是唯一的)路径。但是在我们看来,所有上述观点都绝非自明之理。一如有人在晚近指出的那般，如果所有具有较高天赋的人都被刻意地且成功地吸纳入富裕者群体之中，又如果相对贫困的群体具有较少才智这一点不仅成了一种一般性的预设而且也成了一种普遍性的事实，那么贫富阶级之间的分野或分裂就会变得更为尖锐，较为不幸的人也会遭到更为严重的蔑视。此外，在某些欧洲国家还存在着另一个严重的问题，我们当牢记在心，这个问题就是知识分子的数量已超出了我们能以一种有效益的方式加以利用的数量。对政治稳定而言，几乎没有什么比存在着一个为自己的所学找不到销路的知识无产阶级更具危险的事情了。

因此，我们在所有的高等教育中都将面临这样一个一般性的问题，即一定数量的年轻人必须依某种方法被挑选出来——而且是在人们不能确信谁将从高等教育中获益最多的年龄的时候——使他们接受一种能使他们比其他年轻人赚得更高收入的教育，而且为了证明这种教育投资的正当性，人们还必须依某种方法去挑选这种教育的接受者，从而使他们获享赚取更高收入的一般资格。最后，我们还必须接受这样一个事实，即由于社会上的其他人通常都不得不承担支持高等教育的费用，所以那些从高等教育中获益的人，因而一直享受着一种不劳而获的优势。

晚近，由于政府愈来愈把教育当作一种实现平均主义目标的工具来运用，所以前述问题的棘手程度也就大大增加了，甚至试图合理解决这个问题的可能性也变得微乎其微了。尽管人们有理由主张尽可能地确使那些最可能从高等教育中获益的人得到接受高等教育的机会，但是不容我们忽视的是，政府对教育的控制的主要目的，却一直在于确使所有人的前途得到平均的安排，当然，这是一个完全不同的问题。人们因此而指责平均主义者说，他们的目标在于实现一种机械式的平等，而这种平等无疑会剥夺那些只能由某些人享有而不能提供给所有的人的利益。尽管平均主义者通常都反对这种指责，但是此一趋势在教育领域中已表现得极为明显，实无可抗辩。此种平均主义的立场在托尼（R. H. Tawney）所著《论平等》（*Equality*）一书中得到了最为明确的论述，在这本具有深远影响的小册子中，托尼明确指出，

"在对聪明才智者提供教育的方面慷慨大方地花费,而在对反应迟钝者进行教育的领域则投资吝啬",这显然是不公平的。我们必须指出的是,在某种程度上讲,确保机会平等与使机会同能力相适应(adjusting opportunity to capacity)(一如我们所知,这种能力与任何道德意义上的品行无甚关联)这两种相互冲突的欲求,已被那些平均主义者搞得混淆不清了。

我们应当承认,就公费教育而言,主张平等地对待一切人的论点是很有说服力的。然而,当人们把这种观点与那种反对给予较为幸运的人以任何特别的利益这一论点结合在一起时,它的含义便发生了变化。在这种情况下,它实际上意味着:必须给予所有的儿童以任一儿童所能获致的东西,而且任何儿童都不应当拥有不能提供给所有儿童的东西。如果我们进一步就这一观点进行推论,那么它就意味着对任一儿童教育所支付的费用不得超过对每个儿童教育所支付的费用。如果这就是公共教育的必然后果,那么人们便拥有极为充分的理由反对政府关注基础教育(只有这种基础教育确能为所有的儿童所享有)以上的任何教育,并主张将所有的高等教育交由私人去管理。

无论如何,某些利益必为某些人享有这个事实,绝不意味着某个单一的权力机构应当拥有排他性权力,以决定这些利益应当归谁享有。从长远的角度来看,由权力机构支配此类权力,事实上不可能推进教育的发展,或者说此类权力也不可能创造出能被认为比它们原本更令人满意或更公正的社会状况。就上述第一个问题而言,显而易见的是,任何单一权力机构在下述几个方面都不应当享有垄断性的判断权:一是判断某种特定类型的教育具有多少价值;二是判断应当对进一步的教育给予多少投资;三是判断应当对不同类型教育中的哪一种教育进行投资。任何社会都不存在一种唯一的标准(而在自由社会中则是不能够存在这种标准),可供我们据以对不同目标的相对重要性做出判断,或对不同方法的相对可欲性做出判断。人们能够不断地获得各种替代性方法以作选择,这一点在教育领域或许要比在其他任何领域都重要,因为教育领域的任务乃是使年轻人获享各种能力以适应变化不定的世界。

就上述第二个问题亦即公正问题而言,我们应当明白的是,从社会的一般利益来看,那些最"应当得到"高等教育的人,未必就是那些通过做出努力和付出代价而被认为具有最高主观品行的人士。天赋的能力和天生的才能,乃是环境的偶然成就,一如"不公之利"(unfair advantages),而且将高等教育的利益只给予那些我们自以为能预见从高等教育中获致最大利益的人,也必将增进而不是消除经济地位与主观品行之间的脱节。

那种力图根除偶然因素的影响的欲求——此乃要求社会正义的根本理由之所在——在教育领域中,一如在其他领域,只有通过根除所有那些不受计划控制的机会方能实现。然而,文明的发展,在很大程度上却依赖于下述两项条件:一是个人能够最充分地利用他们所遭遇的一切偶发因素;二是个人能够最充分地利用一种知识在新的环境中所能赋予他们的那些基本上不可预测的有利条件。

一些人为了实现正义,竟然强硬地主张,所有的人都应当以同样的机会为出发点,然而我们需要指出的是,不论这些人的动机多么值得称道,他们的主张却是一种根本不可能实现的理想。再者,任何妄称已经实现了这个理想或已经接近这个理想的说法,都只能使那些较不成功者的状况变得更糟。尽管人们完全有理由根除现行制度可能对某些人的发展所设置的各种具体障碍,但是欲使所有的人都始于同样的机会,却既不可能也不可欲,因为只有通过剥夺掉某些人所具有的但却不可能提供给所有的人的机会这种方式,才能达致这一点。虽说我们希望每个人都拥有尽可能大的机会,但是,如果我们的目标是使每个人的机会都不能大于最不幸者的机会,那么我们肯定会扼杀大多数人的机会。那种认为所有生活于一个国家的同时代人都应当从同一地位出发的观点,实无异于那种主张应当确使生活于不同时代或不同国家的人获享这类平等的观点。毋庸置疑,这两种观点都与日益发展中的文明不相符合。

一些人在学术研究或科学探索方面显示出了卓越的能力,所以,不论其家庭财力如何,都应当赋予他们以继续从事这方面研究的机会,因为这可能会有益于整个社会。然而,这并不意味着它赋予了任何人以主张这类机会的权利,也不意指只有那些被确认为拥有这种卓越能力的人才应当享有此类机会,甚或也不意味着如果不能确保所有通过同样客观考试的人都获享这种机会,就没有人应当享有它。

并不是所有能使人们做出特别贡献的素质,都能够借由考试或测验而被确定,因此至少使某些具有这类素质的人得以享有某种机会,要比将这种机会给予所有能满足同等要求的人的做法更重要。热爱知识的欲求或多种兴趣的特殊组合,可能要比显见的天资或任何可测得的能力更重要,而那种可以养成一般性知识和兴趣的背景或者由家庭环境养成的对知识的高度尊重,可能会比天赋能力更有助于成功。某些人得以享有一种极为有益的家庭氛围的影响,这对社会来说乃是一项财富——而平均主义政策无疑会毁掉这项财富。需要我们注意的是,对这项财富的运用,只有在存在着那种不应当根据道德品行加以评价的不平等的情况下,才有可能。既然对知识的欲求是一种可能通过家庭得以传承的品格,那么人们就有充分的理由主张,通过物质上的牺牲而使那些对教育予以极大关注的父母能够确使他们的孩子获得良好的教育,尽管从其他角度来看,这些孩子似乎比其他没有得到这种教育的孩子更不值得享有这种教育。

那种主张只应当把教育机会给予那些已被证明具有一定能力的人的观点会导致这样一种情形,在这种情形中,全部人口按某种客观的考试标准被分成三六九等,而且也只有一套关于何种人有资格受益于高等教育的观点盛行于其间。这意味着将人按阶层分级的方式纳入一等级制度之中:被证明具有天才的人位于顶层,被证明低能的人则处于底层。此种等级制度会因下述事实而变得更糟,这些事实就是:一、这种等级制度被认定可以反映不同等级的人的品行;二、这种等级制度将决定人们获致"价值得以表现自身"的机会的途径。如果人们只试图通过一种政府教育制度去实现所谓的"社会正义",那么这个社会将只盛行一种关于高等教育的内容或制度的观点——进而也只盛行一种关于具有何种能力方有资格获得高等教育的观点,更有进者,某些人业已接受高等教育的事实,亦将被认为他们原本就"应当得到"这种高等教育。

在教育领域中,一如在其他领域,公众的确有志于帮助某些人,但是这个公认的事实,却绝不意味着只有那些根据某种一致同意的观点被认定应当得到公共资金援助的人才应当被允许接受高等教育,甚或也不意味着除了根据这种一致同意的观点以外,任何人都不得根据其他理由帮助特定的个人。我们还有更为充分的理由认为,由于一个国家中存在着许多不同的群体,所以应当给予每一群体中的某些成员以接受这种教育的机会,尽管某些群体的最优者可能不如其他群体中并未获得这种机会的成员有资格。正是基于此一理由,不同地域的群体、不同宗教信仰的群体、不同职业的群体甚或不同的种族群体,都应当能够帮助某些年轻的成员获享接受高等教育的机会,并通过那些接受高等教育的人来反映各自群体对教育的尊重程度以及它们对教育的看法。

普遍依据认定的能力的标准而提供教育机会的社会,较之家庭出生这类偶然因素被公认为具有重大作用的社会,对于那些不成功的人士来讲,是否更容易承受?在我看来,这个问题至少应当存疑。在英国,尽管战后的教育改革使教育制度愈来愈依赖于那种认定的能力标准,但是由此导致的种种后果却引起了人们普遍的忧虑。晚近,一项对社会流动的研究表明,在今天的英国,"文法中学已成为新精英的摇篮,此种精英由于是根据测定的才智标准挑选而得,因而他们的地位极为牢固,较少受到挑战。这种挑选程序将趋向于强化那些在社会地位等级中已位于高层的职业者的声望,并趋向于将所有的人都划分成三六九等——许多人渐渐将这种等级间的区别视之为(实际上已经视之为)黑白分明,其程度一如好人与坏人的区别(distinct as sheep and goats)。一个人现在不能上文法中学,要比过去人们知道教育制度中存在着社会不平等的现象,更能体会到没有资格的滋味。此外,未能考上文法中学的个人也会感到更加愤怒,这是因为他们已经体认到,正是这种挑选程序的效力,才使他们无法考上文法中学。就此而论,表面上的公平可能比不公平更难令人忍受"。或者,正如另一位英国论者所说,"福利国家并没有使社会模式变得充满活力,反而使它变得更加僵化了,这实是福利国家所产生的一个令人意想不到的结果"。

我们应当竭尽全力为所有的人增加机会,然而,我们在做这种努力的时候应当充分认识到,为所有的人增加机会,有可能会只有利于那些能够较好地利用这些机会的人,而且常常会在努力的初期增加不平等的现象。如果对机会均等的要求导致了人们努力根除上述"不公之利",那么其结果就只可能是对社会造成危害,而别无其他。毋庸讳言,人与人之间的所有差异——不管它们是天赋能力方面的差异,还是机会方面的不同——都创造了这种不公之利。然而,由于任何个人的主要贡献都在于最充分地利用他所遭遇的偶然因素,所以在很大程度上讲,成功一定是一个机遇的问题。

从最高层面看,由教育传播知识的工作,实与通过研究而增进知识的工作无从分离。只有那些主要从事研究工作的人,才能够对那些会突破现有知识边界的问题进行探究。19世纪的大学,特别是欧洲大陆当时的那些大学,事实上只是一些研究机构——它们所提供的教育,充其量只是其研究的副产品,而且在那些研究机构中,学生是通过给有创造力的科学家或学者担当学徒的方式来获得知识的。自此以后,由于在达到知识边界以前必须掌握的知识量已有了大幅度的增长,又由于根本不想突破知识边界但却接受了大学教育的人的数量也有了大幅度的增加,所以大学的性质也在很大程度上发生了变化。时至今日,相当一大部分仍被称为大学工作的事务,在性质和实质上其实仅为大学前教育的一种延续。只有研究院或研究生院——事实上,只是这些研究院或研究生院中的最优秀者——仍然在很大程度上致力于前个世纪欧洲大陆的大学所特有的那类研究工作。

然而,我们没有理由认为,我们现在可以不再需要那种更为先进的和更高水平的研究工作了。一个国家的智识生活的一般水平,在今天仍然主要依赖于此类研究工作。此外,尽管在那些试验性质的科学领域,由年轻的科学家在其间担当学徒的研究机构,仍在某种程度上满足着此一需求,但是我们必须指出,危险依然存在:这是因为在某些学术领域中,那种按民主方式对教育加以扩展的做法,会不利于开展那种使知识得以保持发展之势的原创性工作。

一些人认为,当下西方世界生产出来的受过大学训练的专家人数不够,而另有一些人却认为西方世界所培养的真正具有顶尖水平的人数奇缺。就这两个问题而言,我个人以为我们可能更有理由关注后者。至少先在美国,此后也渐渐在其他国家或地区,缺乏真正具有顶尖水平的研究者成了一个相当严重的问题,尽管其原因主要在于大学前教育所提供的准备不充分,以及研究机构所具有的种种功利性偏见致使它们将关注点主要集中在授予职业资格方面,但是我们却不能忽视民主制度在这方面所起的负面作用,因为这种制度的关注重点在于为绝大多数人提供更好地获得物质利益的机会,而较少关注知识的增进问题——增进知识的进步始终是少数人的工作,而且也的确最有理由要求公众给予支持。

像旧式大学那样的研究机构——致力于拓宽知识范围方面的教学和研究——之所以仍然有可能继续成为产生新知识的主要源泉,其原因在于只有这类研究机构才能提供选择研究问题的自由,才能为不同学科的代表人物提供沟通和交流的条件——而正是这些方面的保障为认识和探究新观念提供了最优越的条件。的确,对旨在实现某一已知目标的工作进行刻意的安排和组织,能在很大程度上推进知识在某一已知的方向上向前迈进,但是我们必须清醒地认识到,在知识的普遍进步过程中,具有决定意义的且不可预见的重要成就,一般来讲并不产生于对具体目标的追求之中,而是产生于对各种机会——亦即每个个人所具有的特殊知识、天赋能力、特定环境和社会交际等因素之间的偶然性组合所创造的机会——的把握和运用之中。尽管专门化的研究机构,在开展所有具有应用性质的研究工作方面,可能最具成效,然而这类机构的研究在某种程度上讲却始终只是指定性(或针对性)的研究(directed research),因为这种研究的目标乃是由专门化的设备、聚集在一起的特定队伍,以及该机构所旨在实现的具体目的所决定的。我们必须强调指出,在为拓展知识领域所做的开拓性"基础"研究(fundamental research)中,通常并无固定的论题或题域,而且具有决定性意义的进步通常都是由于否弃传统的学科分工而带来的。

因此,以最有效的方式支持知识进步的问题乃与学术自由的问题密切相关。最初提出学术自由观念者,乃是欧洲大陆国家的学者。在这些国家中,一般来讲,大学一开始都是国立研究机构,因此这些关于学术自由的观念的提出,在当时完全是为了反对国家从政治上干预这些机构的研究工作。然而,学术自由所涉及的真正问题,远比上文所论要宽泛得多。我们不仅有极为充分的理由反对由外行的政府机构对所有的研究做任何单一统筹的规划和指导,而且也同样有极为充分的理由反对由一些具最高声望的科学家和学者组成的学术评议会对所有的研究进行这类指导和规划。虽然,某个科学家对基于那些在他看来全不相干的考虑所做的对其课题选择和研究的干涉,自然会深恶痛绝,但是,比起所有研究机构统统受制于关于特定时期何者最有益于科学发展的某种单一观念这种情形,有多种多样的研究机构,即使它们各自受制于不同的外部压力,其危害一定会更小。

学术自由当然不是指每个科学家都应当进行在他看来最为可欲的研究,也同样不是指整个科学应当自治。学术自由毋宁是指应当有尽可能多的独立的研究工作中心,在这些工作中心里,至少那些已被证明有能力增进知识发展并被证明能专心于自己研究工作的人士,能够自行确定其将为之付出精力的研究问题。在这些工作中心里,他们能够阐述和讨论他们已经获得的结论,而不论这些结论是否符合其雇主或大众的愿望。

在实践中,这意味着,那些在其同行心目中已具资格的人士,以及那些因此而获致可以决定他们自己的研究工作和其助手的工作的高级职位的研究人员,应当享有工作或职位的保障或终身任职的保障。授予此项特权的理由,与确保法官终身任职的理由相类似。同时,授予这种特权也不是为了特权享有者个人的利益,而是因为人们恰当地认识到,从总体上来看,处于这类位置上的研究人员在得到保护而不受外部观点压力的状况下,能够最好地服务于公共利益。当然,这绝不是一项不受限制的特权,它仅仅意味着,这种特权一旦被授予,就不得撤销,但是授权书或任命书中有特别规定者除外。

随着我们获得的新经验越来越多,我们似乎没有理由认为我们不可以就新的任命或授权的条件进行修改,尽管这类新条件不能适用于那些已享有美国的所谓"终身教职"的人士。例如,晚近的经验似乎表明,任命的条件应当做出如下特别规定,即此一教职的任职者,如果故意参与或支持任何反对此一特权所赖以为基础的那些原则的运动,那么他就将丧失这项特权。宽容不应当包括对不宽容的提倡。正是基于此一理由,我认为不应当给予一个共产党人以"终身教职"的权利,但是,如果他在没有这类明确限制的情况下已经获得了此项"终身任职"的权利,那么我们就不得不像对待其他类似的任命一样,去尊重对他的任命。

然而,上述一切仅适用于"终身任职"这一特权。除了上述关于终身任职权的考虑之外,任何人似乎都没有理由把按其所愿进行研究和教学的自由作为一项权力来主张,或者从另一个角度来看,任何规则也没有理由硬性规定任何持有某一特殊观点的人士不得享有此项自由。一个旨在达到高水准的研究机构虽很容易认识到,只要它授予其研究人员(甚至是最年轻的研究人员)以选择研究课题和所持观点的广泛的自由,它就能够吸引到第一流的学术人才,但是尽管如此,任何人也都没有权力要求该研究机构在不考虑他所具有的兴趣和所持的观点的情况下便雇佣或任命他。

人们在今天已极其深刻地认识到,必须保护研究机构或教学机构,以使它们免遭政治集团或经济集团的较粗蛮的干预,所以在这种情势下,声誉较高的研究机构已毋需对此有太多的忧虑。但是,人们仍需要保有高度的警省,尤其是在社会科学领域,因为在这些领域中,压力或干预的实施,常常是假高度理想化的且得到普遍支持的目标之名来实现的。对一尚未得到普遍接受的观点施以压制,可能会比反对一种广为流行的观点更为有害。甚至连托马斯·杰斐逊这样的人在当年都主张,在政治学领域内,弗吉尼亚大学所教授的原则以及所采用的课本均应当由当局来规定,这是因为下一任教授可能是一名"过时的联邦主义学派的成员"。这种情况无疑应当引起我们的高度警省!

然而,当下的危险与其说在于显而易见的外部干预,不如说在于那些掌管金钱的人因研究对经费的日益需求而谋取到的越来越多的控制权。这种对研究经费的控制权,对于科学进步来讲,可以说构成了一种真正的威胁,因为某些科学家本身也持有那种力图以一种统一的和集中的方式指导所有的科学研究活动的想法,而对研究经费的控则有可能有助于此一想法的实现。尽管一些人在马克思主义的强大影响下打着科学规划的旗号于20世纪30年代所发动的第一次巨大的攻击已被成功地击退，尽管由此引发的讨论也使人们充分意识到了自由在此一领域中的重要性，但是值得我们注意的是，种种试图将科学研究活动组织起来并使之迈向特定的目标的企图，仍有可能以新的形式再表现出来。

苏联人在某些领域所取得的显著成就，后来又成了人们重新关注以刻意安排的方式组织科学研究活动的起因，这当不会令我感到惊奇，更不应当使我改变我关于自由之重要性的观点。无可争议的是，对于人们已经知道可以实现的任一目标或任何数量有限的目标来讲，如果人们在集中配置所有资源的过程中优先考虑实现这些目标，那么人们就很可能以较快的速度实现它们。这就是在短期战争中全权性组织事实上能够更为有效的原因，同样这也是人们认为这样一种政府对其他国家极具威胁的原因——因为它能够选择对其最为有利的时机发动战争。但是这绝不意味着，如果所有的研究活动均指向那些在现今看来最为重要的目标，知识的普遍进步就能更加迅速。而且从长期来看，这也同样不意味着，刻意将科学研究活动加以组织的国家，就会变得更强大。

致使人们相信指定性或针对性研究具有优越性的另一因素，乃是这样一种多少有些言过其实的观念在起作用，即现代工业的进步在很大程度上应归功于大工业实验室或研究室之间所展开的有组织的协调作业。事实上，一如新近的某些详尽研究所指出的，在晚近实现的主要的科技进步中，有相当一大部分（其比例远远超出我们通常所认为的）乃出自于个人的努力，而且也经常是出自于这样一些人的努力，他们是在对业余兴趣的追求中或者仅因偶然因素而开始对其问题展开研究的过程中做出这些贡献的。这在较侧重于应用性研究的领域中是如此，在基础性研究领域中就更是如此了，因为在基础性研究领域中，就这种研究的性质来看，重大的进步更难预见。在基础性研究领域中，当前那种对协调作业和合作研究的强调，事实上是很危险的，而且我们完全可以说，很可能是欧洲人对基础性研究所表现出来的较为强烈的个人主义倾向（这部分是由于欧洲人不太习惯于对物质的依赖,从而也较少对充足的物质支持的依附),使他们在最具原创性的基础性研究领域中拥有着某种超过美国科学家的优势。

科学研究并不是根据某种用以判定其社会功效的统一观点来决定的,因此,如果每个被证明为具有研究资格的人都能够致力于他自己认为最利于其做出贡献的那些工作,那么知识就可能得到最快的发展,而且这也是对我们所主张的论点的较为重要的实践。一如试验性研究领域中的情形所日益表现出来的那般,如果通过确使每个有资格的研究者决定如何运用自己时间的方式已不足以使他做出自己的贡献,而且大多数工作亦必须以大量物质手段作为支撑,那么在这种境况下欲求知识的进步,存在着各种独立的资助机构就一定比那种由某个单一的权力机构依据一项一元性计划来控制资金的状况更可取,因为在存在着各种独立的资助机构的情况下,甚至那些非正统的思想者都可能有机会找到同情的倾听者并获得资助。

尽管在如何以最佳的方式管理那些用于支持研究的独立资金的方面,我们仍缺乏足够的经验,尽管我们还无从确信大基金会是否会像人们所设想的那样始终能够产生有助益的影响(这些基金会不可避免地会依附于多数的观点,而作为结果,它们便会倾向于强调追随科学研究的时尚),但几乎毋庸置疑的是,通过各种私人捐款而形成基金,以资助有限的研究领域,可以说是美国状况最有希望的特征之一。但是我们需要强调指出的是,尽管现行的税法可能暂时会使这类基金得到继续增加,但是我们应当牢记,同样也是这些税法使得新的资产的积累更为困难,因此在这种情况下,私人基金的财源便有可能在未来渐渐干涸。一如在其他领域那般,在思想和精神领域内保持自由,从长远来看,将依赖于对物质资源的控制权的分散,亦将依赖于那些能够将大量资金用于他们所认为的重要目标的个人的始终存在。

在我们最无知的地方——亦即现有知识之边界,换言之,在没有人能够预言迈出下一步的结果为何的地方——自由亦就最为重要。尽管在这个领域中,自由也已蒙受了威胁,然而亦正是在此一领域中,我们还能够指望大多数研究人员在他们认识到这种威胁时会团结起来捍卫自由。我们在本书中之所以主要关注其他领域的自由,乃是因为人们在今天常常忘记智识自由是以更为宽泛的自由为基础的。换言之，没有这种更为宽泛的自由作为基础，智识自由亦就无法存在。但是，自由的终极目的乃在于扩大人们超越其前人的能力，对此，每一代人均须努力贡献自己的一分力量——亦即为知识的增长和为道德信念和审美观念的不断进步做出自己的贡献。在此一领域中，任何上级或上级机构都无权将一套关于何为正确或何为善的观念强加给人们，而只有进一步的经验才能决定什么观点应当盛行。

只有当人们超越了其此在的自我时，亦即只有当新颖者得以产生且对他的评价也有待于未来时，自由才会最终显示出其自身的价值。因此，教育和研究等问题又把我们带回到了本书的首要论题——从分析自由和对自由的限制各自所具有的较间接且较不显现的后果，到探究它们最直接地影响各种终极价值的问题。我以为，冯·洪堡的精辟论断——百年前约翰·斯图尔特·穆勒将其登录于《论自由》的篇首——最适于用作本书的结语，"本书所阐明的每一论点，都明确且直接趋向于这样一个首要的大原则，即人得到最为多样化的发展具有绝对且本质的重要性。"